デリダ 歴史の思考

Daisuke Kamei
Derrida: une pensée de l'histoire

亀井大輔

デリダ　歴史の思考 ◉ 目次

凡例　XI

序論——歴史の思考　3
一九六〇年代のデリダ　4
歴史の形而上学的な概念——エピステーメーとしての歴史　6
歴史と言語——アイノスとしての歴史性　9
歴史の思考　14
本論の概観　17

第一章　歴史の思考と時代《エポック》の問題　21

一　遅延と抗争（一九六二—六三年）　24
フッサール『幾何学の起源』概観　25
遅延としての歴史——『幾何学の起源・序説』　28

（1）伝承と超越論的歴史性　28
（2）言語とエクリチュール　30
（3）理念と目的論　32
（4）意味としての歴史　33
（5）存在論的問い　34
（6）遅延　35
エクリチュールと構造――「力と意味作用」　36
抗争としての歴史　41
二　歴史主義のアポリア（一九六三―六七年）……43
デリダと歴史主義　44
フーコー論における歴史主義批判――「コギトと狂気の歴史」　48
時代《エポック》の問題――『グラマトロジーについて』　53
おわりに――デリダ－フーコー論争の行方　60
第二章　言語の問いから脱構築の戦略へ……63
一　脱構築の継承と言語の問い（一九六四―六五年）……66
ハイデガーにおける「言語の問い」――『ハイデガー』講義　67
（1）「言語の問い」　68

（2）隠喩　71
レヴィナスにおける「言語の問い」――「暴力と形而上学」　74
（1）歴史性概念の移動　74
（2）言語の問いと隠喩　76
二つの終末論の近さ　80
二　エコノミーと戦略（一九六六―七一年）……84
資源《リソース》の問題　87
一般的エコノミー　92
戦略の形成　97

第三章　現前と痕跡――現前の形而上学論の成立……101

一　理念の奇妙な現前――フッサール論の変遷（一九五三―六七年）……104
はじめに――無限と無際限　104
カント的意味での理念――『発生の問題』から『幾何学の起源・序説』へ　108
生き生きとした現在――『幾何学の起源・序説』から『ハイデガー』講義へ　112
有限なる無限の差延――『声と現象』　116

二　痕跡の生成——レヴィナスとの交差（一九六四—六八年）……121
レヴィナスにおける「痕跡」　123
「痕跡」への注目——「暴力と形而上学」雑誌版　126
（1）痕跡、エクリチュール　127
（2）痕跡としての現前？　128
（3）生き生きとした現在と痕跡　129
デリダにおける痕跡概念の生成　131
おわりに——「暴力と形而上学」書籍版　135

第四章　『声と現象』とハイデガー……139

一　自己触発の射程……142
デリダの自己触発論——『声と現象』　142
自己触発論の背景　148
ハイデガーからデリダへの自己触発の受け継ぎ　151
（1）自己触発と自己伝承　152
（2）アンリとデリダ　154
（3）根源的時間と差延　156

二　真理の歴史――アレーテイア、痕跡、贈与……159
声と真理　161
『声と現象』におけるZeigen　165
真理と痕跡　170
真理の歴史　173
出来事と真理　175
おわりに　180

第五章　脱構築の展開と歴史の思考……183

一　もうひとつ別の歴史性――出来事と正義……186
歴史の思考と差延の思考　186
歴史と出来事　191
（1）知／非-知　194
（2）可能なもの／不可能なもの　194
（3）地平／垂直性　196
出来事と正義――『法の力』における歴史の思考　199

二　目的論における終末論の裂け目……205
目的論について　207
終末論について　210
目的論と終末論　214
差延の二つの運動　219
おわりに——差延のエリプシス　222

補論　生き延びとしての翻訳——来たるべき言語に向けて……227
フッサールの翻訳論　228
翻訳可能性と一義性　231
変形としての翻訳　233
「生き延び」としての翻訳——ベンヤミンの翻訳論　236
「来たるべきひとつの言語」　241

あとがき　247
事項索引　iii
人名索引　i

凡　例

一、引用文における〔　〕は引用者による補足を、（　）は原語付記を、（…）は中略箇所を示す。原文での強調を示すイタリックには傍点を用いる。

一、本文および引用文における〈　〉は、語句の強調や、文における意味のまとまりを示すために用いる。

一、ジャック・デリダの主な著作・論考・資料からの引用は、次の略号を用いる。原則として原書／日本語訳書のページ数を順に記すが、例外のある場合は以下で補記する。日本語訳はいずれも大いに参考にし、引用にあたっては既存の訳文をなるべく尊重した。ただし、引用者の判断により変更した場合があることをお断りする。これ以外のデリダの文献を引用・参照する場合は脚注にて記す。

ジャック・デリダ（Jacques Derrida）

AOP: « Avoir l'oreille de la philosophie », in: Lucette Finas, Sarah Kofman, Roger Laporte, Jean-Michel Rey, *Écarts. Quatre essais à propos de Jacques Derrida*, Fayard, 1973.

AVE: *Apprendre à vivre enfin. Entretien avec Jean Birnbaum*, Galilée/Le Monde, 2005.（『生きることを学ぶ、終に』鵜飼哲訳、みすず書房、二〇〇五年）

AWD: *Arguing with Derrida*, ed. by Simon Glendinning, Blackwell Publishers, 2001.

BSI: *Séminaire La bête et le souverain I (2001-2002)*, Galilée, 2008.（『獣と主権者Ⅰ』西山雄二・郷原佳以・亀井大輔・佐藤朋子訳、白水社、二〇一四年）

DA: « La déconstruction de l'actualité », in: *Passages*, n° 9, 1993.（「アクチュアリティの脱構築」港道隆訳、『現代思想』一九九四年八—一〇月号（第二二巻第九、一〇、一二巻、青土社。略号DAの後に月号と頁数を記す。なおこの対談におけるデリダの発言部分のみ、次の書籍に収録された。Jacques Derrida and Bernard Stiegler, *Échographie de la télévision*, Galilée, 1996（『テレビ

のエコーグラフィー――デリダ〈哲学〉を語る』原宏之訳、NTT出版、二〇〇五年）

DE: *Deconstruction Engaged*, ed. Paul Patton and Terry Smith, Power Publicatoin, 2001.（『デリダ、脱構築を語る――シドニー・セミナーの記録』谷徹・亀井大輔訳、岩波書店、二〇〇五年）

DEP: « Une certaine possibilité impossible de dire l'événement », in: Jacques Derrida, Gad Soussana, Alexis Nouss, *Dire l'événement, est-ce possible? Séminaire de Montréal, pour Jacques Derrida*, L'Harmatton, 2001.（「出来事を語ることのある種の不可能な可能性」西山雄二・亀井大輔訳、『終わりなきデリダ』斎藤元紀・澤田直・渡名喜庸哲・西山雄二編、法政大学出版局、二〇一六年）

DG: *De la grammatologie*, Minuit, 1967.（『根源の彼方へ　グラマトロジーについて（上・下）』足立和浩訳、一九七二年）

DGC: « De la grammatologie（I, II）», in: *Critique*, 21（223）, 1965 / 22（224）, 1966.（『グラマトロジーについて』第一部の初出版。略号DGCの後にI, IIの別とページ数を記す）

Dis: *La dissémination*, Éditions du Seuil, 1972.（『散種』藤本一勇・立花史・郷原佳以訳、法政大学出版局、二〇一三年）

DL: « Derrida avec Levinas : « entre lui et moi dans l'affection et la confiance partagée... » », in: *Magazine Littéraire*, 419, avril, 2003.（「デリダ、レヴィナスを語る――「彼と私は愛情と信頼を分かち合っている」」合田正人訳、『みすず』五一四号、みすず書房、二〇〇四年）

DO: "Deconstruction and the Other: Interview with Richard Kearney", in: *Dialogues with Contemporary Continental Thinkers*, ed. Richard Kearney, Manchester University Press, 1981.（「脱構築と他者」リチャード・カーニー編『現象学のデフォルマシオン』毬藻充・松葉祥一・庭田茂吉訳、現代企画室、一九八八年。仏訳として、« La déconstruction et l'autre. Entretien avec Richard Kearney », in: *Les Temps Modernes*, 669-670, 2012.）

DT: *Donner le temps 1. La fausse monnaie*, Galilée, 1991.

ED: *L'écriture et la différence*, Seuil, 1967.（『エクリチュールと差異』合田正人・谷口博史訳、法政大学出版局、二〇一三年（新訳））

Ep: *Éperons - Les styles de Nietzsche*, Flammarion, 1978.（「尖鋭筆鋒の問題」森本和夫訳、『ニーチェは、今日』ちくま学芸文庫、二〇〇二年）

FL: *Force de loi*, Galilée, 1993.（『法の力』堅田研一訳、法政大学出版局、一九九九年）

FS: *Foi et savoir*, Seuil, 2001.（『信と知――たんなる理性の限界における「宗教」の二源泉』湯浅博雄・大西雅一郎訳、未來社二〇一六年）

GS: Jacques Derrida and Maurizio Ferraris, *Le Goût du secret. Entretiens 1993-1995*, Hermann, 2018.（英訳として、*A Taste for the Secret*, Policy, 2001）

H: *Heidegger: la question de l'Être et l'Histoire. Cours de l'ENS-Ulm 1964-1965*, Galilée, 2013.（引用にあたって、英訳*Heidegger: The Question of Being and History*, tr. Geoffrey Bennington, 2016も参照した。英訳では仏語原書における誤記が修正されており、引用箇所に修正がある場合は断りなく反映した）

JDP: Jacques Derrida Papers. MS-C001, Special Collections and Archives, University of California, Irvine.（カリフォルニア大学アーヴァイン校ラングソン図書館所蔵のデリダ・アーカイヴ。筆者が二〇〇八年から二〇一六年にかけて断続的に行なった同館での調査にもとづく。略号JDPの後にBox番号、Folder番号、判明している場合はページ数の順に記す。なお引用にあたってはアーカイヴの著作権ガイドラインに従う）

LD: « La « Différance » », in: *Bulletin de la Société française de Philosophie*, in: n° 68, 1968.（論文「差延」（『哲学の余白』所収）の初出版。講演後の討議記録を付す）

LDM: « La langue et le discours de la méthode », in: *Recherche sur la philosophie et le langage*, 3, Grenoble, 1983.

LI: *Limited Inc.*, Galilée, 1990.（『有限責任会社』高橋哲哉・増田一夫・宮﨑裕助訳、法政大学出版局、二〇〇二年）

MA: *Le monolinguisme de l'autre*, Galilée, 1996.（『たった一つの、私のものではない言葉――他者の単一言語使用』守中高明訳、岩波書店、二〇〇一年）

MP: *Marges - de la philosophie*, Minuit, 1972.（『哲学の余白（上・下）』高橋允昭・藤本一勇訳（上）、藤本一勇訳（下）、法政大学出版局、二〇〇七―二〇〇八年）

OA: *L'oreille de l'autre. otobiographies, transferts, traductions*, sous la dir. de Claude Lévesque et Christie V. McDonald, VLB éditeur, 1982.（『他

者の耳』浜名優美・庄田常勝訳、産業図書、一九八八年）

OG: Introduction à *L'origine de la géométrie* de Husserl, PUF, 1962.（「『幾何学の起源』序説」フッサール『幾何学の起源』田島節夫・矢島忠夫・鈴木修一訳、青土社、一九八〇年（新装版））

PA: *Politique et amitié. Entretiens avec Michael Sprinker sur Marx et Althusser*, Galilée, 2011.（「政治と友愛と」安川慶治訳、『批評空間』第Ⅱ期第九号、一九九六年）

Par: *Parages*, Nouvelle édition revue et augmentée, Galilée, 2003.（『境域』若森栄樹訳、書肆心水、二〇一〇年）

PCM: « La phénoménologie et la clôture de la métaphysique », in: *Alter*, n° 8, 2000.（「現象学と形而上学の閉域」松葉祥一・亀井大輔訳、『現代思想』二〇〇一年一二月臨時増刊号（第二九巻第一七号）、青土社）

PG: *Le problème de la genèse dans la philosophie de Husserl*, PUF, 1990.（『フッサール哲学における発生の問題』合田正人・荒金直人訳、みすず書房、二〇〇七年）

PM: *Papier Machine*, Galilée, 2001.（『パピエ・マシン（上・下）』中山元訳、ちくま学芸文庫、二〇〇五年）

PNPV: « Aletheia », in: *Penser à ne pas voir. Écrits sur les arts du visible 1979-2004*, Éditions de la différence, 2013.（「アレテイア——篠山紀信写真集『闇の光』を読む」小林康夫訳、『新潮』一九九三年四月号）

Po: *Positions*, Minuit, 1972.（『ポジシオン』高橋允昭訳、青土社、一九九二年（増補新版））

PS: *Points de suspension. Entretiens*, Galilée, 1992.

Psy: *Psyché. Inventions de l'autre*, Galilée, 1987.（『プシュケー（Ⅰ）』藤本一勇訳、岩波書店、二〇一四年）

QT: *Qu'est-ce qu'une traduction « relevante » ?*, Éditions de L'Herne, 2005.

RP: *Résistances de la psychanalyse*, Galilée, 1996.（『精神分析の抵抗』鵜飼哲・守中高明・石田英敬訳、青土社、二〇〇七年）

SM: *Spectres de Marx*, Galilée, 1993.（『マルクスの亡霊たち』増田一夫訳、藤原書店、二〇〇七年）

TG:『他者の言語』高橋允昭編訳、法政大学出版局、一九八九年（日本独自編集につき、日本語の頁数のみを記す）。

TJLN: *Le toucher – Jean-Luc Nancy*, Galilée, 2000.（『触覚——ジャン゠リュック・ナンシーに触れる』松葉祥一・榊原達哉・加國尚

志訳、青土社、二〇〇六年）

Ton: *D'un ton apocalyptique adopté naguère en philosophie*, Galilée, 1983.（『哲学における最近の黙示録的語調について』白井健三郎訳、朝日出版社、一九八四年）

V: *Voyous*, Galilée, 2003.（『ならず者たち』鵜飼哲・高橋哲哉訳、みすず書房、二〇〇九年）

VB: « La vérité blessante », in: *Europe*, n° 901, 2004.（「傷つける真理」逸見龍生訳、『現代思想』二〇〇四年一二月号（第三二巻第一五号）、青土社）

VM: « Violence et métaphysique: essai sur la pensée d'Emmanuel Levinas », in: *Revue de métaphysique et de morale*, 69, 3-4, 1964.（「暴力と形而上学」（『エクリチュールと差異』所収）の初出版。略号VMの後に号数（3、4号のいずれか）とページ数を順に記す）

VP: *La voix et le phénomène*, PUF, 1967.（『声と現象』林好雄訳、ちくま学芸文庫、二〇〇五年）

一、フッサール、ハイデガー、レヴィナス、アンリ、ベンヤミンの著作のうち、以下の著作については略号を用いる。引用についての方針は前項と同様である。

エトムント・フッサール（Edmund Husserl）

Hua III/1: *Ideen zu einer reinen Phänomenologie und phänomenologischen Philosophie. Erstes Buch: Allgemeine Einführung in die reinen Phänomenologie*, hrsg. von K. Schumann, M. Nijhoff, 1976.（『イデーン（Ⅰ-Ⅰ・Ⅱ）』渡辺二郎訳、みすず書房、一九七九年、一九八四年）

Hua VI: *Die Krisis der europäischen Wissenschaften und die transzendentale Phänomenologie. Eine Einleitung in die phänomenologische Philosophie*, hrsg. von W. Biemel, M. Nijhoff, 1954.（付録『幾何学の起源』の引用にあたっては、日本語訳としてフッサール著、デリダ序説『幾何学の起源』（略号OGを参照）の頁数を記す。なお次の日本語訳も参照した。『ヨーロッパ諸学の危機と超越論的

現象学』細谷恒夫・木田元訳、中公文庫、一九九五年）

EU: *Erfahrung und Urtail. Untersuchungen zur Genealogie der Logik*, Felix Meiner, 1972.（『経験と判断』長谷川宏訳、河出書房新社、一九九九年（新装版））

マルティン・ハイデガー（Martin Heidegger）

KP: *Kant und das Problem der Metaphysik*, Vittorio Klostermann, 6 Aufl., 1998.（『カントと形而上学の問題』門脇卓爾、ハルムート・ブフナー訳、創文社、二〇〇三年）

SZ: *Sein und Zeit*, Max Niemeyer, 17. Aufl., 1993.（複数の日本語訳を参照したが、いずれの翻訳も原書ページ数が併記されているので、ここでも原書のページ数のみを示す）

UH: *Über den Humanismus*, Vittorio Klostermann, 10. Aufl., 2000.（『「ヒューマニズム」について』渡邊二郎訳、ちくま学芸文庫、一九九七年）

＊Vittorio Klostermann社版の全集（Gesamtaufgabe）からの引用は、GAの記号とともに巻数、ページ数／日本語訳の頁数の順に記す。

GA 5: *Holzwege*, 1977.（『杣道』茅野良男、ハンス・ブロッカルト訳、創文社、一九八八年）

GA 12: *Unterwegs zur Sprache*, 1985.（『言葉への途上』亀山健吉、ヘルムート・グラス訳、創文社、一九九六年）

GA 14: *Zur Sache des Denkens*, 2007.

エマニュエル・レヴィナス（Emmanuel Lévinas）

HAH: *Humanisme de l'autre homme*, Fata Morgana, 2000［1971］.（『他者のユマニスム』小林康夫訳、書肆風の薔薇・白馬書房、一九九〇年）

TI: *Totalité et Infini. Essai sur l'extériorité*, Kluwer Academic, le livre de poche/biblio essais, 1998［1961］.（『全体性と無限（上・下）』熊

野純彦訳、岩波文庫、二〇〇五、二〇〇六年）

ミシェル・アンリ（Michel Henry）

EM: *L'essence de la manifestation*, PUF, 1963.（『現出の本質（上・下）』北村晋・阿部文彦訳、法政大学出版局、二〇〇五年）

ヴァルター・ベンヤミン（Walter Benjamin）

AU: "Die Aufgabe des Übersetzers", in: *Gesammelte Schriften. II-1*, Suhrkamp, 1991.（「翻訳者の使命」内村博信訳、『ベンヤミン・コレクション2　エッセイの思想』浅井健二郎編訳、ちくま学芸文庫、一九九六年）

デリダ　歴史の思考

序論――歴史の思考

私はいつも歴史への巨視的な関連に特権を与えています。われわれの眼が、いわばそこに張りつけられている時代や経過を、私はいつでも数千年という巨視的な領野の中に書きこもうと試みています。（TG 302f.）

本書は、フランスの思想家ジャック・デリダ（一九三〇―二〇〇四年）の思想を、〈歴史の思考〉として解明する試みである。デリダは脱構築の思想家として、狭義の哲学の領域にとどまらず、文学や芸術、精神分析、さらには政治、法、倫理、宗教といった幅広い領域でその著作が受容され、さまざまな方面で論じられてきた。デリダの死後一四年余が経過した現在も、未発表テクストや講義原稿など数多くの著作の刊行が続いており、その思想の全貌へと迫る努力が続けられている。

このようにデリダの思想は今なおその姿を広げ続けているが、そもそもデリダという思想家は、いったい何を問い続けた人物なのだろうか。この問いに少しでも明確な答えを与えるためには、まずは原点に戻り、デリダの脱構築の思想がいかなる問いによって生まれて来たのかを明らかにしなければならない。そこで本書は、脱構築の思想が形づくられた時期である一九六〇年代にあらためて光を当て、この時期のデリダの思想形成の過程を解明することを主眼とする。一九六〇年代の――いわゆる初期ないし前期の――デリダについても、これまでですでに多くのことが語られており、形而上学の脱構築の思想家という像が広く定着していることと思われる。しかし、一般的なデリダ像によっては隠されがちな、脱構築の思想を生成へともたらした根本的な思想動向へと迫ることによって、デリダ思想の実像へとさらに接近することができるはずである。

一九六〇年代のデリダ

まず、本書が取り組む一九六〇年代のデリダの活動を手短に振り返っておこう。よく知られているように、デリダの出発点は当初、フッサール現象学の研究にあった。高等師範学校在学中の一九五三―五四年に執筆した修士論文『フッサール哲学における発生の問題』（一九九〇年刊行）は当時におけるフッサールのほぼすべての著作を視野に収めた批判的モノグラフだった。その後、アメリカ留学や高校教員としての赴任などでの沈黙期間を経て、デリダは一九六二年、フッサールの晩年の遺稿『幾何学の起源』をフランス語に翻訳し、長い序説を付して刊行する。この翻訳書の刊行によって彼は、新進気鋭の現象学研究者として世に出たのだった。

これによってにわかに注目されたデリダは、翌一九六三年以降――多くの場合は講演や原稿の依頼に応じる形で――さまざまな書評や論考の発表を開始する。議論の対象はルーセ、フーコー、レヴィナス、アルトー、バタイユ、レヴィ＝ストロース等、多岐にわたっており、発表の舞台は一九六六年には早くもヨーロッパを越えてアメリカに広がる。それらの成果をもとにして、一九六七年に『グラマトロジーについて』、『エクリチュールと差異』、『声と現象』という三つの著作が刊行される。その著作群において、西洋の哲学や学問のあり方がロゴス中心主義、音声中心主義と特徴づけられ、現前の形而上学と呼ばれることになる。それとともに、形而上学の脱構築というモティーフ、エクリチュールについての独自の見方、差延や痕跡といった語彙の使用が表立ってくるのであり、一般的には、この三著作をもって脱構築の思想家としてのデリダが登場したと考えられている。その著作群にはフッサール論も含まれるものの、全体として見るならば現象学という括りからは大きくはみ出した、きわめて広範囲にわたる独創的かつ特異な仕事が繰り広げられている。このわずか数年間という短い期間に、デリダはその思想をいわば爆発的に広げ、その姿を急激に変貌させたわけである。それはいかにしてなされたのだろうか。

そのことを明らかにするためには、デリダのこの時期のテクストに通底すると思われるひとつのモティーフを探り出し、それを手がかりにして読解作業を進める必要がある。ここで「モティーフ（motif）」とは中心的主題という意味だけではなく、デリダの精力的な批評活動を根底において動機づけているもの（motivation）、その思想の展開を駆動させているもの（moteur）、といった意味合いで受け取っていただきたい。本書がデリダ思想の根本的なモティーフと考えるのは、「歴史」である。デリダのいわゆる脱構築の思考は、歴史というモティーフに導かれて形づくられてきたのであり、その後も一貫して根底においてこのモティーフに支えられているように思われる。本書がその論述全体を通じて示したいのはこのことである。

究極的に言えば、本書はデリダの思想をひとつの〈歴史の思考〉として提示することを目指している。〈歴史の思考〉――それはいかなる思考だろうか。そもそもデリダにおいて、「歴史」とはどのような意味をもち、「思考」とはいかなるものとして考えられているのだろうか。この序論では、このことについてのアウトラインを、もう少し述べておくことにする。

歴史の形而上学的な概念——エピステーメーとしての歴史

ひとくちに「歴史」と言っても、その意味合いは思想家によって異なる。ではデリダのモティーフを〈歴史の思考〉とみなすとき、「歴史」という語はいかなる意味で受け取ればよいだろうか。しかしすぐさま述べなければならないのは、こう自問するやいなや、たちまち脱構築的な問題圏に巻き込まれてしまうということである。「歴史」という語の意味自体にデリダの争点があると言ってもよい。以下ではそのことを念頭に置きつつ、一九六〇年代のデリダのいくつかのテクストから「歴史」への言及箇所を参照することによって、デリダにおいて「歴史」とはいかなるものであるのかについて素描しておきたい。

「歴史」という語について考察するための導入として、その語源にさかのぼることから始めよう。日本語の「歴史」は明治以降、ヒストリー（英history、仏histoire、独Historie）の訳語として広く使われるようになった語である。ヒストリーの語源をさらにさかのぼれば、ラテン語の「ヒストリア（historia）」、さらにはギリシア語の「ヒストリア（*ἱστορία*）」に行き着く。古典ギリシア語においてこの語は、「探求によって学ぶこと」や「探求によって得られた知識、情報」、あるいは「学んだことがらについての語り」を意味した。[(1)] それが次第に、「過去の出来事について探求された知識」という意味で使われ、現代にも受け継がれてきたというわけである。[(2)]

実はデリダも一九六四—六五年の講義『ハイデガー——存在の問いと歴史』の第四回講義において、ハイデガー読解の傍でフランス語イストワール（histoire）の語源的探求を行なっており、そこにはすでにこの語についてのデリダ独自の視点が入り込んでいる（H 155f.）。その講義においてデリダは、histoire のギリシア語源について、まず先述したヒストリアの語義を確認したうえで、さらにもうひとつの語を参照する。それはエピステーメー（仏 épistémè, 希 *ἐπιστήμη*）という語である。エピステーメーは古代ギリシアにおいて、ドクサ（臆見）と対比して「真なる知識」を意味した。よく知られるようにフーコーはこの語を、特定の時代における学問や認識を全体的に規制するシステム——いわゆる知の枠組み——の意味で用いた[3]。それに対してデリダはエピステーメーを、プラトン以来の西洋の哲学、古代ギリシア以来存続している西洋の学問全般を特徴づける語として用いている。それは一言で言えば学問・科学（science）であって、学問的な真理の追求としての知という意味である。知を「現前性」へともたらすことがエピステーメーの意味だと言い換えることもできるだろう。

ヒストリアが事実的なことがらの探求を意味するのに対し、エピステーメーは普遍的な真理としての知の獲得を意味する。デリダの見方によれば、ヒストリアという語はエピステーメーという語と結びつくことによって、

（1）Cf. *Liddle and Scott's Greek-English Lexicon*, Oxford University Press, 1980, p. 335.

（2）野家啓一『歴史を哲学する（哲学塾）』岩波書店、二〇〇七年、三七頁以下を参照。

（3）フーコーは『言葉と物』（一九六六年）以来「エピステーメー」という語を用いており、『知の考古学』ではそれを「認識論的諸形象や諸科学を生じさせ、場合によっては形式化された諸々のシステムを生じさせるような言説実践の数々を、ある一つの時代において結び合わせることのできる諸関係の総体」（『知の考古学』慎改康之訳、河出文庫、二〇一二年、三六〇頁）と定義している。

探求という従来の意味に加えて、学問的な知すなわち真理というテロス（目的）を付与されたということになる（ヒストリーが学問としての歴史すなわち歴史学の意味ももつのはこのことに由来する）。逆に、エピステーメーは知の十全な獲得へといたるために、ヒストリアを必要とする。これに関してデリダは『エクリチュールと差異』のなかで、「エピステーメーという概念はイストリア[4]という概念を呼び求めてきたということを示すことは可能だろう」（ED 425/587f.）と述べている。ヒストリアとエピステーメーが互いに引き寄せられることによって、歴史は「真理の伝統あるいは科学の発展としての生成の統一」と捉えられ、歴史の運動は「現前性および自己への現前性のなかで真理を固有なものとして獲得すること」、言い換えれば「自己意識における知」を目指すものとして理解されることになる（ED 425/588）。こうして、「歴史と知、イストリアとエピステーメーは（たんに語源学や哲学にもとづいてだけではなく）、現前の再所有化を目指しての迂回として、つねに規定されてきたのである」（DG 20/上29）。

　デリダは以上のことを「歴史の哲学的ないし形而上学的な概念化」（H 155f.）と呼んでいる。形而上学的な歴史の概念とは、起源から目的へと一線上に進行することが想定され、ロゴス中心主義、音声中心主義という特徴を付与されることになる、西洋の知の歴史についての概念である。デリダが「形而上学の歴史」（DG 11/上16）と呼ぶものは、このような西洋の知の歴史についての形而上学的な表象である。ここでは、このように規定された歴史のことを〈エピステーメーとしての歴史〉と呼んでおきたい。

　ここまでの論述をいったん確認しておこう。西洋の哲学において「歴史」という語は形而上学的な意味を帯びてきたのであり、それによって西洋の哲学や学問の歴史は、知をテロスとする運動という意味で〈エピステーメーとしての歴史〉であると考えられてきた。これがデリダの「歴史」についての基本的な視点である。こうしたことを前提にして、話は次のステップに進む。デリダは、そのような歴史概念によって隠されてきた〈歴史〉へと向かう。それはいかなることだろうか。

歴史と言語――アイノスとしての歴史性

先に見たように、西洋において「歴史」という語が形而上学的な概念として生成してきたとすれば、哲学的諸概念を継承する者は、さまざまな概念とともに、形而上学的な歴史概念をも受け継いでいることになる。それゆえ哲学者が「歴史とは何か」と問うたとしても、その問いは西洋の概念システムの内部にとどまるとデリダは指摘している。

歴史の歴史性という問題を立てるやいなや（…）ひとは本質とか何性（quiddité）といったものを定義することによって答えを与えるようそそのかされることになるし、本質的な諸述語概念の一システムを再構成するようそそのかされて、哲学的伝統の意味論的な原資を整備し直すよう仕向けられるわけです。（Po 80f./86f.）

（4）デリダは古典ギリシア語の「ヒストリア」をistoriaとアルファベット表記しているため、「イストリア」と日本語表記するが、「ヒストリア」と同じ語である。

問題なのは、こうした概念としての歴史が、エピステーメーによって支配され、限定された——デリダの言い方をすれば、「閉域（clôture）」によって囲い込まれた——ひとつの歴史だということである。その背後には、この形而上学的な概念化によって隠された、エピステーメーと結びつく以前の〈歴史〉があるのではないだろうか。哲学的概念システムの〈外部〉を思考しようとするデリダの思想は、隠蔽された〈歴史〉そのものへと向かうものであるだろう。このように捉えるならば、「エピステーメーの閉域」（DG 142/上193）から「エピステーメーの領野の彼方」（DG 142/上193f.）へ向かおうという動向を示す『グラマトロジーについて』は、形而上学的概念を突破して〈歴史〉そのものを思考することへと動機づけられた試みとみなすことができよう。

デリダは『グラマトロジーについて』を、西洋の学問の歴史においてこれまで一度もなされたことのない文字学《グラマトロジー》すなわちエクリチュール（文字、書くこと）の学の試みとして提示している。とはいえ、表音文字によって音声中心的な傾向をもつ西洋の知のなかでは、エクリチュールの学は不可能なのである以上、デリダはむしろ不可能な学としてこの試みを示すわけである。それはエクリチュールの次のような位置づけに起因する。すなわち、デリダにとってエクリチュールとは、まず「エピステーメーの対象である以前に、エピステーメーの条件である」（DG 43/上64）のであって、エクリチュールなしには哲学的ないし学問的な知は成立しない。したがってエクリチュールを思考することは、エピステーメーの条件を省察することでもある。次に、「歴史性それ自身はエクリチュールの可能性と結びついている」（DG 43/上64）と述べられるように、エクリチュールと歴史性とは不可分なものである。本書の観点からすれば、そこに〈エピステーメーとしての歴史〉以前にある〈歴史〉が潜んでいる。

ここで語源的な参照をもうひとつしておけば、ドイツ語には「歴史」を意味する語が二つある。ヒストーリエ

（Historie）とゲシヒテ（Geschichte）である。先に述べたヒストリーの由来とは異なり、Geschichteは動詞geschehen（生じる、起こる）を元にしており、「偶然生じることの集まり」（H 156）、すなわち生起する出来事としての歴史を意味する。両者の区別を用いながら、デリダは先に引用したことがらを次のように言い換えている。「ある歴史の――歴史学の――対象である以前に、エクリチュールは歴史の、つまり歴史的生成の領野を開く。そして前者（ドイツ語で言えばHistorie）は後者（Geschichte）を前提としている」（DG 43/上64）。このようにエクリチュールとは、「歴史学の対象」である以前に「歴史の領野を開く」もの、すなわち〈エピステーメーとしての歴史〉を条件づけているゲシヒテに相当するものとして捉えられている。この意味で、エクリチュールとは「歴史性の起源」なのであって、「もはやひとつの考古学、歴史哲学、哲学史ではないような、歴史の可能性についての歴史」（DG 43/上64）と言うべきものであろう。

エクリチュールはどのように歴史を開くのだろうか。やや単純化して言えば、次のようになる。すなわち、エクリチュール（文字）によって書かれたものが、別の誰かによって読まれうるということによって、知の伝承の可能性が開かれ、ひいてはその伝承プロセスによってイデア的な学問的対象が構成され、知の歴史が形づくられるということである。だが他方で、エクリチュールについてのデリダの洞察は、エクリチュールに〈エピステーメーとしての歴史〉を攪乱し中断してしまうような性格があることをも暴き出す。というのも――これはデリダにとって基本となる考えであるが――エクリチュールは、書き手と「同じ」意味を読み手に伝えるのではなく、書き手の意図とは「異なる」意味で読まれうる可能性をつねに有しているからである。[5] エクリチュールは、いや

（5）これは『幾何学の起源・序説』において「同じ」語は、それを有意味な語にするつねに異なる志向的諸作用にしたがって、

そもそも言語というものは、話し手や書き手が意味することがらを十全に聞き手や読み手に伝えるものではない。言語はつねに発語者の「言わんとすること（vouloir-dire）」より以上のものを、もしくはより以下のものを、いずれにせよ発語者の「言わんとすること」とは異なるものを意味してしまうからである。デリダが「話すことが私を恐れさせる。なぜなら、けっして十分には話さないのに、私はいつもあまりにも話しすぎてもいるからだ」（ED 18/16）と述べるのは、発された言葉は発語者の手を離れて自分勝手に放浪し、話し手や書き手の意味から逸脱したことがらを読み手に読ませるからである。それゆえ言語は、自らの起源における「言わんとすること」を自ら隠してしまうものでもある。

> 言葉はけっしてその作者にとってもその受け手にとっても固有のものではない。ある固有の主体からある固有の主体へと導く道程をけっしてたどりはしないということが、言葉の本性には属している。これはすなわち、シニフィアンの自律性を言葉の歴史性とみなすことでもある。（ED 266/359f.）

このように、言葉の歴史性は目的地なき放浪であり、起源を隠し続ける。このことをデリダは「言葉はつねに盗まれている」と表現し、「窃取は起源的な謎として、すなわち自分の起源と意味を隠蔽する言葉や歴史（*αἶνος*）として生じる」（ED 265/358）と述べている。アイノスとは「語ること」を意味し、謎（enigma）のギリシア語源であるアイニグマ（*αἴνιγμα*）と結びつく。[6] この表現を借りるならば、文字の伝承によって書き手の言わんとすることを隠蔽し放浪するような歴史のあり方のことを、〈エピステーメーとしての歴史〉と対比して、〈アイノスとしての歴史性〉と呼ぶこともできるだろう。

ここで再びまとめておこう。エクリチュールの歴史性——すなわち〈アイノスとしての歴史性〉——とは、〈エピステーメーとしての歴史〉を開き、条件づけるものであるとともに、その歴史を不可能にするものでもあって、いわばその可能性と不可能性の条件をなしている。こうした条件をなす歴史性はエピステーメーの外部に位置するため、それを知の対象として思考することはできない。

だが、デリダの主眼はこの思考不可能なものを思考することにある。デリダによれば、〈アイノスとしての歴史性〉は〈エピステーメーの歴史〉のなかに何らかの仕方で姿を見せている——たとえば「遅延」として、「抗争」として、あるいは「歴史と歴史性の差異」(ED 94/119)として。これらはすべて、〈エピステーメーとしての歴史〉の内部に、その外部である〈アイノスとしての歴史性〉が何らかの「差異」として刻まれていることを言い表している。形而上学的な歴史を越えて、〈歴史そのもの〉が思考へと現れるのは、こうした差異を思考するときである。(7)

この思考を、本書は〈歴史の思考〉と呼びたいと思う。

つねに「別の」語である」(OG 107/153)という文章によって表現され、その後のデリダが一貫してもち続けた根本的な思想である。その後のデリダの言い方に即せば、「志向的諸作用」は広義の「コンテクスト」と言い換えてもよいだろう。

(6)『ハイデガー』講義においてデリダは「謎」をギリシア語のアイノスと結びつけ、「謎的であるのは言説性としての歴史性である」(H 257)と述べている。

(7)とはいえ、形而上学的な歴史も、それによって隠された〈歴史〉も、どちらも「歴史」という語で表されるしかない。ここにデリダの言説における言語の問題があり、このことを論じるデリダの論述が複雑になってしまう原因がある。

歴史の思考

以上の素描において、一九六〇年代のデリダにおける〈歴史の思考〉のあり方を予備的な仕方で輪郭づけてきた。それを踏まえてここからは、デリダの思想を〈歴史の思考〉と形容しうる根拠を、彼の言葉のなかから取り出しておく。まず、後年のインタビューにおいてデリダは一九六〇年代の学問的状況を振り返って次のように述べていた。

> 私としては、歴史主義に対する批判を引き受けながらも、またある種の歴史性に関心を抱いていたのです。その歴史性とは、フッサールが語っているような超越論的歴史性であり、ハイデガーが語っている存在の意味の歴史といったものであり、しかしまた、フッサールやハイデガーを越えて、あるいは彼らに抗して、彼らとは別の形で私が定義しようと試みていたような歴史性です。（PA 36/64）

このようなフッサールやハイデガーの歴史性に対するデリダの関心は、本論でも示すように、『幾何学の起源・序説』や『ハイデガー』講義に描かれているだろう。デリダはそこから独自の歴史性を思考しようとしていたことが、この発言から判明する。

デリダが歴史の問題を一貫して問うていたことは、他の著作からも読み取ることができる。デリダは、『エクリチュールと差異』のあとがきにおいて、一九六三年から六七年にかけて発表されたその収録論文全体を貫いて「ひとつの問いの移動」（ED 437/607）があると述べている。その問いとは、デリダの論述からそれにふさわしい言葉を取り出すならば、「歴史的な問い（question *historique*）」（ED 343/468, cf. 428/591）であると思われる。それは「ある絶対的で根源的な意味で歴史的な」（ED 338/468）問い、「歴史という形而上学的概念が容認することはない」（ED 260/349）意味において「歴史的な」問いなのであって、その問いは「ずっと長いあいだ思考から逃れ続けている歴史性」（ED 254/341）へと接近するものとされる。さらには『グラマトロジーについて』において、その試みが「われわれがいまだなお暫定的に「歴史的（*historiale*）」問いと呼ぶひとつの問い」[8]（DG 38/上55）と表現されていることからも、デリダ自身が自らの一貫した問いを、歴史をめぐる問いであると述べていることが分かる。

本書は、こうした問いを切り開く思考を〈歴史の思考〉とみなす。たとえばこれを「歴史哲学」と呼称することはできない。デリダが述べるように、「歴史哲学」はひとつの「哲学」として、伝統のなかにその位置をもち、そのなかにとどまるからである。

「歴史哲学」によって、歴史が方向づけや意味をもつという摂理の哲学を意味するなら、私たちが述べたことは歴史哲学の限界を標づけています。歴史哲学があるところには、もはや歴史はありません。〔歴史哲学においては〕すべてが原理上予見され、すべてが神の視線や摂理の視点のなかに集められるからです。ところで、歴史性があるなら、それは歴史哲学の限界を前提としています。歴史性を考慮する歴史哲学というのは矛盾なのです。私が先ほど示唆したのは、歴史性の思考だったのです。（GS 77f.）

（8）historialeはハイデガーのgeschichtlich（歴史的）のフランス語訳として（historisch/historiqueと区別して）用いられている語であり、デリダはその語を「暫定的に」用いることで、自らの問いを形容している。

デリダがこのように「歴史性の思考」と呼んでいることを参照しつつ、本書は〈歴史の思考〉という表現を用いることにする。他方、「思考」については、デリダは次のように述べている。「ある意味では、「思考」は何ものをも意味しない」（DG 142/上194）。すなわち、哲学的概念システムのなかでは、思考とは何らかの意味を〈言わんとすること（vouloir-dire）〉ではないということである。それはまた、思考はシステムのなかに位置づけられるがままにならず、軽やかにシステムの境界を跨ぎ越すものでもあるということだ。「この思考にはまったく重さがない。まさしくそれは、システムの戯れのなかにあってけっして重さのないものなのだ」（DG 142/上194）。それゆえ「思考」とは、システムの境界上にあり、境界という差異を思考するものであって、ひいては〈歴史そのもの〉を思考するものと言えるのである。

とはいえ「歴史的問い」については、「今日においてわれわれは、この〔歴史的〕問いの受胎、形成、懐胎、分娩を垣間見ることしかできない」（ED 428/591）と言われている。また、思考については、「思考すること、このことがこれまで着手されたことがなかったということを、われわれはすでに知っている」（DG 142/上194）と語られる。これらの文章からは、知の外部へと向かうこの思考が〈エピステーメーとしての歴史〉のなかでは容易なものではなく、その誕生を垣間見るしかできないものであることが窺える。しかし別言すれば、〈歴史の思考〉とはそのような意味で「来たるべき」思考なのである。こうした思考がデリダを動機づけているように思われる。

本論の概観

本論では、以上のように素描した〈歴史の思考〉のモティーフを手がかりにしながら、一九六〇年代のデリダの歩みをたどることにする。この作業に取り組むためには、一九六七年の三著作に収録された論考の数々を、その初出の発表順にクロノロジックな視点で捉え、書籍への収録にあたって施された加筆や改訂の形跡にも注意を払いつつ、丹念に読み解いていく作業が必要となる。一見したところ密接な主題的連関をもたないこれらの論考の読解を通じて、デリダの思考が展開していく過程をたどり、その思考がアポリアに直面しつつもいかにその難問と格闘しているかを描き出すことにしたい。

本論の流れを示しておくと、まず第一章と第二章は、デリダの一九六〇年代の思想形成過程をクロノロジックな視点で描き出す。第一章は一九六〇年代初期のテクストを読み解きながら、そこに〈歴史の思考〉の出現を見定め、それが『グラマトロジーについて』の歴史論につながることを明らかにする。第二章では「言語の問い」という観点から、デリダが言語の問題と格闘することで自らの脱構築思想を生成し、さらにはその戦略を形成したことを見届ける。

以上を背景にして、第三章と第四章はデリダとフッサール、レヴィナス、ハイデガーとの関係に焦点を当てる。第三章はフッサール論を通じて「現前の形而上学」論の成立過程を明らかにするとともに、「痕跡」の思考の生成をレヴィナスとの交差を通じて描き出す。第四章は『声と現象』のフッサール論の根底にハイデガーがいることを探り出し、自己触発と真理という二つの主題に即して、両者の関係を明らかにする。

第五章は、〈歴史の思考〉のモティーフが一九九〇年代のテクストにも再び現れていることを明らかにして、このモティーフがデリダの根底に一貫していることを示唆するとともに、目的論と終末論の関係を通じて、その思考のあり方のさらに明確な形象化を試みる。

最後に補論では、歴史と言語の問題に関連して、デリダにおける翻訳の問題の変遷をたどることにする。

本書が主に取り組む一九六〇年代のデリダについては、これまでも多くの研究が積み重ねられてきた。[9]そのなかには「歴史」を主題にしたものもあり、本書にとって貴重な先行研究となっている。[10]とはいえ、歴史の問題に大きく注目した『ハイデガー』講義が二〇一三年に刊行され、この問題をめぐる視界がさらに拓けてきた現在、あらためてデリダの思想を歴史というモティーフから捉え直す試みが要請されていると言えよう。本書の各章が提示するテクストの「読み」が、従来の研究とは異なる視点を少しでももたらすものであるならば、さらには、本書全体を通して描かれるデリダの思想形成の歩みがこれまでのデリダ像を何らかの仕方で彫琢したり、更新したりするものであるならば、本書のささやかな試みは意味のないものではないだろう。

（9）一九九〇年に『発生の問題』が刊行された後、二〇〇〇年代に入って本格化したデリダの初期思想の研究を含む著作として、英語では主に以下のものがある。Leonard Lawlor, *Derrida and Husserl: The Basic Problem of Phenomenology*, Indiana University Press, 2002; Paola Maratti, *Genesis and Trace. Derrida Reading Husserl and Heidegger*, Stanford University Press, 2005; Martin Hägglund, *Radical Atheism: Derrida and the Time of Life*, Stanford University Press, 2008（マーティン・ヘグルンド『ラディカル無神論――デリダと生の時間』吉松覚・島田貴史・松田智裕訳、法政大学出版局、二〇一七年）; Edward Baring, *The Young Derrida and French Philosophy, 1945-1968*, Cambridge University Press, 2011. 日本語では、次の三著が重要である。高橋哲哉『デリダ　脱構築と正義』講談社学術文庫、二〇一五年（原著『デリダ――脱構築』講談社、一九九八年）、東浩紀『存在論的、郵便的――ジャック・デリダについて』新潮社、一九九八年、廣瀬浩司『デリダ　きたるべき痕跡の記憶』白水社、二〇〇六年。

（10）先のLawlorの著作への部分的な批判も含みつつ、『幾何学の起源・序説』を中心に歴史の問題を軸としてデリダの思想形成を描いたものとして、次がある。Joshua Kates, *Essential History: Jacques Derrida and the Development of Deconstruction*, Northwestern University Press, 2005.

第一章　歴史の思考と時代《エポック》の問題

第一章では、デリダの一九六〇年代の初期論考を順次検討する。

まず第一節では、『幾何学の起源・序説』（一九六二年）と「力と意味作用」（一九六三年初出）という初期の二篇のあいだに連続性を認める視点から両テクストを読み解く。フッサール『幾何学の起源』の読解は歴史をめぐるデリダの思考の出発点であり、エクリチュールへの注目もこのテクストによってもたらされた。その終盤に登場する「遅延」の思考は〈歴史の思考〉のモティーフの最初の登場とみなすことができる。続く「力と意味作用」は構造主義的文芸批評についての論考であるが、『序説』の議論を引き継いでおり、そこにも「抗争」という語で〈歴史の思考〉が顔を出していると思われる。

次いで第二節では、まず「コギトと狂気の歴史」（一九六三年初出）を検討する。そのフーコー論の根底にあるのが歴史主義批判であり、それを支える〈歴史の思考〉が「歴史と歴史性の差異」として語られていることを示す。さらにこの議論が、『グラマトロジーについて』（一九六七年）で提示されるデリダ独特の歴史論に、とりわけ「時代（エポック）」という観点に通じることを明らかにする。そこから、脱構築の思想が歴史主義批判を引き継ぎつつ、そのアポリアと格闘することをその課題としていることを示す。

以上の考察を通じて、デリダの初期テクストに一貫する〈歴史の思考〉のモティーフの端緒を取り押さえ、その展開を描き出すのが、本章の目的である。

一　遅延と抗争（一九六二―六三年）

まず本節は、デリダが初めて刊行したテクストと、その次に発表したテクストを読み解くことを通じて、〈歴史の思考〉の端緒を見定めたい。それは「遅延（retard）」と「抗争（différend）」という二つの語によって示されるだろう。ひとつめのテクストは、フッサールの晩年の遺稿『幾何学の起源』[1]（一九三六年）をフランス語に翻訳し、長い序文を付した『幾何学の起源・序説』（一九六二年、以下『序説』と略記）である。この論考は、フッサールのテクストへの「序説」という位置づけにあり、デリダも述べるようにフッサールのテクストに対する「註解（commentaire）」が繰り広げられている。デリダが「註解」と「解釈（interprétation）」とを一応のところ区別している以上、そこでデリダ独自の「解釈」が全面的に展開されていると受け取るわけにはいかない[2]。とはいえやはり、その論述にはデリダの思考の足取りがはっきりと刻まれている。

翌年にデリダが『クリティック』誌に掲載した「力と意味作用」（一九六三年）は、デリダがそうした制約を帯びずに議論を展開した最初のテクストでもある。当時の新刊であるジャン・ルーセ『形式と意味作用――コルネイユからクローデルに至る文学的構造』（一九六二年）について論じるよう依頼を受けたデリダは、その構造主義的文芸批評に対する批判的な論考を執筆した[3]。論考のタイトルは、ルーセの著作タイトルから「forme（形式）」を「force（力）」へと一文字換えたものである。

現象学の創設者が遺した晩年のテクストの詳細な註解と、文芸批評についての批判的論考という、一見性格の異なる両テクストが合わせて論じられることはこれまでなかった。しかし、『序説』と「力と意味作用」をある種の連続性のなかで読み進めることで、〈歴史の思考〉の端緒となる二つの思考が浮かび上がってくる。そしてここには、その後のデリダが取り組むべき課題がすでに明確な形をなしているのである。

フッサール『幾何学の起源』概観

『幾何学の起源・序説』におけるデリダの註解の内実を明らかにするために、まずフッサール『幾何学の起源』の内容を概観しておきたい。『幾何学の起源』は短いながらも凝縮されたテクストであり、その内容を一言

(1)「幾何学の起源」は一九三六年にフッサールが執筆しオイゲン・フィンクが編集した原稿であり、フッサール没後の一九三九年に発表された。その後、再編集されたものが一九五四年にフッサリアーナ(フッサール全集)第六巻に収録された。デリダは『発生の問題』で一九三九年のヴァージョンを取り上げ、『序説』ではフッサリアーナ版を翻訳・註解している。

(2)デリダによれば、『序説』の議論はフッサールへの「註解」であるが(PS 28)、それに対して、『声と現象』では「註解」だけではなく「解釈」も展開されている。「そこで、われわれが実際にたった今提起した問いは、われわれを註解から解釈へと移行させることになるだろう」(VP 32/65f.)、「ここでもう一度、註解を解釈にうまく関連づけなければならないが」(VP 59/120)と述べられるように。とはいえ最終的にはデリダが遂行したいのは「ただたんに註解でも、また解釈でもありえないような読解」(VP 98/200)である。Cf. Edward Baring, *The Young Derrida and French Philosophy 1945–1968*, pp. 243–256.

(3)もともとは文芸誌の*Le Mercure de France*からの依頼であったが、長さと複雑さのせいで同誌への掲載が見送られ、*Critique*誌に掲載されることになった。Cf. Sylvie Patron, *Critique 1946–1996. Une encyclopédie de l'esprit moderne*, Éditions de l'Imec, 2000, p. 274.

で表すのは困難であるが、デリダの議論にかかわる論点を拾い上げながら、ごく簡単にその内容をたどってみよう。(4)

『幾何学の起源』の第一の論点は、幾何学を「伝統＝伝承（Tradition）」として捉えているということである。フッサールによれば、この論考の主眼は「伝承的に受け継がれてきた幾何学の根源的意味（…）へと遡って問いかえすこと」（Hua VI 365/258）にある。この起源への遡行的問いは、誰がいつ幾何学を発見したかを探求する「文献的‐歴史的問い」（Hua VI 366/259）ではなく、「幾何学が初めて歴史に登場した――登場しなければならなかった――ときのその意味を問う」（Hua VI 366/260）ことである。こうした意味への問いが可能なのは、幾何学が「一個の伝承」（Hua VI 366/260）だからである。すなわち、幾何学という理念的存在は、それを生み出した者による「最初の獲得作用、最初の創造的活動」（Hua VI 367/262）から始まり、過去の成果全体の堆積が新たな成果にとって前提となるような運動によって受け継がれて現在にいたるものであり、現在ある幾何学から出発してさかのぼって問いかけることで、その根源的な意味へと接近できる。

第二の論点は、幾何学の伝承のために「言語」が不可欠な役割を果たすということである。幾何学は誰にとっても客観的に存在する「理念的対象性」であるが、幾何学を最初に創設した者の意識内にあったものは、「言語を介して」（Hua VI 369/266）客観的なものになるとフッサールは考える。それは次のようなプロセスを経る。まず幾何学を原創設した主観のなかで、幾何学について最初の根源的明証が生じる。その明証はたちまち過ぎ去って受動性のなかへと移行してしまう。しかし、受動性には過ぎ去ったものを想起する可能性が属しており、想起すれば、想起されたものは過去の明証と同一であるという明証が生じるのである。次に、このことは、ひとりの主観性の内部にとどまらず、他者とのあいだでも生じうる。人類の地平に属する言語によって、他者にも明証を能動的に追理解する可能性が開かれている。以上によって主観内部の形象は客観性を帯びることになる。さらに、文字に書かれることによって、伝達は「潜在的」(Hua VI 371/272)なものとなり、幾何学は理念的対象として歴史的に存続することになる。文字によって書かれた意味は沈殿し、読者に意味を受動的に喚起するにすぎないが、読者はそこから明証を再活性化することが可能なのである。

とはいえ、このような言語による伝達は、たんに受動的な連合を生み出すだけで、能動的な再活性化がなされないことも多く、その場合には根源的明証が失われる「危険」がある、とフッサールは指摘する。完全で真正な再活性化がなされるためには、幾何学を可能にした理念化の方法それ自体が伝承される必要があるが、近代の状況として、そのような条件が満たされることはなかったという。このような危機意識がフッサールが『幾何学の起源』を書いた背景にはある。

さらに、第三にこうした幾何学についての問いは範例的なものと位置づけられ、幾何学にとどまらず演繹的科学、さらにはすべての科学にとっても類似の問題と研究を予示しているものとされる。「すべての科学には沈殿した伝承の運動がある」(Hua VI 378/286)のであり、われわれは「すべてが歴史的である」ような「歴史的地平」に立っている(Hua VI 378/287)。こうして、幾何学についての個別の問題は、「人間性と文化世界との相関的存在様式の普遍的歴史性という全面的な問題」(Hua VI 378/287)へと広がる。歴史的地平はその本質構造をもっており――それが「歴史的アプリオリ」と呼ばれる――、このアプリオリを開示することによってのみ、「真に理解

(4)『幾何学の起源』の概略については拙論参照、「『フッサール『幾何学の起源』講義』――デリダの読解との対比を通じて」『メルロ゠ポンティ読本』松葉祥一・本郷均・廣瀬浩司編、法政大学出版局、二〇一八年、三〇〇―三〇九頁。

する歴史学、洞察力をもつ本来の意味で学問的な歴史学を可能にすることができる」（Hua VI 380/292）。また、この歴史的アプリオリという前提を踏まえていないという点で、フッサールは認識論と歴史主義に対する批判を行なう。そして最後に、「歴史性全体を貫く目的論的理性」の「普遍的目的論」（Hua VI 386/304f.）を示唆して論を閉じている。

このように『幾何学の起源』は、幾何学を範例として、ヨーロッパの学問の歴史を根源的明証の伝承として捉え、その伝承を言語によるプロセスと解したうえで、あらゆる歴史の前提となる知としての歴史的アプリオリに訴えるとともに、最終的には歴史を目的論的に捉えることで、伝承の危機からの回復を主張するものである。

では、こうした歴史論に対してデリダはどのように取り組んだのか、次に『序説』の註解を見ていこう。

遅延としての歴史――『幾何学の起源・序説』

（1）伝承と超越論的歴史性

デリダの註解は、幾何学の伝承性を受け止めることから始まる。デリダは「伝承（tradition）」という語を「伝搬の運動（le mouvement de la transmission）」と「遺産相続の永続（la perdurance de l'héritage）」という「両義的意味」で受け取り（OG 4/9）、幾何学の伝承性と歴史性はいかなる条件のもとで可能かという問いを打ち出している。デリダによれば、幾何学の歴史性は「逆説的な歴史性」（OG 48/72）である。その理由は、一方で幾何学は「真理」である以上、歴史的事実性（いつ、誰が、どこで幾何学を創始した、といった事実的なことがら）には左右されないが、他方では真理は無歴史的なものではなく、真理こそが「もっとも深遠でもっとも純粋な歴史」なのであって、「このような伝承の純粋な意味の統一性だけが歴史の連続性を基礎づけるのにふさわしい」からである（OG 48/72）。つまり、事実的な歴史から解放されているように思われるものが、幾何学の歴史性を構成する最も純粋な歴史だという逆説である。デリダの註解はこの逆説的な歴史性を矛盾だと批判するのではなく、あくまで、その逆説的な歴史性を可能にする超越論的な条件についての問いを追求していく。しかもデリダの見るところ、『幾何学の起源』において歴史の超越論的な条件は「歴史の諸条件の静態論的、構造的、規範的な図式」（OG 55/86）として問われてはいない。むしろ「まさに歴史そのものがそれ自身の出現の可能性を基礎づけている」（OG 56/86）のであり、歴史それ自体が超越論的なものとして問われることになる。

この意味で、デリダの読解全体にとってキーワードとなる語をひとつ挙げるとすれば、「超越論的歴史性」だろう。[5] ただし、超越論的歴史性という語は実のところフッサールの『幾何学の起源』には登場しておらず、デリダによれば、フッサールはこの語を「少なくともわれわれの知るかぎり、C群の未完の草稿（C8, II, Oct. 29, p. 3）

（5）「超越論的歴史性」はフッサール読解を超える射程をもっている。数年後のレヴィナス論においてデリダは、「超越論的歴史性という想念はここでは、ヘーゲル、フッサール、ハイデガーに――なおも解明すべき意味において――共通の言葉《パロール》の響きのなかでのみ聴き取られるだけである」（ED 189/253（33））と述べる。事実的な出来事としての歴史の背後にある、一定の方向性をもち、ロゴスを連綿と受け継ぐ運動として想定される歴史性を超越論的歴史性と呼ぶならば、ヘーゲル、フッサール、ハイデガーはその周りに配置されるだろう。ヘーゲルは哲学史を通じて精神の発展を見てとる点で典型的である。ハイデガーは哲学の歴史が一貫して存在を隠蔽してきたと捉え、存在論の歴史の背後に隠された存在の歴史へと思考を向ける。

のなかで、一回だけしか用いていない」（OG 129f.（2）/196（14））。しかしデリダにとって、この語は『幾何学の起源』がはらむ問題を端的に表現する語であり、デリダは自らがフッサールの遺稿のなかに発見したこの語を幾何学の歴史性を指し示す語としてあえて活用している。超越論的歴史性とは幾何学のような真理を構成する超越論的活動の歴史性のことであって、事実的な歴史の背後にその可能性の条件として潜む、隠れた歴史性のことにほかならない。

デリダの読解によれば、超越論的歴史性は、外的な事実的歴史に対する「内的かつ本質的」（OG 68/98）な歴史性であり、そのなかでロゴスが伝承される歴史性であって、事実的な歴史を還元して接近することのできる純粋な歴史性である。デリダからすれば、フッサールは事実的な歴史の背後に「超越論的歴史性の空間」（OG 69/98）があることをあらかじめ前提とし、「われわれの関心をそそるようなすべての物語〔すなわち経験的・事実的な歴史〕の下に隠れているテクスト〔すなわち超越論的歴史性〕を前もって解読すること」（OG 55/86）を望んでいたことになる。デリダは、こうした超越論的歴史性の可能性の条件を追求する方向に進む。『序説』の第一節から第四節にかけては、フッサールの歴史考察の方法論をめぐる問題が問われており、歴史に対する現象学的還元――事実の歴史の還元、歴史的還元――がいかなる困難をもたらすかが考察される。

（2）言語とエクリチュール

次に第五節から第七節にかけて、幾何学の客観化の条件としての言語の問題に大きな焦点が当たる。フッサールによれば、幾何学は言語によって客観化され、とりわけ文書化によって潜在的な客観化の可能性が開かれることで、その理念性と歴史性を獲得する。このように客観化が言語のはたらきに依拠していることから、言語は「絶対的な理念的客観性の、すなわち（…）真理そのものの不可欠の媒体および可能性の条件」（OG 69/110）だとデリダは解する。フッサールは幾何学を創始した者の主観内にある意味が言語によって客観性を得るというプロセスを想定するが、デリダによれば、創設者において起源的意味がすでに現前しているわけではなく、幾何学は言語化される以前に存在するわけではない。言語とは「それがなくてもすでに対象であるようなものの表出（Aüsserung）」ではなく、「対象を構成する」（OG 70f./111）ものである。したがって、言語の可能性なしには幾何学の客観性は存在せず、客観性を構成するのは言語であると言える。この言語のはたらきのことをデリダは「超越論的言語」（OG 71/112）と呼んでいる。つまりデリダは、理念的対象を構成する超越論的な活動を言語のはたらきに割り当てるのであり、そうした言語によって歴史も可能になると捉える。

このことを追求するために、デリダはエクリチュールのもつ決定的な役割に注目する。「対象の絶対的伝統化、その絶対的理念的客観性、すなわち普遍的超越論的主観性に対するその関係の純粋性を保証するであろうものは、エクリチュールの可能性である」（OG 84/132）。超越論的歴史性の逆説性はここにもみられる。というのも、「文書的空間時間性は（…）純粋な超越論的歴史性の存在を完成し確立する」（OG 84/133）が、それと同時に、エクリチュールは「同時に受動性、忘却、およびすべての危機現象を可能にする」（OG 84/133）ものでもあるからである。幾何学という真理はエクリチュールから独立しているが、それはエクリチュールによって表記されないかぎり成立しない以上、そこには「真理の消失の可能性」（OG 91/138）が生じる。「この真理の「消失」の意味を決定すること、これが『起源』およびフッサールの歴史哲学全体にとって提起された問題のうち最も困難なものである」（OG 91/138）とデリダは述べている。

(3) 理念と目的論

デリダによれば、フッサールはこの真理の消失の危機を起源的意味の「忘却」の危機として捉え、忘却を防ぐためには「言語的表現の一義性」(Hua VI 372/506) を心がける必要があると考えた。すなわち、言語の多義性によって意味の伝承が妨げられうるので、学問においてはできるかぎり意味を一義的なものとして使うべきということである。デリダは、こうした「一義性の命法」(OG 101/148) が幾何学の純粋な歴史の条件であると捉える。そうした一義性は「歴史から真理を引き離」すと同時に、「意味の伝承および収集としての純粋な歴史を可能にする」のであり、この命法は「経験的歴史を純粋な歴史へと向けて還元」することにほかならない (OG 103f./149)。

しかしながら、エクリチュールによる伝承は、語の一義性を脅かすものでもある。「「同じ」語は、それを有意味な語にするつねに異なる志向的諸作用にしたがって、つねに「別の」語である」(OG 107/153) という「純粋な多義性〔曖昧さ〕(équivocité)」(OG 107/153) が言語活動には必ず含まれるからである。したがって「純粋な歴史への還元」は容易に可能ではない。そこでデリダは「絶対的一義性は接近不可能であるが、それはカント的意味での理念がそうでありうるのと同様である」(OG 107/153) と述べ、フッサールの「一義性の命法」の想定は無限の彼方で達成されるべき「理念」として設定されていると解する。すなわち一義性は、事実において成り立たなくても、無限の未来における目標として設定されているのである。「フッサールは、無限の課題という意味をそれに授けることによって、一義性を(…)あらゆる歴史性のア・プリオリでかつ同時に目的論的な条件とする」(OG 107/153)。こうして、幾何学の歴史性は、無限の理念をテロスとする目的論を導入することによって可能となる、とデリダは読み解く。

（4）意味としての歴史

ここまでみたように、デリダは『幾何学の起源』に註解を施しながら、フッサールが想定する超越論的歴史性の条件を探り出している。それは第一に〈言語による伝承〉であり、エクリチュールによって歴史性が可能となることである。ただし、この歴史性は伝承の危機をつねにはらんでいる。それゆえ第二に、〈理念による目的論〉を設定することが純粋な歴史性の条件となる。よって、フッサールの構想する歴史性の条件とは、ロゴスの伝承とテロスの想定だと言ってもよいだろう。さて、ここからは〈歴史の思考〉が姿をみせる『序説』の最終第一一節の解明を進める。まずデリダは、歴史のなかの隠れた理性、超越論的神性といった論点を経ながら、次のように超越論的歴史性をロゴスとテロスの相互作用として捉えていく。

> もしひとつの歴史があるとするならば、歴史性とは、極としてのテロスへと向かう〈言葉《パロール》〉の推移、根源的ロゴスの純粋な伝承でしかありえない。（OG 165/245）

ロゴスとテロスの相互運動としての歴史性について、その「〈絶対者〉は〈推移（*Passage*）〉である」（OG 165/245）とデリダは述べる。伝承運動としての「推移」の運動は、テロスへと向かうことによってロゴスが自己を伝承するという動きであり、ロゴスの自己からの外出という「冒険」と、自己への帰還という「回心」の自己回帰的な二重運動をなす（OG 166/245）。しかも、この自己から出て自己に戻る運動は必ず言語という媒介を経由するので、それによって自己を失う危険のうちにある。そのためそれは「〈危険〉の〈絶対者〉」（OG 166/245）とも呼ばれる。

現象学者とは、こうした推移に対する自覚と責任（OG 166/246）をもつ者であり、その務めは言葉《パロール》によって「その意味を回復する」（OG 166/246）ことにある。現象学において、歴史性はこの意味の回復にしかない。したがって、「言葉のあらゆる意味において、歴史性は *sens*〔意味＝方向〕なのである」（OG 166/246）。

（5）存在論的問い

さて、ここまでは概ねフッサールのテキストに寄り添って註解を繰り広げてきたデリダは、ここにきて突如、フッサールのテクスト註解という制限の一歩外へと踏み出して、現象学においてはけっして問われることのない問いを口にする。それは「存在論的」問い（OG 167/246）と呼ばれる。つまり、デリダは現象学において〈歴史性とは意味である〉と解することによって、意味への問いを突破して、歴史が存在するということ自体に問いを向けようとするのである。「歴史性としての意味とは何かを知ることによって、私は明晰に、何ゆえに無ではなくて歴史が存在するのだろうか、と自問することができるのである」（OG 168/248）。歴史に対する「何ゆえに存在するのか」という存在論的問いは、意味＝方向をもった目的論的な歴史以前にある、意味＝方向をまだもたない「純粋な事実性そのもの」（OG 169/248）へと思考を向かわせる。デリダが「存在－歴史」（OG 170/249）もしくは「歴史としての存在」（OG 169/248）と呼ぶものは、意味としての歴史ないし目的論的歴史の手前に、したがってその歴史の外にあり、それによって隠された〈歴史〉である。

（6）遅延

このようにデリダは一瞬、この存在への問いへと踏み出すのだが、しかし「存在それ自身」が姿を現すのは「この問いの永久に開かれた裂け目のなかにおいて」（OG 169/249）でしかないと述べた後、再びフッサールに戻る。そして、意味としての歴史性を、歴史としての存在に対する遅延として捉え返していく。というのも、現象学が歴史の意味を問うことができるのは、すでに歴史としての存在が先立ってある、つまり存在に対して遅れているからである。言い換えれば、意味＝方向としての歴史性の条件は、存在に対する絶対的な遅れがあり、その遅れによって起源についての意識が生じるということのうちにある。デリダは最終的に、フッサールがそこへと問いかける幾何学の「起源」——そこから幾何学が生じ、遡行的問いがそこへと向かうような起源——よりも、そうした起源への動きを成り立たせる構造的な遅延の意識の方がより「起源的」であると解し、この遅延すなわち「絶対的〈起源〉の起源的〈差異〉」（OG 171/250）こそ「超越論的なもの」であると捉え直すのである。これは超越論的歴史性を可能にする遅延の構造であり、その意味で「超 - 超越論的な歴史性」（PA 37/64）と呼ぶこともできるだろう。

『序説』の終盤の文章は錯綜していてきわめて難解であるが、アーカイヴ所蔵の『序説』の元原稿を瞥見すると、その最後の箇所は数度にわたって加筆が施され、最終的に現在の複雑な文章となっていったことが分かる。元の草稿では次のようなより明快なイメージが提示されている。「〈遅延〉の根源的な意識なしには歴史の真正な思考もなく、思考の真正な歴史性もない。〈起源〉へと無際限に進むことによってしかテロスへと待機することができないため、〈思考〉はつねに来たるべきものである」[6]（JDP 52-3-130）。ここに、〈歴史の思考〉の端緒的な出現を見て取ることができると思われる。そのあり方は、遅延という事態についての思考ではなく、思考それ自体が差異をうちに含み、自己がどこまでも自己に遅れていくような、遅延としての思考である。デリダにとって、この遅延や差異の思考を含まずには歴史を思考することはできない。こうして〈歴史の思考〉は、まずもって遅延の思考として登場していることがここで判明する。

こうした議論の構図は、次に検討する「力と意味作用」においても引き継がれているように思われる。

エクリチュールと構造――「力と意味作用」

デリダが『序説』の次に発表した論考「力と意味作用」は、構造主義的文芸批評を論じたものとして、フッサール読解を繰り広げた『序説』の内容とは一見かけ離れたもののようにみえる。しかし、この論考には『序説』から直接引き継いだ要素が多い。すでに確認したように、デリダは『序説』で、幾何学の歴史性がエクリチュールによって可能となることを明らかにした。エクリチュールとはつまり書くことと読むことであり、幾何学の歴史性と伝承性は、書き記されたものが読まれうるという可能性によって成り立つ。このことは、文学的な営みにも当てはまるプロセスにほかならない。すなわち、誰か（「作者」と呼ばれる者）が書き記したものを、他の誰か（「読者」と呼ばれる者）が読みうることで、文学の歴史性と伝承性は可能となる。さらに言えば、書き手は自分が書いたものの最初の読み手でもあるのだから、誰かの書く営みそのものから歴史性と伝承性が生じると言うことができよう。

「力と意味作用」前半部には多方面への参照が盛り込まれ、きわめて込み入り凝縮した論述が構築されているが、その議論は以上の観点から見ると、エクリチュールと歴史性とを結びつける『序説』での議論を過剰なまでに膨らませたものと特徴づけることができる。そこで主張されることのひとつは端的に、「書くことの意味を書くことに絶対的に先立たせるのは不可能」(ED 21/21) ということである。書くことは、書くこと以前にすでにどこかにある意味を文字へと写し取ることではなく、書くことによって意味が生じうるのである。デリダがこのことを語るとき、次のようにフッサールの『幾何学の起源』が言及されるのは、必然的だと言える。

書くとは、文字のなかでまだ生じていないことは文字以外の住居をもたないし、何らかの天の場所《トポス・ウーラニオス》もしくは神的悟性に予め刻印された処方箋(prescription)のごときものとしてわれわれを待ち受けてなどいないのを知ることである。意味《サンス》は、自分自身に住まい、自己と差異化することで自己がそうなるところのもの、すなわち意味と化すためには、語られ書かれるのを待望しなければならないのだ。これはフッサールが『幾何学の起源』で、われわれにそれを考える術を教えてくれたことである。(ED 21f./21)

(6) この最後の一文はさらに次のように加筆される。「無際限に自らを保留する〈起源〉へと進むことによってしか、すでに自らを告げているテロスへと待機することができないため、つねに自らが来たるべきものであることを知っている〈思考〉の純粋な確信が、超越論的なものであろう」(JDP 52-3-140)。ここからさらに若干の変更を経て、現行の文章になる(OG 171/251)。

それゆえデリダは、エクリチュールは「創始的（*inaugurale*）」（ED 22/22）であることを強調する。それは神の業にさえ先行する創造なのであり、神もエクリチュールのなかに位置づけられる。「神と呼ばれ（…）るもの、それはエクリチュールと読解のあいだのこの移行（passage）、すなわち両者のあいだの延期された相互性ではないだろうか」（ED 22f./23）。デリダは『序説』でもフッサールの神性の概念について言及しており、この一文はその議論を繰り返したものである。[7] 他にも「純粋な多義性」（ED 18/16）という表現や、「循環性」および「伝承性」、「冒険」かつ「回心」（ED 23/23）といった、『序説』の終盤（OG 165f./245）で超越論的歴史性を描出するために用いた語彙をデリダはここで再び用いており、ここにも『序説』との連続性が示されている。

書くことによって純粋歴史性の可能性が開かれ、書くことは「純粋歴史性との一致を目指すこと」（ED 24/25）であるとされるが、その達成は、『序説』で論じられたように目的論的な理念にすぎないことをデリダは次のように述べる。

> 純粋歴史性、純粋伝承性の起源としてのエクリチュールとは、エクリチュールの歴史のひとつのテロスにほかならないが、かかるエクリチュールの歴史についての哲学はいつまでも来たるべきものであり続けるだろう。（…）この〔無限なる伝承という〕企図がつねに失敗しうるということ、それはこの企図のまったき有限性とそのまったき歴史性の証左である。（ED 24/25）

『序説』の結論部に置かれても違和感のないこの文章においてデリダは、起源からテロスへの純粋な伝承が失敗しうる危険を含んでいることのうちに、その歴史性を見る。こうした歴史についての思考が「力と意味」の論述の根底にあることは重要である。というのも後半部でデリダがルーセの読解へと進むさい、この視点から、ルーセの構造主義的文芸批評においてこうした歴史性が無視され排除されているのではないかという疑念を呈するからである。

デリダはルーセの「構造」概念について、「作品の形式、作品であるかぎりでの形式は、あたかもこの形式が起源をもたないかのように扱われている」と述べ、「作品の幸福があたかも歴史をもたないかのように扱われている。自分に内属する歴史をもたないかのように」(ED 25/27) と指摘している。「作品の内的歴史性」(ED 26/28) とは、「作品それ自体の意味の歴史、作品の操作の歴史」(ED 26/28) であるが、デリダによれば、この歴史性は「作品がいつか現在であることの不可能性、作品が何らかの絶対的同時性もしくは瞬間性のうちで要約されることの不可能性」(ED 26/28) をも意味する。それに対し構造主義は、作品の構造、形式、意味を重視することによって、究極的には作品を同時性によって捉えようとし、こうした歴史性を無視する危険を冒している。なぜならデリダによれば構造主義は、すでに起こったことをパノラマ図のように全体として眺める意識だからである。構造主義がもつのは「過去についての」意識、「成就されたもの、構成されたもの、構築されたものについての省察」、「状況によっては黄昏時の省察」(ED 12/8) なのであって、作品を構造として捉えることで「力を一掃された全体性」(ED 13/8) を視野に入れようとする。そこでは、もはやエクリチュールのはたらきは隠蔽され、捉え

(7) デリダは一九六二―六三年冬の講義「方法と形而上学」と一九六三年春の講義「フッサールにおける現象学、神学、目的論」において、フッサールにおける神性について講じていたという。Cf. Françoise Dastur, « Déconstruction et théologie », in: *Appels de Jacques Derrida*, éd. Danielle Cohen-Levinas et Ginette Michaud, Hermann, 2014, pp. 171ff.

られないだろう。

このように構造主義は、エクリチュールの歴史性を無視してしまう。したがって、「力と意味作用」の後半部の趣旨は、ルーセの『形式と意味作用』における読解が、歴史の無視につながることを指摘するという点にある。その要点を押さえておけば、ルーセのコルネイユ論やマリヴォー論にデリダが見てとるのは「幾何学主義」(ED 38/44) であり、幾何学的な形態論的な形象を用いることで、その力動性が静態的に捉えられてしまうということである。また、そのプルースト論とクローデル論には「前成説」(ED 38/44) が前面化しているという。前成説とは遺伝的性質の全体が胚のなかに縮小的に含まれているという古い生物学的な概念だが、それが文芸批評においては、(「この小説は、その終末がその始まりを産出するような仕方で構想されている」(ED 38f./44 に引用) といった具合に) 依然として語られている。そしてデリダが見抜くのは、こうしたルーセの議論全体にはたらく「目的論」である。「同時的なものとして目的論的図式の光に照らして知解可能ではないすべてのものを、ルーセが偶発事もしくは残り滓に還元する決心をした」(ED 43/51) のではないか、ということをデリダは暴き出そうするのである。

以上、「力と意味作用」の議論を『序説』との連続性のうちで捉えた。こうした議論を経て、この論考の終盤に〈歴史の思考〉が姿を現すことになる。最後にこのことに迫りたい。

抗争としての歴史

先に見たように、デリダの批判点は、構造主義による構造、形式、目的論の重視が、エクリチュールの歴史性を隠蔽しているということにあった。こうした両者の関係を、デリダはアポロンとディオニュソスの対立になぞらえている。前者は静的なもの、後者はそれを破壊する動的なものである。デリダは両者の関係を「抗争（différend）」[8]と表現し、それが「歴史性そのもの」だと述べる。つまり、デリダにとって歴史とは、構造とそれを脅かすエクリチュールとの「抗争」のうちに――すなわち両者の差異のうちに――潜むものである。

抗争（différend）、ディオニュソスとアポロンとの、跳躍と構造との差異が歴史のなかで消失することはない。なぜなら、かかる差異は歴史のなかにはないからだ。それもまた、意表をつく意味で、ひとつの起源的構造、すなわち、歴史の開け（ouverture）、歴史性そのものなのである。（ED 47/57-58）

ここには「抗争」としての歴史性が語られている。歴史を構造として捉えようとするアポロン的な試みに対し、そこからはみ出るディオニュソス的なものが構造化を妨げ続けるのであり、両者のせめぎあい、抗争という「起源的構造」が、あらためて歴史と呼ばれているのである。『序説』での遅延の思考とともに、この抗争の思考もまた、〈歴史の思考〉の出現とみなすことができる。

（8）デリダによれば différend は動詞 différer から派生する語のひとつであり、もうひとつは「遅延」である（MP 8/上41f.）。

だが、ここにはひとつの困難がある。というのも、この抗争を思考するのは容易ではないからである。デリダは、形式や意味に対する動的なものを「力（force）」という語で表しているが、「力」は概念ではない。なぜなら概念は形式や意味と連帯したものであり、「力」と呼ばれるものを概念とみなすならば、力が形式として捉えられてしまい、それがもつ力そのものが失われてしまうからである。力はむしろ形式や意味からはみ出し、それらを脅かすものである。デリダは形式や意味によって規制された西洋哲学――形而上学――の言語のなかでは、この力を言い表すことはできないと考える。彼いわく、「強度ないし力を思考することを可能にしてくれる概念を現象学のなかに求めても無駄」（ED 46/55）であり、さらには構造主義も「西洋哲学の最も純粋な伝統性（…）に従属したもの」（ED 46/55）である。

この意味で、「力」は「言語の他者」（ED 45/54）――この明確な表現は一九六七年に加筆された文章にある――である。したがって「抗争」を思考するためには、歴史的に受け継がれた形而上学的な言語を揺さぶり、それを他性へと開く必要がある。言い換えれば、〈歴史を思考する〉ためには、言語の外へと向かわなければならない。次の文章には、デリダが取り組むべき課題が述べられている。

> だから、このような言語から解放されるべく試みなければならない。とはいえ、そこから解放されるべく試みるのではない。なぜなら、われわれの歴史を忘却することなしにはそれは不可能であるからだ。そうではなく、解放されることを夢見るのだ。とはいえ、そこから自分を解放することを夢見るのではない。それはいかなる意味ももたないだろうし、われわれから意味の光を奪うだろうからだ。そうではなく、このような言語にできるかぎり長く抵抗するのを夢見るのだ。（ED 46/56）

ここで述べられていることは少なくとも次の二つである。第一に、われわれの伝統的な形而上学的な言語から解放されることは不可能である以上、相続した伝統的な言語を用い続けなければならないということである。しかし第二に、そのような言語に抵抗することを「夢見る」ことは可能だということである。この言語への抵抗という――形而上学の光のなかではけっして目に見えず、夜の闇のなかでしか見ることのできない――「夢」を、デリダは自らの課題として引き受けることになる。自らの相続した言語を用いて、いかにしてその言語に抵抗するのか――以降のデリダの活動は、この課題を引き受けつつ展開されることになる。

二　歴史主義のアポリア（一九六三―六七年）

本節では、「力と意味作用」に続く時期におけるデリダの思考の展開を明らかにしたい。さて、前節で概観したフッサールの『幾何学の起源』では、その終盤に歴史主義に対する批判が行なわれていた。デリダはこの批判をフッサールから引き継いでおり[9]、一九九〇年のインタビューにおいて「私自身の歩み、私自身の仕事において、

（9）フッサールの『幾何学の起源』は歴史主義への批判を展開しており、デリダの『序説』は第八節でその議論を註解してい

歴史主義に対する批判は、まず第一に決定的なモティーフである」(PA 34f./63)と述べている。本節では、この言葉を以下の考察の導きの糸にしたい。歴史主義への批判は、それ以降のデリダの思考のなかで引き継がれているように思われるからである。

ところでジャン＝リュック・ナンシーは、「歴史主義は、歴史を思考せねばならないとみなす代わりに、歴史を前提としてしまっている」[10]と述べている。この表現を借り受けて言うならば、〈歴史を思考する〉ためには、歴史主義を批判することによって、歴史主義に陥ることを回避しなければならないということになる。本節が示したいのは、この時期のデリダの思想的課題がまさにこのことにあったということである。しかしまた、それとともに示したいのは、歴史主義を回避すべくそれを批判することは容易ではないということである。歴史主義を批判する方途は、いわば道なき道(アー ポリア)、容易に通過を許さないものであって、歴史主義をいかに批判するかという難問(アポリア)が、デリダの思考の根幹にとどまり続けているだろう。以下では、先のデリダの発言を真に受けつつ、デリダの歴史主義とのかかわりを描き出すことで、〈歴史の思考〉をさらに浮き彫りにしたい。

デリダと歴史主義

まず、デリダがフッサールから受け継いだ歴史主義批判の内容と、それが抱えるアポリアについて要点を押さえておこう。歴史主義と呼ばれるものは分野や文脈によってさまざまであり、ひとまとめにして定義することは困難である。それでも本論にかかわるかぎりで言えば、歴史主義のひとつの意味は、歴史を越えた普遍的なものの存在を認めず、すべては歴史のなかに属するものであり、したがって何らかの時代やその文化に属するものとみなすという点にある。デリダは歴史主義の要点を次のように語っている。「歴史主義は――その本質的図式において――次のように述べることにある。すなわち、各々の時代、各々の共同体は、その独自性において、またその置換不可能性とその歴史的不可逆性において、各々自らの真理（sa vérité）、論理、規範をもつ。それゆえ、普遍的な意味などはない」（H 168）。

こうした歴史主義はしばしば批判されてきた。というのも、歴史を越えた普遍的真理を認めないということによって、歴史主義的主張を含むあらゆる言説が一定の時代や文化のなかでしか妥当しない言説にすぎないことになり、自らの主張の真理性が維持できず、相対主義や懐疑主義に陥ってしまうからである。

フッサールが『厳密な学としての哲学』（一九一一年）において、ディルタイの世界観（Weltanschauung）の哲学を歴史主義と批判するのもこの理由からである。フッサールによれば、世界観と呼ばれるものは、特定の事実的で歴史的な文化形成態である。[11] それは一種の有限な理念であって、幾世代も通じて遂行され、その最終的完成が無限遠点にあるテロスとして設定されるような学問の無限の理念とは区別される。有限な理念にもとづくものは、

る。この議論については拙論「デリダのメルロ＝ポンティ批判――『幾何学の起源・序説』における」『メルロ＝ポンティ研究』七・八合併号、二〇〇三年、一―一六頁を参照。なお、『幾何学の起源・序説』執筆後の一九六一―六二年度にデリダは、ソルボンヌにて、「フッサールと歴史主義の批判（Husserl et la critique de l'historicisme）」という全一回の講義を行なっている（JDP 5-10）。全体として一〇枚表裏、計二〇頁の手稿である。

（10）ジャン＝リュック・ナンシー「有限な歴史」『無為の共同体』西谷修・安原伸一郎訳、以文社、二〇〇一年、一九二頁。

せいぜい生活上の規範や知恵であって、学問が探求する知とは原理上異なる。それゆえ、世界観の歴史的構造のなかでは無限の理念を意味づけることができない。世界観の哲学にとって、有限な歴史的構造を超え出るものを思考することはできないのである。

デリダはこうしたフッサールの歴史主義批判を継承し、先のインタビューではフッサールを「歴史主義を体系的で厳密な仕方で告発した最初の思想家」であると評価し、その批判を「科学性、真理、客観性一般についてのあらゆる問題設定の第一の公理」とみなしている（PA 35/63）。フッサールの歴史主義批判に論及する「「発生と構造」と現象学」においてデリダは、フッサールが「無限の理念」と呼んだ、全体的構造を超え出るものに注目し、それを、構造によって閉じることのできない「開け（ouverture）」と呼んでいる。「そもそも構造主義的意図を挫折させることになるのは、つねに開けのごとき何かである。構造のなかで私がけっして理解できないもの、それは、構造がそれによって閉じざるものとなる何かである」（ED 238/320）。デリダはこのように、有限な理念と無限の理念のあいだにある「厳密な境界そのもの」（ED 239/322）を、閉域と開けの関係を通じて問い直す。

しかしその一方で、デリダはフッサールの思想も一種の歴史主義に陥るという危険を指摘している。それは『ハイデガー――存在の問いと歴史』の第六回の講義で、ヘーゲル、フッサール、ハイデガーの歴史性に関する比較を進めるなかでなされた言及である（H 196–202）。それによれば、フッサールの歴史性の議論は、ハイデガーから見れば近代という「世界像の時代」のなかに属している。「フッサールが必然的な、しかし限定された身ぶりによってディルタイの世界観（*Weltanschauung*）のテーゼを批判できたのは、この世界像（*Weltbild*）のなかにおいてである」（H 201）。ハイデガーの『世界像の時代』によれば、近代とは存在者の全体を像として定立する時代である。デリダの問いは、フッサールの思考もこの時代に所属するのではないかということにある。世界像の時代としての近代もひとつの世界観であってみれば、無限の理念を掲げるフッサールの歴史論もひとつの世界観の表明にすぎず、それ自体が歴史主義に陥ってしまうだろう。フッサールが歴史主義を批判していただけに、「フッサールの歴史哲学をひとつの世界観や世界像にしてしまうのは、とりわけ重大な、一見支持できない非難である」（H 197）。

このように、歴史主義を批判する立場もまた歴史主義に陥ってしまうという事態、これを本節では〈歴史主義のアポリア〉と呼ぶことにしたい。というのも、これはフッサールだけの問題ではないはずだからである。歴史主義を免れようとするいかなる主張も、その言説をとりまく時代や文化との結びつきをもつ以上、歴史の制約を受けざるをえない。さらに言えば、いかなる言説も伝統によって受け継がれた言語や概念を用いて紡がれる以上、その結びつきから逃れることは原理上、不可能である。

したがってこのアポリアは、デリダ自身にとってのアポリアでもあるだろう。実際、デリダがこのアポリアを正面から受け止めていることを窺わせる一文が、『ポジシオン』にある。そこでデリダは、フッサールの歴史主義批判が妥当性をもつと述べながらも、フッサールによる批判が「究極的には真理についての一種の歴史的目的論に依拠する」（Po 79（23）/156（23））という点に留保を置いて、次のように問い返している。

真理と学問（普遍性の価値、遍時間性、価値の無限性、等々）より以外のものの名において歴史主義を批判するこ

（11）エトムント・フッサール『厳密な学としての哲学』佐竹哲雄訳、岩波書店、一九六九年、八二頁以下。Cf. Edmund Husserl, *Husserliana XXV. Aufsätze und Vorträge (1911-1921)*, hrsg. von Th. Nenon und H. R. Sepp, 1986.

とは可能だろうか。(Po 79 (23)/157 (23))

ここではこの問いを、デリダが自らに引き受けた課題として聞き取ることにしたい。すなわち、歴史主義は何の名において批判されうるのか、という問いである。以下では、この視点から、デリダの一九六〇年代の二つの論考を検討し、デリダが歴史主義といかにかかわったのかを明らかにしたい。ひとつめは一九六三年の講演であり「力と意味作用」に続いて発表されたフーコー論「コギトと狂気の歴史」、二つめは、一九六五―六六年に雑誌掲載され六七年に刊行された『グラマトロジーについて』である。

フーコー論における歴史主義批判――「コギトと狂気の歴史」

まず検証したいのは、デリダのフーコー論において、こうした歴史主義の問題がその議論の中心に位置していることである。

一九六三年三月四日、コレージュ・フィロゾフィックにおいてデリダはミシェル・フーコー『狂気と非理性――古典主義時代における狂気の歴史』(一九六一年)についての講演を行なった。[12] 一九七二年になってフーコーがデリダへの反論を発表したことで生じる、いわゆるデリダ－フーコー論争の発端ともなった講演である。この講演および論争に関しては、理性と狂気という魅力的なテーマや、デカルト解釈の是非をめぐって多くの議論がなされてきた。[13] 以下ではまず、デリダが講演で提起したフーコーに対する問いの意味をあらためて確認しておきたい。

議論の冒頭で、デリダは二つの問いを提起している。第二の問いは狂気の歴史の諸前提についての問いであるが、それに先立って「いわば先決的な問い」（ED 53/64）として提起される第一の問いは、「デカルトの意図についてわれわれに呈示された解釈は正当化されるだろうか」（ED 53/64）という問いである。この問いは、フーコーのデカルト解釈の正否を検討するといった意味合いで受け取られるかもしれない。しかし、それだけではない。デリダによれば、ここでの「解釈」とは、一方で「デカルトが言ったこと」と、他方で「ある「歴史的構造」」とのあいだにある「ある種の通路、ある種の意味論的連関」のことである（ED 53/64）。それはすなわち、デカルトの述べていることと、フーコーが古典主義時代と呼ぶ特定の歴史的構造との関係をめぐる問いであり、さらに言えば、デカルトの意図はその歴史的構造のなかに所属しているのか、という問いである。

（12）講演原稿は一九六三年に雑誌掲載された（*Revue de Métaphysique et de Morale*, 68 (4), 1963, pp. 460-494）。その次号には、correspondance としてデリダの追加文書が掲載されており（pp. 116-119）、一九六七年に『エクリチュールと差異』に掲載されるさい、その追加文書も組み入れ、さらに加筆するかたちで改訂がなされた。なお、雑誌版から削除された箇所もあるが、そこには一九六一年に死去したフランツ・ファノンへのわずかながらの言及もあり、興味深い（p. 466）。

（13）ここで論争についての膨大な文献を精査することはできないので、近年発表された日本語文献のうち、参考になった次の二つを挙げるにとどめる。啓蒙の問題に重ね合わせるかたちでデリダの論点を的確に捉えていると思われるものとして、佐藤淳二「〈啓蒙〉・「狂気」・歴史——デリダとフーコーをめぐるノート」『層——映像と表現』第五号、ゆまに書房、二〇一二年、八〇—一〇三頁。フーコー研究の立場からフーコーのデリダ批判を論じたものとして、藤田公二郎「フーコーのデカルト読解」『一橋社会科学』第七号、一橋大学大学院社会学研究科、二〇〇九年、一八七—二一一頁。

フーコーは『狂気の歴史』第一版の序文（第二版で削除された）で、自身の企てを「狂気を捕らえている歴史的総体（…）の構造論的な研究[14]」とし、「古典主義時代」の構造を表現する範例的なものとしてデカルトを取り上げた。つまりフーコーは、デカルトの哲学的言説が古典主義時代という「歴史的構造」に所属したものであることを前提としている。したがって「この〔デカルトの〕意図はそれに割り当てようと欲せられているような歴史的意味作用を有しているのだろうか」（ED 54/65）というデリダの問いは、デカルトの意図を歴史的構造のなかに所属させるというフーコーの歴史主義的な解釈は妥当か、という問いとして受け取ることができる。「歴史的構造」のことを後段で「有限的世界観（*Weltanschauungen*）」（ED 94/119）と言い換えていることも、これが歴史主義の問題であることを物語っている。

では次に、フーコーへの批判として提出されるデリダのデカルト解釈が、フーコーの言う「歴史的構造」との関係においてどのような意味をもつのかを考えてみたい。デカルトの『省察』「第一省察」では、まず感覚に対する懐疑がなされ、次に狂気の仮説がいったん排除されたあと、夢の可能性について吟味されたのちに、悪霊の仮説が登場する。デリダは悪霊の仮説を、「全面的狂気」（ED 81/102）の可能性を示したものと解釈し、それを「狂気の仮説の誇張的激化」（ED 79/98）と呼んでいる。この解釈によれば、たとえ思考および世界全体が狂気に満たされたとしても、コギトとは、そうした世界を超過する瞬間のことである。「私が狂人であろうとなかろうと、われ思う、われあり」（ED 86/108）。こうしてデリダの見解は次のように端的に表現される。「だから私〔デリダ〕は、すべては（デカルトにおいて）特定のある歴史的全体性に還元されるが、誇張的企図だけは還元されないと思っている」（ED 88/112）。

それに対し、フーコーはコギトのこうした世界超越的な性格を捉えておらず、コギトを古典主義時代という世界のなかに所属させている。デリダはこの点で、フーコーがデカルトを歴史主義的に扱い、古典主義時代への「〈コギト〉の監禁」という暴力、「全体主義的で歴史主義的なひとつの暴力」（ED 88/111）をふるっているのではないかと問うのである。正確に言えば、たしかにフーコーは「出発点では歴史性一般の起源についての問いを提起」しているという点で「歴史主義から解き放たれている」が、しかし「彼の書物が企図の実行においてしばしばその〔全体主義、歴史主義の〕危険を冒している」（ED 88/111）ということをデリダは告発する。

重要なことは、こうした批判の矛先が、たんにフーコーのデカルト解釈にとどまらず、『狂気の歴史』というフーコーの書物の企てそのものに向かっているということである。というのも、世界全体を超過する瞬間点としてのコギトは、それによって世界が全体として現れるような点[15]、「全体を免れることによって全体を思考せんとする企図がそこに根づいている点」（ED 86f./109）でもあるからである。フーコーが歴史的全体的構造として古典主義時代を語ることも、この点を起点として可能となるはずであり、したがってこれは「フーコー的物語の可能性」（ED 86/109）が根づく点でもある。フーコーがコギトの瞬間点を歴史的構造に所属させることは、それゆえフーコーが自分の書物の拠って立つ地点を自ら忘却し抹消することに通じるのである。

こうした議論の過程で、歴史主義批判を支える〈歴史の思考〉が語られる。デリダが重視するのは、哲学の歴

（14）Michel Foucault, « Préface », in: *Dits et écrits 1954-1988*, Gallimard, 1994, p. 164.（『狂気の歴史』田村俶訳、新潮社、一九七五年、一三頁）

（15）デカルトのコギトのこうした役割は、山川偉也『ゼノン　4つの逆理』講談社学術文庫、二〇一七年（原本は一九九六年）では「パスカルの眼」と呼ばれ、その意義が明らかにされている。そのさいデリダのフーコー論も参照されている（二六七頁）。

史性である。フーコー論のある註において、哲学とは「無限についての思考」（ED 90（1）/115（14））とみなされている。[16] ただし無限の思考といっても、デカルトのような肯定的無限性の主張ではない。そうではなく、有限なものを越えるもの、あるいは有限性のなかに、その外部としての無限性へと通じる裂け目が不可避的に含まれていることを思考することである。すなわち、「有限な隠れ処を超えて思考しようとする意図」、「いかなる有限な全体性によっても（…）汲み尽くされないものについての思考」（ED 90（1）/115（14））である。こうした有限性と無限性との境界を思考することこそ、この論考における〈歴史の思考〉と呼べるだろう。デリダは次のように述べる。

問題は哲学の歴史性を解明することなのだ。哲学のひとつの歴史なしには歴史性一般は不可能だろうと私は思うし、哲学のひとつの歴史それ自体は、一方に誇張しかないなら、あるいは他方に特定の数々の歴史的構造、数々の有限的歴史観（*Weltanschauungen*）しかないなら、不可能だろうと私は思う。哲学に固有の歴史性はその場所をこの通路《パサージュ》＝移行のうちにもち、そこで構成されるのだが、ここにいう通路＝移行とは、誇張と有限な構造、全体性を超えゆく過剰と閉じた全体性とのこの対話、歴史と歴史性との差異のことである。（ED 94/119）

このようにデリダにとって〈歴史の思考〉は、歴史的構造とそれを超過するものとの差異を思考することであって、それが歴史主義を批判することの支えになっているのである。

ここまで、デリダの一九六三年のフーコー論に歴史主義批判のモティーフを見出す作業を行なってきた。デリダはその後、六四年のレヴィナス論「暴力と形而上学」や、六四―六五年のハイデガー講義を経て、六五―六六年に「グラマトロジーについて」を雑誌掲載し、六七年にそれを第一部とした書籍版を刊行する。レヴィナス論とハイデガー講義については次章で取り組むことにしたい。以下では先に『グラマトロジーについて』へと議論を進めておく。というのも、そこに登場し脱構築と呼ばれることになる議論は、これまで見てきたフーコー論の構図を繰り返したものとみなしうるからである。しかし、デリダがそうした議論を試みようとするとき、今度は彼自身が歴史主義に陥る危険に身をさらしているように思われる。そのことを次に見ていきたい。

時代《エポック》の問題――『グラマトロジーについて』

よく知られているように、デリダは『グラマトロジーについて』で、形而上学の歴史をロゴス中心主義や音声中心主義と特徴づけている。それは、パロールを特権化して優位に置くと同時に、エクリチュールの価値を低下させ抑圧しようとする運動としての歴史である。『グラマトロジー』の議論の全体はこうした歴史についての見方に依拠しており、それなしには脱構築と呼ばれる議論はそのインパクトを失うだろう。

こうした歴史論を密かに支えているのは、「時代（époque）」という語であるように思われる。

（16）ただし、デリダにおいて哲学という語は、フーコー論の直後、『ハイデガー』講義あたりから力点の置き方が変わり、現前の形而上学とほぼ同義的に用いられることが多くなる。

科学とエクリチュールというこのうえなく多様な概念を通じて今日照準をあてられているものすべての統一は、（…）ひとつの歴史的－形而上学的な時代によって規定されている。（DG 14/上18）

すなわち、ヨーロッパの知の始まりから現在にいたるまで、形而上学の時代やロゴス中心主義の時代と呼ばれる、あるひとつの歴史的構造が支配していて、とりわけ二〇世紀に入り、知の関心が言語の問題に向かうことによって、その構造が揺さぶられつつあるが、しかしその構造の支配は依然として続いている、というわけである。

だが、フーコー論から『グラマトロジー』へと目を移すとき、デリダのこうした議論に対して次のような疑念が湧かないだろうか。第一に、デリダが形而上学の歴史の時代を語るとき、かつて批判したフーコーと同じ問題が生じるのではないか。つまり、デリダが語る歴史や時代もひとつの「世界観」ではないかという問題である。もしそうだとすれば、歴史主義の批判は免れない。まさに歴史主義のアポリアである。第二に、『グラマトロジー』の第二部に占めるルソーの位置づけは、ある時代の範例として、『狂気の歴史』におけるデカルトと同じではないのか。すなわち、フーコーにとってのデカルトを批判しておきながら、デリダ自身もルソーをひとつの時代に閉じ込めているのではないか、という疑問である。

こうした疑念については、まさしくデリダも自覚しており、それを回避しようと努力していたように思われる。そのさい、時代《エポック》という語をどのように理解するかということがポイントになる。デリダは書籍版に付した「はしがき」で、「時代という語は、次の諸規定で汲み尽くせるものではないけれども、われわれは、歴史的全体性と構造的形態とを取り扱わねばならなかった」（DG 8/上12）と述べており、フーコーの「古典主義時代」と同様、形而上学という「時代《エポック》」もひとつの歴史的構造であることを認めている。つまりデリダは、脱構築の議論を展開するとき、歴史主義的な論述に身を委ねることを避けることができなかったのである。しかし他方、そのことに抵抗するかのように、デリダは時代という語を用いるにあたってかなり慎重な論の運びをしている。たとえば、

> 時代への所属・非所属の運動は、あまりにも微妙であり、またこの点についてはすぐにでも錯覚に陥る危険性があるため、ここで一気呵成に解決することはできない。（DG 24/上34）
>
> われわれがここで素描している態度を適切に把握するためには、新たな仕方で「時代」、「ひとつの時代の閉域」、「歴史的系譜」という表現を理解せねばならず、まず第一にそれらをあらゆる相対主義から引き離さねばならない。（DG 26/上37）

こうした文章に、歴史主義のアポリアに対するデリダの格闘の形跡を見ることができよう。このデリダの時代《エポック》の思考を明確にするために、以下では、その意味を次の二つの関係のなかで明らかにしたい。

第一に、デリダの時代《エポック》と、フーコーが「古典主義時代」というときの時代（âge）との違いである。たしかに両者とも歴史的構造を指しているが、フーコーの古典主義時代がその発端と終結を記す出来事によって時期を画定されるのに対し、デリダの時代《エポック》は起源と終末をもたないことが強調される。デリダが終わり（fin）と閉域（clôture）を区別するのは、そのためである。

われわれは、この時代の閉域を垣間見ているだけである。われわれは終わりと言っているのではない。(DG 14/上18)

それ〔記号の時代〕は、おそらくけっして終わらないであろう。しかしながら、その閉域はすでに素描されているのだ。(DG 25/上36)

たしかにデリダは、「来たるべき差延の時代」(DG 142/上194)という言い方もしており、これは形而上学の時代の後に新たな時代の到来を感じさせるものではある。また、「書物の終焉とエクリチュールの開始」という章題は、書物の時代の終焉とエクリチュールの時代の開始、とも受け取られうる。しかしそうした誤解に対してデリダがすぐに弁明したように、「限界画定された閉域のうちに捕らえられているものは、無際限に継続することができる」のであって、「この表題はまさしく、書物の終焉は存在しない、エクリチュールの開始は存在しない、と告げている」(Po 23/25)のである。

第二に、時代《エポック》という語に関するハイデガーとの関係の重要性である。ハイデガーは(『アナクシマンドロスの言葉』などで)、Epocheという語を時代や時期という意味だけでなく、存在のエポケー(中断・停留・隠蔽・遮蔽……)といった意味も込めて用いている。『エクリチュールと差異』(ED 114, 213/148, 285)や『ハイデガー』講義(H 217)ですでにこのことに言及していることからも明らかなように、デリダはハイデガーの「存在のエポケー」から想を得ている面が大きい。ハイデガーの場合、哲学ないし形而上学の時代には、存在者の下に〈存在〉が隠されているとされるのに対し、デリダの場合、音声中心的な時代の背後にエクリチュールのはたらきが隠されて

いる、と言えるかもしれない。(17)

では次に、「ルソーの時代」と呼ばれる議論をどのように受け取るべきかという問いに進みたい。デリダもまた、形而上学の時代にルソーを「監禁」していると言えるのだろうか。そうではないことは、デリダがルソーを論じるにあたって、「常軌を逸したもの――方法の問題」という節で提示した自らの方法についての解説において明らかだろう。デリダによれば、テクストを「読解する」とは、書かれたものをたんに重複し二重化するような註釈を行なうことでもなければ、テクストの外にある実在性や超越的な「意味されるもの《シニフィエ》」を目指すことでもない（「テクスト外なるものはない」(DG 227/下36)）。批判的読解とは、「著作家が、言語というエレメントによって所属する歴史とのやり取り」(DG 227/下35)のなかに、すなわちここでは「ルソーと歴史とのあいだの一定のやり取り」のなかに、ある「産出」(DG 234/下44)を行なうことである。それは次のように、書き手と、書き手が所属する時代のあいだにある裂け目のようなものをテクストに刻み込む作業であろう。

---

(17) ただし、デリダがハイデガーのエポケーの考えをそのまま受け入れているわけではないことにも注意しておきたい。ハイデガーが存在論的差異の思考によって、時代に隠されたものを〈存在〉と呼び、その統一性や結集性を疑っていないのに対して、時代に隠されたとみなすエクリチュールのはたらきとは、つまるところ差延の運動のことであり、そこには何らかの統一的なものは残らない。ハイデガー的な結集的な〈存在〉も、デリダにとっては脱構築されるべきものである。こうした議論は、一九八〇年の論考「送付」で行なわれている。そこではハイデガーの存在のエポックへの疑問ないし脱構築が示されている。「いくばくかでも表象があったのならば、それによって、この事実によって、ハイデガーが表象についての提出する存在の遮蔽時代「エポカル」という読解は最初から問題含みのものとなる」(Psy 136/179)。

著作家は、ひとつの言語のなかで、またひとつの論理のなかで書くのであるが、彼の言説はその言語や論理の固有のシステム、法則、生命を定義上完全には支配することができない。彼はただある仕方で、またある点まで、システムに支配されながら、そういったものを用いるにすぎない。そしてつねに読解は、著作家が用いる言語の諸図式の、彼には気づかれていないある関係を、〈彼が支配しているもの〉と〈彼が支配していないもの〉との間に探求しなければならない。この関係は、影と光の、弱さや力の、ある量的な分布ではなく、批判的読解が産出するべきひとつの〈意味する構造〉である。(DG 227/下35)

このことを行なうためには、書き手が所属する歴史に対して外的なものを、そのテクストのなかに見出すことが必要となる。「われわれは、ロゴス中心主義的時代の全体に対して、ある外的な地点に到達することを望んでいた。この外的な地点から出発して、この全体(…)の(…)脱構築に着手することができるだろう」(DG 231/下41)。こうして脱構築は——デカルトのコギトの世界超越的な瞬間のように——時代を超出する地点を必要とする。デリダのルソー論は、ルソーのテクスト、とりわけ代補の概念やエクリチュールの理論に、そうした地点が刻まれているのを暴露しようとする読解である。このように、デリダにとってのルソーとは、形而上学の時代の範例ではなく、「ロゴス中心主義的時代の決定的な分節化を認識する」ための「大変良い検出器(révélateur)」(DG 231/下42)なのである。[18]

こうしたデリダの見解を前節で見たフーコー論と関係づければ、デリダが歴史主義といかに格闘しているのかが分かる。繰り返せば、フーコーに対する歴史主義批判のポイントは、歴史的構造に対する外的な地点を当の構造のなかに閉じ込めてしまったと非難することにあった。そのことから見れば、『グラマトロジー』におけるデリダは、形而上学という時代の歴史的構造について語らざるをえないことによって、自ら歴史主義に陥る危険を冒している。しかし同時に、その構造の外部の地点を参照する読解を繰り広げることによって、歴史主義を回避しようとしているのである。したがって、脱構築とは、歴史主義をいかに批判するかという問いに対するまさに回答であると言えよう。すなわち、テクストに潜む歴史に外的な地点の名において歴史主義を批判することである。デリダの〈歴史の思考〉は、このようにフーコーへの批判を経由して、脱構築へと展開していったのである。

ただし付け加えるなら、歴史的構造に外的な地点は——再びフーコー論でのデリダの記述を参照すれば——、それが「語られ、安定を得、転落し、必然的に忘れ去られる」（ED 94/119）という危険のうちにある。デリダはフーコー論で、「歴史と歴史性の差異」について語ったあと、この差異について次のように続けていた。

〔歴史と歴史性の差異とは〕言い換えるなら、〈コギト〉と〈コギト〉がそこで象徴化するもの〔狂気、錯乱、誇張など〕が語られ、安定を得、転落し、必然的に忘れ去られるような場所、というよりも時であって、そのさい、過剰についてのまた別の語りのなかでそれらの再活性化、それらの覚醒にまでいたるのだが、この過剰はまた後にまた別の失墜、また別の危機ともなるだろう。（ED 94/119）

こうした「危機と忘却」の反復によって、脱構築の思考が歴史主義に陥る危険は、つねに存続する。言い換え

（18）したがって、ルソー論において歴史は重要な問題となる。これについては次を参照。Andrew Dunstall, "The impossible diagram of history: 'History' in Derrida's *Of Grammatology*," in: *Derrida Today* vol. 8-2, Edinburgh University Press, 2015, pp. 193-214.

れば、〈歴史主義のアポリア〉は終わりなく回帰するのである。したがって、脱構築の起点としての外的な地点を思考することは、こうしたアポリアを必然的に伴うことになる。それゆえ〈歴史の思考〉は、〈歴史主義のアポリア〉をアポリアとして受け止め、それと格闘し続けることによってのみ遂行されるのだ、ということをあらためて確認することにしたい。

おわりに――デリダ－フーコー論争の行方

最後に、デリダの歴史主義をめぐる議論がその後、とくにフーコーとの関係において、どのように展開されたのかをざっと見ておきたい[19]。そのために、いわゆるデリダ－フーコー論争についても、本書の観点から一瞥しておく必要がある。

本論でも述べたように、フーコーはデリダの講演の九年後、一九七二年になってからデリダへの反論を公表した。同年、フーコーは日本の雑誌に「デリダへの回答」を発表し、それを改訂したデリダ批判「私の身体、この紙、この炉」を『狂気の歴史』の第二版に付録として収録するとともに、第一版の序文を削除したのである[20]。ではデリダの歴史主義批判にフーコーが応答しているのかと言えば、必ずしもそうとは言えない。その反論の内容からは、デリダがフーコーに提起した批判をフーコーが正確に受け止めたようには見受けられないし、むしろ第一版序文の削除によって、第二版以降、デリダがフーコーの古典主義時代を「歴史的構造」とみなす根拠が読者の目から隠されることになった。また、その反論がデカルト読解をめぐる争点を前面に押し出したことで、かえってデリダの批判の意図がみえにくくなったように思われる。フーコーの反論は、その後の論争にとって、デリダの争点を隠すように機能したという面があるのではないかとさえ思われる。

もうひとつの疑問は、なぜフーコーの反論は一九七二年になるまで出されなかったのかという点である。この点については、フーコーが歴史をめぐるデリダの批判を密かに受け止め、自らの方法論を練り上げるまで待つ必要があったからだ、という見方もありうる。[21] 実際、フーコーが『知の考古学』（一九七二年）で、自らの思考は「世界観」ではないと述べているときには、他の議論に混じってデリダのことも念頭にあったのかもしれない。[22]

（19）デリダの歴史主義批判は、新歴史主義（ニューヒストリシズム）への批判としても繰り返されるが、そこでもデリダの立場は変わっておらず、フッサールの歴史主義批判の通過を前提としている。Jacques Derrida, « Some Statements and Truism about Neologisms, Newisms, Postisms, Parasitisms, and other small seismisms », in: *The States of "Theory": History, Art, and Critical Discourse*, ed. by David Carroll, Columbia University Press, 1990, pp. 91-92/*Derrida d'ici, Derrida de là*, ed. Thomas Dutoit, Philippe Romanski, Galilée, 2009, pp. 249f.（「新造語、新〜主義、ポスト〜主義、寄生およびその他の小さな地震現象についての、いくつかの声明と自明の理」吉松覚訳、『思想』一〇八八号、二〇一四年、一六八―一六九頁）。フーコーとデリダの論争は、アメリカへと持ち込まれ、両者が所属したカリフォルニア大学バークレー校とアーヴァイン校のライヴァル関係、すなわち新歴史主義と脱構築的批評理論の論争へと形を変えた、と見るのは穿ち過ぎだろうか。Cf. Martin Jay, "Still Waiting to Hear from Derrida", in: *Essays from the Edge: Parerga and Paralipomena*, The University of Virginia Press, 2011, pp. 124f.

（20）同じく日本の雑誌には「歴史への回帰」も掲載された。この論考をデリダへの暗黙の応答と見る論者もいる。Cf. *Histoire de la folie à l'âge classique de Michel Foucault. Regards critiques 1961-2011*, Presses universitaires de Caen, 2011, p. 110.

（21）前掲註（13）の佐藤論文がこの見方を提出している。

（22）ミシェル・フーコー『知の考古学』慎改康之訳、河出文庫、二〇一二年、三五、三〇〇頁。

その一方で、デリダの側では、フーコーの歴史についての思考を受け入れることは最後までなかった。事実、フーコーの死後に発表された新たなフーコー論「「フロイトに公正であること」」（一九九一年）でも、あらためて「時代」についての問いをめぐって議論が進んでいる。デリダは、今度はデカルトではなくフロイトをめぐって、古典主義時代とその前後へのフロイトの所属の問題や、『狂気の歴史』という書物自体の「フロイトの時代」への所属の問題を論じている。そこでデリダは、フーコーが前提とする「時代」の自己同一性を疑っている。時代を分割する「自己への差異」が、「時代（エポック）、時代（âge）、エピスーメー、（…）パラダイムといったものの同一性にひびをいれ」、「諸々の布置、総体、時代（エポック）、歴史の時代（âge）といったものの統一性に混乱を導き入れることになる」（RP 137/200）。

こうして結局のところ、デリダにとって歴史の何らかの総体性を表す概念は依然として、脱構築されるべきものとみなされている。〈歴史の思考〉は、こうした歴史や時代のひび割れを思考することとして、デリダの脱構築の思考のモティーフであり続けたのである。

第二章　言語の問いから脱構築の戦略へ

前章では、一九六〇年代初期のデリダにおいて〈歴史の思考〉が登場していることを明らかにした。引き続き第二章も、デリダの思想形成の解明を行なう。そのさい、本章では新たに「言語の問い」という観点を導入する。デリダにとって言語は二重の意味で重要である。第一に、『幾何学の起源・序説』で示されたように、とりわけエクリチュールによって歴史を可能にするという点で、言語は歴史の条件である。さらに第二に、「力と意味作用」で論じられたように、「言語の他者」を思考するために伝統的な言語に抵抗すべきであるという点で、言説としての言語そのものが問題になる。この第二の意味での言語の問いを本章は主題とする。

まず第一節では、デリダの一九六四―六五年の二つのテクスト――『ハイデガー』講義とレヴィナス論「暴力と形而上学」――において「言語の問い」が浮上していることに着目する。ハイデガーとレヴィナスそれぞれの西洋哲学の「解体」の思想のなかに、デリダは「言語の問い」を見定め、その困難を引き受けることで、独自の脱構築の思想を練り上げることになったことを明らかにする。

続いて第二節では、一九六六―六七年の論考――「限定的エコノミーから一般的エコノミーへ」と「人間科学の言説における構造、記号、遊び」――および一九七一年のいくつかの論考を参照することで、デリダが言語の問いを「エコノミー」の問題と捉え直し、バタイユの読解を通じて、脱構築の「戦略」を形成していく過程を描き出す。

これらの考察を通じて描かれるのは、〈歴史の思考〉が「言語の問い」に遭遇し、その問いと格闘することでデリダの脱構築の思考が生成し、さらにはその「戦略」が形成されていった過程である。

一　脱構築の継承と言語の問い（一九六四―六五年）

本節では、前章でスキップした一九六四―六五年の時期のデリダの思考にあらためて焦点を当てたい。この時期のデリダは、一九六四年にレヴィナス論「暴力と形而上学」、一九六五年一二月には「グラマトロジーについて（I）」を発表する。さらに一九六四―六五年の講義録『ハイデガー――存在の問いと歴史』も二〇一三年に刊行され、読めるようになった。

デリダの思想形成にとってこの時期が注目に値するのは、彼がこの時期に「脱構築（déconstruction）」という語を用い始めたからである。『ハイデガー』講義ではハイデガーの「解体（Destruktion）」に注目した読解が進められ、そのなかで「脱構築」（H 34）という語が初めて登場する。ただしそのときは「解体（déstruction）」、「揺さぶり（sollicitation）」、「揺り動かし（ébranlement）」、「脱構造化（dé-structuration）」といった他の語と並んで、ハイデガーの「解体」を表すための語彙のひとつにすぎなかった。この語はその後「グラマトロジーについて（I）」で用いられ、やがてデリダの意図を越えて彼の思想を代表するキーワードとなるわけだが、この語の由来からして、デリダの脱構築がハイデガーからの思想の継承関係のうちで生成してきたものであることは明らかだろう。

その一方で、この関係を考察するにはレヴィナスとの関係も無視できない。というのもこの時期のデリダにとって、レヴィナスの思想は「ギリシア的ロゴスの解体（dislocation）へとわれわれを向かわせる」（ED 121/161）ものであったからである。[1] 後の発言では、レヴィナスの思想は「存在論の「脱構築的力能」を組織してきた」（DL 32/17）ものだったとも語られる。したがって、当時のデリダの前にはハイデガーとレヴィナスという二つの解体の思想があったと言っても過言ではないだろう。『ハイデガー』講義と「暴力と形而上学」でこの二つの解体の思想を批判的に読解することが、デリダ独自の脱構築へとつながったように思われる。

　本節はこうした視野から、デリダの脱構築思想の成立前夜に位置するこの二つのテクストを検討する。そのために着目するのは、デリダが両テクストのいずれにおいても歴史の問いから出発して「言語の問い」を提起していることである。以下では、『ハイデガー』講義、「暴力と形而上学」の順に、この問いの内実をそれぞれ明らかにしていこう。

ハイデガーにおける「言語の問い」――『ハイデガー』講義

　デリダが高等師範学校に着任した初年度の講義『ハイデガー――存在の問いと歴史』は、当時のデリダがハイデガーをどのように読んでいたのかを知ることのできる記録でもある。西洋の伝統的存在論の歴史を解体し、その歴史のもとに隠された「存在の歴史」へと迫ろうとするハイデガーの思考は、デリダにとってすぐれた意味でひとつの歴史の思考であったに違いない。デリダがこの講義で取り組むのは、ハイデガーの『存在と時間』を、存在論の解体によって現存在の分析論から存在の歴史へといたろうとする過程として捉え、そこにハイデガーが

（1）dislocationという語は「力と意味作用」ですでに用いられており（ED 14/10）、一九六七年の加筆でも「解体の力（*force de dislocation*）」（ED 34/40）という表現が使われている。これも「解体＝脱構築」を表す語のひとつである。

突き当たった問題を描き出すことである。

その講義の検討を始めるにあたって、以下の考察の指針となる文章を掲げておきたい。デリダは、ハイデガーが『存在と時間』を第二編で中断したことに寄せて、次のように述べている。

> われわれは、（…）形而上学を脱構築（dé-construire）するために形而上学のなかに身を置く端的に解体的な分析の必然性を見てきた。しかしその分析は、形而上学の彼方に積極的に進むことでしか解体の彼方には進めない。それは乗り越え（dépassement）という語の単純な意味では不可能なことである。しかしこの形而上学の単純な乗り越えの不可能性はもしかしたら、われわれに歴史についてさらに雄弁に語り、ほのめかすだろう。（H 231）

このように、〈形而上学を脱構築するために形而上学のなかに身を置かねばならないという必然性〉と、〈形而上学から単純に外に出ることの不可能性〉が、歴史について多くを語るとデリダは述べている。以下では、この必然性と不可能性という二点に、デリダにおける歴史と言語の問いが集約されていることが明らかとなるだろう。

（1）「言語の問い」

まず、『ハイデガー』講義における「言語の問い」とは何かを明らかにしたい。デリダはこの講義の第一回から第二回にかけて導入的な講義を行ない（H 23-76）、なぜ講義の表題を「存在の問いと歴史」としたのかを説明している。そのなかでまず強調されるのは「存在の問い」の意義である。すなわち、存在の問いは存在論とは異なること、存在の問いは存在論の歴史の解体、さらには存在論そのものの解体を通じて遂行される存在の思考だということである。「解体」が意味するのは、存在論のたんなる批判でもなければ、存在論を否定したり無化したりすることでもなく、ヘーゲルのように果実が花を否定するという意味での反駁（réfutation, Widerlegung）でもない。ハイデガーの「解体」は、存在者の覆いを剝がし、その下に隠された〈存在〉へと向かう積極的なものと捉えられる（第一回講義）。

次にデリダは、「存在の問い」を、表題にあるもうひとつの語「歴史」と結びつける（第二回講義）。というのも、ハイデガーにおいて初めて存在と歴史が根源的な結びつきのうちで思考されるとデリダは考えるからである。そこにおいて、「存在の問い」と「歴史」とを結びつける「と」の問題として浮上してくるのが、「言語の問題」（H 54）ないし「言語の問い」（H 56）である。次がその問題提起の文である。

> ハイデガーが選択した絶対的な根本性において——つまり一方で解体が露呈させたことになる根源性、そしてまずもって、他方で、それを起点として解体そのものが企てられたところの根源性の奥底において——、歴史との関係のうちにある存在の問いは、いかなる言語において暴かれ、取り扱われうるのか。（H 53f.）

存在論が言説である以上、存在論の解体においては存在論が用いる言語そのものも解体されねばならないが、解体もまた言語的な営為にほかならず、解体されるべき言語を用いて遂行する必要がある。したがって存在論の解体は、従来の伝統的ロゴスの言語から手を切り、リセットしてゼロから再び始めるような「無歴史的な徹底主義《ラディカリスム》」(H 54) ではない。むしろ、「最も根本的《ラディカル》な存在の問い」と「最も根本的《ラディカル》な歴史性」とを結びつけることである (H 54)。それはいかなる言語において可能なのか、というのがデリダのいう「言語の問い」である。

この問題に対してデリダは二つの可能性を考える。ひとつは、伝承されたロゴスの内部で解体を遂行すること、すなわち「存在論のロゴスの自己 - 解体、哲学による哲学の自己 - 解体」(H 55) である。それは「受け取られたロゴスそのものを変容し、それ自身をそれ自身によって訂正する」(H 55) という歩みとなるが、その場合解体は、解体すべき哲学やロゴスのなかを動き回るしかなく、その外に脱することはできない。「哲学の解体は、哲学を解体しようとするその瞬間に、哲学のなかで不意打ちされ (*surprise*)、哲学によって不意打ちされ、哲学によって包み込まれる」(H 55)。もうひとつの可能性は、「新たな諸概念の創造」(H 55) を行ない、伝統的な語や概念をまったく用いないことである。しかしハイデガーも言うように西洋言語の構文や文法自体が存在論と密接に結びついている以上、語や概念だけでなく構文や文法も新たに創造しなければならず、そうしたことは不可能である。「言語の問い」はこうしたジレンマに突き当たる。

デリダによれば、こうした問題はデリダの提起する問いである以前に、『存在と時間』第七節でハイデガー自身が自らに課した問いである。ハイデガーによれば、「存在者について物語りつつ報告するのと、存在者をその存在において捉えるのとは、まったく別のことがらである。後者の課題を遂行するためには、大抵の場合、そのための言葉が欠けているだけでなく、とりわけ「文法」も欠けている」(SZ 39)。こうして『存在と時間』では、「物語を語ること (raconter des histoires)」が断固として絶対的に禁止されることになる」(H 57)。存在者について語ることは物語を語ることであり、存在者の存在そのものを語ることではない。ここでは存在者と存在の差異が、それを語る言語の問題となって押しつけられるわけである。したがって、デリダは次のように述べる。

存在の問いと歴史を解放するためには、それゆえ、物語を語ることを中止しなければならない。すなわち、存在者的歴史の彼方に歩を進めなければならない。歴史一般から無歴史的なものの方への脱出にも似ているこの歩みは、実のところは、存在そのものの歴史としての歴史の思考の徹底化に接近するための条件である。（H 74）

このように、存在者的歴史を乗り越えて存在そのものの歴史に到達するべく、物語を語ることを中断するという課題が浮上する。(2) こうした課題は「存在者的隠喩の必然性」（H 70）の問題に結びついている。次に見ていこう。

（2）隠喩

一般に「隠喩」とは、何かを指示するために、それに類似しているがまったく別種のものを本来表す言葉を、代理に用いることである（たとえば、基盤のない生活を「浮き草」や「根無し草」と表す）。ここでの「存在者的隠喩」とは、存在を指示するために、存在者を表す言葉を代理に用いることである。われわれは存在者的な言説による以外の方法で存在を語ることはできない。したがって、隠喩的にしか存在を語ることができないと言う

（2）なお、デリダは続けて「それゆえ、存在の真理としての歴史を思考するためには、存在の真理と同じ水準で歴史を真に思考するためには、歴史主義に対する疑念を断固として絶えず保持しなければならないだろう」（H 74）と述べている。哲学史を語ることは歴史主義の一形態であって、ハイデガーの存在論の解体はデリダにとって歴史主義批判の一種なのである。

ことができる。

　ハイデガーは、こうした隠喩性をいわば逆転させる。『ヒューマニズムについて』で幾度か登場する「言語は存在の家である」という表現は、「言語が存在の可能性の条件である」ということを隠喩的に表現しているようにみえるが、これは日常的に用いられる「家」という語をレトリックの道具として用いているものではない。ハイデガーいわく、「存在の家という言い方も、「家」という比喩形象（Bild）を存在に当てはめて転用することではけっしてない。むしろ、事象に即して思考された存在の本質にもとづいてこそ、私たちは、いつの日か、「家」とか「住む」といったことが何であるのかを、よりよく思考することができるであろう」（UH 50/129）。それを受けてデリダはこう解説する。「われわれが日々、詩的でない通常の言語で家と言うときに何のことを言っているのかを知っていると思っているとき、われわれは隠喩のなかにいる」（H 105）。つまり、われわれの日常において「家」の固有の意味は忘却され、隠喩的意味でのみ理解されているのであって、一般的に考えられる「家」の隠喩的意味と固有の意味の関係は、ハイデガーにとっては転倒しているのである。「隠喩とは固有で根源的な意味の忘却である」（H 105）、なぜなら、存在の真理の思考において明らかにされる言語の真の意味は、つねに存在者的言説によって隠蔽されているからである。

　デリダにとって、ハイデガーの存在の思考と歴史との結びつきはこうした言語の隠喩性のうちに認められる。「隠喩はレトリックの技巧のように言語のなかに後からつけ加わるのではない。隠喩は言語の始まりであり、存在の思考はその埋もれた起源である。起源的なものから始めないこと、それが歴史／物語（histoire）の最初の言葉である」（H 105）。したがって、歴史において言語はすべて隠喩的なものであることになる。このようにハイデガーは、言語に本質的な隠喩性を認め、それが存在を隠蔽していることを認める。そうであるなら、隠喩から外に出ることは容易ではない。というのも「隠蔽は、開示と同じく根源的で本質的でもある」（H 107）のであり、「絶対的に根底的であるのは、無でない存在でも存在者でもなく、存在者的‐存在論的な差異だから」（H 107）である。形而上学の「単純な乗り越えや可能な超克（Überwindung）はない」（H 106）のと同様に、われわれは隠喩を通じてその外部を垣間見ることしかできない。

デリダは隠喩を隠喩として思考することを「脱隠喩化（démétaphorisation）」（H 278）と呼ぶ。それは隠喩から完全に外に出ることではなく、隠喩を別の隠喩のなかで捉え直すことによって、「新たな隠喩のなかで先行する隠喩がそのものとして現れ、その起源、その隠喩的機能、その必然性の点で告発される」（H 278）ということである。

したがって重要なのは、ある隠喩を別の隠喩で置き換えるのではなく――それは言語と歴史の運動そのものである――、この運動そのものを思考し、隠喩をそのものとして隠喩化しつつ思考すること、隠喩の本質を思考することである（これがハイデガーの行なおうとしたことのすべてである）。（H 279）

この脱隠喩化を通じて、「そこから隠喩性が思考されるような、非隠喩の地平」（H 323）へと思考を向けること、それは、言語の隠喩性から逃れられないことを自覚しつつ、言語を通じて非隠喩的なものとしての存在を思考しようとすることである。このようにデリダは、ハイデガーの存在の問いを脱隠喩化として捉えた。

レヴィナスにおける「言語の問い」――「暴力と形而上学」

次にデリダのレヴィナス論に目を転じたい。先に述べたようにデリダにとってレヴィナスの思想はギリシア的ロゴスの「解体＝脱構築」へと通じる思想であった。ハイデガーの解体が存在者の下に存在を隠蔽する古典的存在論の解体であるのに対し、レヴィナスの解体は、ギリシアを起源とする西洋の哲学にとっての外部や他者にあたるものを頼りにして、われわれが歴史の深みから身を委ねている「ギリシア的環境の安全性」（ED 121f./160）を揺り動かす解体である。「暴力と形而上学」は、こうした解体がはらむ困難に迫るものである。

デリダのレヴィナス論は、基本的にはレヴィナスの思想全体を解体の思想と受け止め、その意義を高く評価している。その一方で、『全体性と無限』に対しては厳しい批判を提起するが、レヴィナスの初期著作『時間と他者』や、『全体性と無限』直後に書かれた「他者の痕跡」といった論考についてはむしろ肯定的な視線を向けている。それゆえ「暴力と形而上学」をデリダのレヴィナス批判として受け取る場合、正確には『全体性と無限』批判として理解すべきである。言い換えれば、デリダはレヴィナスの思想の変化に十分に注意を払いながら議論を繰り広げている。

（1）歴史性概念の移動

まずデリダは「暴力と形而上学」の第一部と第二部で、『全体性と無限』にいたるまでのレヴィナスの思考の変遷を描き出している。そこでたどられるのはレヴィナスにおける「歴史性の概念の移動」（ED 139/184 cf.

131/172）である。そのことをかいつまんで見ておこう。

デリダによれば、『時間と他者』（一九四八年）におけるレヴィナスは、実存することの絶対的な孤独のなかに他性との関係を見出し、「起源的差異の思考」（ED 134/177）に接近していた。こうした孤独のなかの他性によって時間が、さらには歴史が生じるのであり、それゆえ歴史概念は実存者の実存の内奥に根ざす。しかし一九六一年の『全体性と無限』において、レヴィナスは〈同〉と〈他〉のカテゴリーを用いながら、歴史を他性なき全体性とみなし、「歴史を他者への盲目として、同のもたつく行列として描いている」（ED 139/184）。ここにデリダは歴史性の概念が移動していることを見る。

デリダは『全体性と無限』における歴史の概念に対して批判的な立場をとる。「歴史それ自体、レヴィナスが歴史を超えたところに位置づけている他者とのこの連関とともに始まるのではないのか」（ED 139/184）とデリダは述べ、『全体性と無限』のように全体性としての歴史と、その外部としての「歴史の彼方」とを峻別する構図に疑問を呈している。次の引用は、歴史についてのデリダの考えが表明されている箇所である。

> 歴史のなかでは、と言ったが、そこから哲学者は逃れることができない。なぜなら、ここにいう歴史は、レヴィナスがそれに与えた意味での歴史（全体性）ではなく、全体性からの脱出の歴史、超越の動きそのもの、全体性に対する過剰の動きそのものとしての歴史であるからだ。かかる過剰なしにはいかなる全体性も現れることはない。歴史は、終末論、形而上学、発語によって超越された全体性ではない。歴史は超越そのものである。（ED 173/229）

先に示唆したように、歴史は有限的全体性のなかでは不可能であり、意味をもたないということ、歴史は肯定的かつ顕在的な無限性のなかでは不可能で、意味をもたないということ、歴史は全体性と無限のあいだの差異のうちに存しており、それはまさにレヴィナスが超越および終末論と呼ぶところのものであること、それをおそらく示さねばならないだろう。(ED 180/239)

ここで明確に表明されているように、レヴィナスとは異なり、デリダにとっての歴史は、歴史と歴史の彼方との差異のうちに根ざすものである。こうした論点は、デリダがフーコー論で歴史的構造(ここでは全体性)とそれを超過するもの(ここでは無限)との差異に歴史を見た議論と同型である。デリダは、フーコーに対しては歴史的構造を超過するものをその構造のなかに閉じ込めたことを批判したが、レヴィナスに対しては逆に、全体性を超過するものが無限として実体化され、全体性から分断されたことを批判している。デリダにとって、歴史はあくまでも超過との関係のうちで、すなわち両者の差異のうちで思考されなければならない。

(2) 言語の問いと隠喩

さて、このような歴史概念の移動についてたどった後、デリダは、『全体性と無限』の著者といよいよ対峙せんとする第三部の冒頭で次のように宣言する。

次にわれわれがその原理を示すべく努めようとしている問いはすべて、意味は多様であるとはいえ、言語の

問いである。すなわち、言語についての数々の問いであり、言語という問いである。（ED 161/213）

この「言語の問い」は『ハイデガー』講義におけるそれと同型の問題であると思われる。レヴィナスにおける「言語の問い」とは、レヴィナスは〈ギリシア的カテゴリーを用いてギリシア的ロゴスの解体を遂行しようとする〉という逆説である。『全体性と無限』でレヴィナスは〈同〉と〈他〉というギリシア的カテゴリーを援用し、さらには〈同〉を〈自我〉と、〈他〉を〈他人〉と結びつける。つまりレヴィナスは「それ以前には彼が拒んでいたように思える諸カテゴリーに頼る」（ED 164/218）ことを余儀なくされている、とデリダは捉える。レヴィナスはギリシア的ロゴスの外へと脱しようとして、結局はギリシア的ロゴスに「不意打ちされる（*surpris*）」（ED 165/218）のである。ただし、これは必然的なことだとデリダは指摘する。

> われわれはここで言語の不整合性や体系にはらまれた矛盾を告発しているのではない。われわれはある必然性の意味に問いかけているのだ。伝統的概念性を解体する（détruire）ためには、この概念性のなかに身を置かねばならないという必然性の意味に。（ED 165/217）

このように見れば、レヴィナスの試みもまたハイデガーと同じ困難を抱えていることになる。すなわち、ハイデガーと同様、〈西洋の存在論の伝統的概念性を解体するために当の伝統性のなかに身を置く必然性〉に、レヴィナスも従わなければならないということである。では、ハイデガーと対比して、レヴィナスはこの必然性にどのように対応したのだろうか。デリダはレヴィナスに対しても、言語の隠喩性の問題を問うている。[3] たとえば、『全体性と無限』において〈他〉の絶対的な「外部性」は空間的な外部性ではないと主張されるが、そのことを主張するためには外部性という空間的な概念を必要とし、「真の外部性を非‐外部性として、言い換えるなら、なおも〈内〉‐〈外〉の構造ならびに空間的隠喩を介して思考しなければならない」(ED 165/219)。こうした「隠喩」(ED 166/219)についてデリダが述べる次の文章は、『ハイデガー』講義の隠喩論と通底しているように思われる。

言語のなかでのレトリックの手法であるに先立って、隠喩は言語そのものの出来である。そして、哲学はこの言語でしかなく、せいぜい、この表現の尋常ならざる意味でこの言語を発語すること、隠喩そのものを語ることでしかありえない。翻ってそれは、非‐隠喩、すなわち〈存在〉の黙した地平で隠喩を思考するということだ。(ED 166/219f.)

したがってレヴィナスにも、ハイデガーと同じく言語の隠喩性を認めるべきだという課題が生じるはずである。しかし、デリダによればレヴィナスは言語の根本的な隠喩性を認めることができない。なぜなら、レヴィナスは言語の問題に対する「最良の武器」である「言説への侮蔑」(ED 170/226)という手段を捨てているからである。「言説への侮蔑」とは、言語によって語りえないものとして神を語る否定神学や、言語によって語りえない純粋持続を言語の批判を通じて語ろうとするベルクソンが手段としていたもの、つまり、言語の限界を自覚することによって語りえないものを語る方途である。レヴィナスがこの方途をとりえないのは、彼が言語の起源を他者の発語に定めているからである。「〈他人〉の迎え入れにおいては、〈他人〉が、絶対的に現在するものとして、自らの顔において――いかなる隠喩もなく――私に対面している」[4]というレヴィナスの言葉を踏まえてデリダが言うには、顔は「隠喩ではなく」(ED 149/197)、「隠喩なき裸性」(ED 157/208)であるような「発語」(ED 148/196)である。言語の起源が他者の他者性の表出としての「顔」にあるとすれば、言語を隠喩とみなすことは他者の純粋な発露を毀損してしまうことになる。

他方で、レヴィナスは言語による述定を「最初の暴力」(ED 218/293)とみなしていた。レヴィナスにとって言語は起源において非暴力であるが、歴史のなかでは必ず暴力と化すのである(「どんな歴史的言語も、ひとつの還元不能な概念的契機を、ひいてはある種の暴力を伴っていることを、レヴィナスはおそらく否定しないだろう」(ED 219/294))。したがってレヴィナスにおいて、言語は他者との関係(非暴力、非隠喩)と述定(暴力、隠喩)とのあいだで引き裂かれている。デリダからみれば、レヴィナスは言語の本質を非暴力的な他者との関係の方に定めようとして、言語の可能性を「歴史の彼方」に求めることになる。「非-暴力および贈与としての言語の起

(3) ちなみに、レヴィナスは一九六二年二月二六日にコレージュ・フィロゾフィックで「隠喩」講義を行なっているが、デリダが聴講したかどうかは不明(翌年の「痕跡」講義は聴講した)。Emmanuel Levinas, « La Métaphore », in: *Parole et Silence et autres conférences inédites au Collège philosophique*, Rodolphe Calin et Catherine Chalier (dir.), Bernard Grasset/Imec, 2009, pp. 319-347.(『レヴィナス著作集2』R・カラン/C・シャリエ監修、藤岡俊博・渡名喜庸哲・三浦直希訳、法政大学出版局、二〇一六年、三三一―三六〇頁)

(4) Emmanuel Levinas, « *A priori* et subjectivité », in: *En découvrant l'existence avec Husserl et Heidegger*, J. Vrin, Troisième édition corrigée, 2001, p. 259.(「ア・プリオリと主観性」『実存の発見――フッサールとハイデッガーと共に』佐藤真理人・小川昌宏・三谷嗣・河合孝昭訳、法政大学出版局、一九九六年、二六九頁)

源的可能性を、歴史的現実性のなかでは不可避な必然的暴力から切り離すこと、それは、思考をひとつの超歴史性に凭れ掛からせることなのである」(ED 220/295)。このようにレヴィナスは言語の可能性を歴史の外に位置づけるのであり、デリダはそこに沈黙の暴力という、言語の暴力よりも深刻な暴力の危険を察知する。こうしてデリダは、レヴィナスを解体の思想とみなしつつも、その試みは「言語の問い」を適切な仕方で引き受けていないと批判するのである。

二つの終末論の近さ

以上の議論をまとめておきたい。ここまで見たように、「言語の問い」によって明らかとなるハイデガーとレヴィナスのそれぞれの思想は次のように対比して理解できるだろう。一方のハイデガーは、言語の隠喩性を引き受け、逆転させて、歴史のなかで隠喩の隠喩性を思考すること(脱隠喩化)を通じて存在を思考しようとする。他方でレヴィナスは、言語の隠喩性を認めず、言語の可能性を歴史から切り離し、歴史の外に立とうとする。別の言い方をすれば、ハイデガーは存在論的差異を通じて「歴史－存在」(ED 213/285)(歴史としての存在、存在の歴史)を思考するのに対し、レヴィナスは「歴史の彼方」という「超歴史性」を思考の支えにするが、それは「没－歴史性」(ED 220/295)にすぎない。デリダはこうした構図でハイデガーとレヴィナスによる二つの解体の試みを捉えていたように思われる。

こうした対比は、しかしながら、デリダにとって両者の思想の「近さ」を物語るものでもある。ここで注目したいのは、「暴力と形而上学」第三部の最後の章「存在論的暴力について」の終盤で、デリダがレヴィナスとハイデガーのあいだに「近さ」を認めようとする議論（ED 221-224/296-300）を繰り広げていることである。(5) それは「二つの「終末論」の近さ」（ED 221/296）と呼ばれている。二つの終末論とは、レヴィナスの「メシア的終末論」と、ハイデガーの「存在の終末論」のことである。前者はレヴィナスの『全体性と無限』の序論に、後者はハイデガーの『アナクシマンドロスの言葉』に由来する表現であり、対比的に理解すれば、レヴィナスのメシア的終末論が「歴史の彼方」における他者との関係を指すのに対し、ハイデガーの存在の終末論は存在が隠されてきたという「存在の歴史」にもとづき、最初のものが終末において再び到来することを期待するものである。(6) デリダは、両者の関係を対立の構図で捉えるとともに、その「近さ」も指摘する。

　二つの「終末論」の近さは、相反するさまざまな道を通って、プラトニズムから生じた「哲学的」冒険の全体を反復するとともに問いに付している。この冒険がそのうちで自らを要約し、自らを思考するところ

（5）ジョシュア・ケイツはこの箇所をデリダの議論に特有の「ハイデガーとレヴィナスの和解」とみなす。Joshua Kates, *Essential History. Jacques Derrida and the Development of Deconstruction*, p. 211.

（6）レヴィナスは、「終末論が存在との関係をとりむすぶのは、全体性の彼方、あるいは歴史の彼方においてであり、過去と現在との彼方で存在との関係をむすぶのではない。（…）終末論とは、全体性に対してつねに外部的な一箇の余剰との関係である」（TI 7/上17）と述べる。他方、ハイデガーは、『アナクシマンドロスの言葉』において存在の歴史について語りながら、「命運の早初のいつかということ」が「終末のことへの（…）いつかとして、到来することになる」という意味で、終末《エスカトン》の結集《ロゴス》としての「存在の終末論（Eschatologie）」を語っている（GA 5, 327/364）。

のへーゲルへの問いという形式のもとで、かかる冒険の全体に、内と外から同時に問いかけながら。(ED 221/296f.)

このように、ハイデガーとレヴィナスの思想は、西洋哲学の歴史をそれぞれの仕方で内と外から問いに付しているのであり、それぞれの思想の要である「存在」と「他者」はその点で近さをもつ。たしかにハイデガーのギリシアを起源とする哲学史観や、存在論に対するレヴィナスの徹底的な批判からすれば、両者を安易に近づけることは許されない。しかし存在論ひいては西洋の形而上学の解体という視点からすれば、ハイデガーの「存在」とレヴィナスの「他者」は対立するのでなく、近くにあるものと捉えることが可能なのである。[7] デリダは、「存在」と「他者」とを近づける問いとして、「神(無限に他なる存在者のこと)とは存在の別名(…)であって、それについての思考はというと、(…)この差異と存在論的地平を開くのではないだろうか」(ED 221/297)という問いや、「存在の思考は、概念の等質的同一性ならびに同の窒息状態であるに先立って、他の(による、についての)思考なのではないだろうか」(ED 221f./297)といった一連の問いを提出し、ハイデガーの「存在」とレヴィナスの「他者」のあいだの接近可能性を示唆している。

デリダがこうした議論を行なうのは、ハイデガーの存在論的差異の思考と、レヴィナスの「他者」の思考とがともに起点とする「起源的差異の思考」(ED 134/177)へと進むためである。[8] デリダの視点からは、ハイデガーの存在論的差異の思考は起源的差異の思考を前提としており、その思考を存在の思考へと限定したものである。他方、レヴィナスは『時間と他者』で起源的差異に接近していたが、『全体性と無限』で、起源的差異の思考を〈同〉と〈他〉を分断するカテゴリーの思考へと変貌してしまったと捉えられる。この起源的な差異こそ、デリダの脱構築がつねに参照する地点である(9)。

では、デリダの脱構築の思想はこの二つの解体をどのように継承しているのだろうか。われわれは、デリダが脱隠喩化を自らの方法としたわけではないことを知っているし、他方でレヴィナスが示した他者や外部のモティーフがデリダにとって重要であることも知っている。デリダは両者の困難な解体のあいだを潜り抜け、独自の脱構築の戦略を練り上げていったように思われる。「暴力と形而上学」には、デリダの脱構築の方向性を示す文章がある(一九六七年の加筆)。

(7) デリダはその後も「ハイデガーにとってSein〔存在〕は「まったき他者」であるが、この他者性はソクラテス/プラトン的伝統からまったく無関係ではない」という言い方で、存在を他者とみなす理解を示している。Jacques Derrida, "On Reading Heidegger: An Outline of Remarks to the Essex Colloquium", in: *Research in Phenomenology*, Volume 17, Humanity Press International, 1987, p. 172.

(8) デリダは『時間と他者』の時期のレヴィナスに「起源的差異」への接近を見て取ったとき、「この差異とハイデガーの語る差異とのあいだに差異はあるのだろうか。両者の接近は言葉だけのもの以外であるのだろうか。そして、どちらが最も起源的な差異なのだろうか。後でわれわれが取り上げたいのはこれらの問いである」(ED 134/177) と述べていた。二つの終末論をめぐる議論はこの問いを取り上げなおしたものとみなすことができる。

(9) デリダはこの思考をやがて「差延の思考」と呼ぶことになるだろう。なぜなら、差延は「存在そのものよりも「老齢」なもの」(M 28/上73) であるとともに、「レヴィナスの企てる〈古典的存在論の批判〉の全体を前提している」(M 22/上64f.) ものと位置づけられるからである。

全面的には絶縁できない哲学的言説を介して、哲学的言説の彼方への突破を試みようとするならば、言語のなかで（…）そこにいたる機会があるのは、ただ帰属と突破との諸連関、閉域の問題を形式的かつ主題的に提起する場合のみである。（ED 163/216）

こうしてデリダは、ハイデガーとレヴィナスの両者のなかに指摘した「言語の問い」を、デリダ自身の課題として引き受け直すことになる。そのことを次節で考察することにしよう。

二　エコノミーと戦略（一九六六—七一年）

前節で明らかになったように、デリダがハイデガーとレヴィナスに共通して見出した「言語の問い」とは、〈伝統的な概念性を解体するために、当の概念性に身を置かなければならない〉という必然性についての問いであった。だとすれば、脱構築を継承するデリダ自身にも同じアポリアは課せられるに違いない。続く時期におけるデリダがこのアポリアからいかに「戦略」を形成したのかを明らかにするのが、本節の課題である。

本論への導入のために、そのアポリアをまた別の観点から確認しておこう。脱構築の主な関心のひとつにヨーロッパ中心主義の問題があるが、西洋／東洋という構図にもとづいた論述を繰り広げるさいにも、デリダが民族中心主義を完全に免れた立場にいるわけではない。たとえばデリダは『グラマトロジーについて』でエクリチュールの議論を展開するとき、西洋／東洋の文化的相違に関する知見を踏まえつつ、西洋と東洋の言語の違いについて次のように述べている。

しかし、ずっと以前から知られているように、実質的には非－表音的である中国や日本の文字《エクリチュール》は、ごく早くから表音的要素を伴っていた。この要素は、構造的にはなお表意文字に、つまり代数学的体系に支配されている。かくしてわれわれは、あらゆるロゴス中心主義の外で展開されるひとつの文明の強力な運動を目のあたりにする。（DG 137f./上189）

このようにデリダは、言語に関する西洋と東洋の差異に即して、ロゴス中心主義はヨーロッパ的なものであるのに対して、音声中心主義は普遍的なものだと述べる。[10] 東洋にロゴス中心的な要素がないのかどうかは検討の余地があるとして、[11] そもそもデリダが依拠する中国や日本の文字についての研究は、ヨーロッパから東洋を見たヨー

（10）デリダは晩年の講義録においても、同様の発言を繰り返している。「中国文化においては、音声的要素が認められるとはいえ、書き言葉は表音式ではありません。しかしながら、声に認められる権威があり、声に関するたくさんの記号があります。このことから、私見では、音声中心主義は普遍的なものですが、ロゴス中心主義はそうではありません」（BSI 461/428）。

（11）このことを検討するには、たとえば白川静の文字研究を参照する必要があるが、ここではデリダと白川についての次の評言を紹介するにとどめたい。「白川静を必要としていたのはデリダのほうであって、逆ではない。（…）年代的に不可能ではあっ

ロッパ的な言説であり、すでにそのなかにヨーロッパ中心的な偏向があるとは言えないだろうか。

このことに関して、デリダはレヴィ＝ストロースの民族学を論じるにあたって、次のように述べていた。

ところで、民族学は——あらゆる科学と同様に——言説という境位のなかで産み出される。そして、民族学はまず最初はヨーロッパの科学であり、やむをえずとはいえ伝統に属する諸概念を使用する。したがって（…）彼〔レヴィ＝ストロース〕がまさに民族中心主義を告発する瞬間に、彼は自分の言説のなかで、民族中心主義の諸前提を受け入れてしまうのである。（ED 414/572）

デリダがこのように述べるとき、それはレヴィ＝ストロースだけでなく、彼自身の言説にも、ひいては彼の脱構築の企てにも当てはまるのではないだろうか——まさに当てはまる、とデリダは考えたように思われる。つまりデリダは、あくまでヨーロッパの伝統の内部でヨーロッパの外部を思考せざるをえないという必然性を、自らの課題として受け止めていたのである。

ヨーロッパのなかで受け継がれた伝統や遺産は、思考や言説の形成のために依拠し、活用することができる「資源（リソース）」である。それはいくら汲んでも汲みつくせないほど豊かで奥深いものだろう。にもかかわらず、それがヨーロッパの伝統であるかぎりにおいて、その資源には一定の限界があることになる。脱構築のために、有限な資源をいかに活用するのか——この問題に直面したとき、デリダは「エコノミー」の思考を開始したと思われる。以下では、一九六六年に書かれた二つのテクストと、その後の一九七一年までのテクストにおいてその経緯をたどり、デリダの「エコノミー」概念ならびにそれと同時進行する「戦略」の形成を明らかにする。

資源《リソース》の問題

まず、デリダのエコノミー論の出発点に、脱構築における「資源《リソース》」の問題を見定め、そこからエコノミー論がどのように登場したのか、その経緯を明らかにしておきたい。デリダが「エコノミー」という語を独自の仕方で用いた最初のテクストは「暴力と形而上学」(一九六四年初出)であると目される。[12] このレヴィナス論において、デリダのレヴィナス批判の要点のひとつとして打ち出される議論が、周知のように「暴力のエコノミー」の議論なのである。これがデリダの「エコノミー」の語法の出発点にあたると言うことができるだろう。

ても、理論的には『ド・ラ・グラマトロジー』は白川静を参照しなければならなかったのである。もしも参照していれば、文字学はまた新たな相貌を見せたに違いない。」三浦雅士「白川静問題——グラマトロジーの射程・ノート1」『人生という作品』、NTT出版、二〇一〇年、五八頁。

(12)「エコノミー」という語の導入についてはテクスト事情が複雑である。一九六七年に公刊された三著作から『エクリチュールと差異』に絞ってみれば、この著作に収録された諸論文のうち、最初の論文「力と意味作用」と第二論文「コギトと狂気の歴史」においてすでに、重要な箇所でエコノミーの語が登場している。しかし、すでに指摘されているように、これらの論文の一九六三年の雑誌掲載時のヴァージョンにはエコノミーの語を含む箇所はまだ存在せず、それらは一九六七年に加筆された箇所である。また、「暴力と形而上学」でも、一九六七年の加筆において新たにこの語を含む文章が追加されている。この点については、鈴木康則「「暴力と形而上学」における「エコノミー」の問題」二〇一四年一一月二一日、ジャック・デリダ没後一〇年シンポジウム・プレセッション(於早稲田大学)での発表、ならびにEdward Baring, *Young Derrida and French Philosophy. 1945–1968*, pp. 186–189を参照。

その内実を確認しておけば、デリダにとって、レヴィナスの『全体性と無限』は、ギリシア的ロゴスにもとづく哲学的言説を沈黙させることによって、メシア的平和を志向する議論のように映る。それに対し、デリダは、哲学的言説を沈黙させることはまた別の暴力の行使にほかならないため、そのように志向される平和は最悪の暴力に転化する恐れがあるので、あくまでも哲学的言説のなかで平和を目指すべきだと主張する。つまり、全体化の暴力をふるう言説に対して、同じ言説で対抗することで平和を目指すこと、これが「暴力のエコノミー」と呼ばれる。「言語は、戦争を自らのうちで承認し実践することで、正義へと無際限に向かうことしかできない。暴力に抗する暴力。暴力のエコノミー」（ED 172/228）。

したがって、このエコノミーという語が含意するのは、言語に言語以外のものを対抗させることや、言語それ自体を抹消することではなく、言語に言語を対抗させること、つまり言語の循環である。デリダが強調しているのは、言語それ自体が暴力的なものであり、「論争（polémique）」（ED 173/230）であることを承認すること、「戦争が哲学的ロゴスに住まっており、しかし、この哲学的ロゴスのなかでのみ平和を宣言できるのだということ」（ED173/227）である。

こうした主張には、デリダの脱構築のスタンスがすでに予示されている。というのも、ギリシア的ロゴスの批判というレヴィナスのモティーフは、デリダの脱構築へと受け継がれていくことになるが、そのさいデリダが前提とするのは、レヴィナスのようにギリシア的ロゴスから完全に手を切ることは不可能であるのだから――レヴィナスはギリシア的ロゴスの言語を語りながらギリシア的ロゴスから手を切ろうとしたため、矛盾に陥ってしまった、というのがデリダの批判点である――、伝承されてきたロゴスのなかでロゴスを批判するしか方途はないということだからである。初出の用法における「エコノミー」とは、こうしたデリダの立場を表す言葉とみなすことができる。

この議論のなかで問われているものは、脱構築における「資源《リソース》」の問題である。すなわち以上の内容は、〈哲学的ロゴスの脱構築において、脱構築すべき当の対象であるところのひとつの伝統から、脱構築のための言語的「資源」を汲み上げるしかない〉という必然性なのである。

こうした本章の視点から振り返るならば、前節で見た「言語の問い」はこの資源の問題として捉え直すことができる。繰り返して言えば「暴力と形而上学」でのデリダによれば、レヴィナスはギリシア的ロゴスを批判するにあたって「古典的資源を自らに与えることができない」、なぜなら「言説への侮蔑」という「最良の武器」を捨てているからである（ED 170/226）。また同じ時期の『ハイデガー』講義でも、ハイデガーに対して同じ問いを立てている。デリダによれば、ハイデガーの存在論の解体は、受け継いだロゴスを用いて「存在論のロゴスの自己解体、哲学による哲学の自己解体」に進むか、「哲学より若く、哲学より遅れて来た言語の資源、言語のある種の資源を汲んで、新たな語、新たな概念をつくり上げる」かのどちらかを選択しなければならない。しかし後者の手段は不十分である、なぜなら語や概念だけでなく新たな「構文（syntax）」も必要だからである（H 55）。デリダはハイデガーの解体を、西洋の伝統から「資源」を借り、西洋の言語の全体を「隠喩」とみなすことで、存在者と区別される〈存在〉を思考しようとしたと捉える。

レヴィナスの存在論批判とハイデガーの存在論の解体をともに受け継ぐデリダもまた、西洋の伝承された言語を「資源」としながら、西洋の伝統的ロゴスを脱構築する必然性に捕らわれる。こうした資源の問題は、デリダにとって困難なアポリアをもたらしたように思われる。その具体例として、デリダ独自の脱構築のアイディアが初めて明示された「グラマトロジーについて」（一九六五―六六年）でこの問題が生じていることを見ておこう。

たとえば彼がエクリチュールの概念を新たに提示しようとしても、パロール／エクリチュールという西洋の二項対立において二次的、派生的なものと位置づけられたエクリチュールの形而上学的概念が、必然的に回帰してくる。したがってデリダは、新たな意味でのエクリチュール概念と、従来の意味でのエクリチュール概念との区別化をつねに行なう必要がある。『グラマトロジーについて』では、それゆえ前者のために「原‐エクリチュール（archi-écriture）」（DGC II-31）という表現を用いた。

同様に、「痕跡」という概念を導入するさいにも、現前的な存在者が消え去った後に残された痕跡というこの言葉の通常の意味から、けっして現前者へと回付されることなく他なるものへと指示を続ける運動としての痕跡という新たな意味を区別するために、後者を「原‐痕跡（archi-trace）」や「根源的痕跡（*trace* originaire）」（DGC II-32f.）と表記せざるをえなかった。しかしこのような表記をしたとしても、「根源的なもの／派生的なもの」という二項対立が再び回帰し、またもや形而上学の概念配置のなかに捕らわれてしまうだろう。「ウーシアとグラメー」でデリダが述べるように、「根源的なものと派生的なものとの対立は依然として形而上学的ではないだろうか。アルケー一般の探求は、この概念をいかなる用心で包囲したとしても、やはり形而上学の「本質的な」作業ではないだろうか」（M 73/上130）。『グラマトロジーについて』では、こうした問題が解消されることはなかった。[13]

しかし、デリダ自身はこの問題を明確に自覚していたと思われる。そのことが明らかに読み取れるのは、一九六六年のテクストであり、アメリカで発表されたレヴィ＝ストロース論「人間科学の言説における構造、記号、遊び」である。その論述において、デリダはニーチェ、フロイト、ハイデガーといった形而上学の解体を試みる先行者たちの名を挙げ、彼らの言説がみな「円環」に捕らわれていると指摘する。

ところが、こうした解体的な言説と、それに類似した言説はどれもみな一種の円環のなかに捉えられている。この円環は比類のないもので、この円環こそが、形而上学の歴史と、形而上学の歴史の解体との関係の形式を描き出しているのである。したがって、形而上学を揺さぶろうとして、形而上学の諸概念を使うのを取りやめたとしても、何の意味もないことなのだ。形而上学の歴史とは異質であるような、いかなる言語も――いかなる構文も、いかなる語彙も――われわれは用いることができない。われわれが言表するいかなる解体的命題であっても、それが異議を唱えようとする対象そのものの形式と論理のなかにいつのまにか落ちこみ、その対象そのものを暗黙のうちに仮定せざるをえないのである。(ED 412/569)

デリダはこのように、解体＝脱構築のアポリアを明確に述べている。ここで指摘されているような、形而上学の歴史を解体するために用いられる言語の問題は、まさにデリダ自身の問題でもあったはずである。したがって、デリダの次の定式化は、まさしく自らの問題を表現したものとして読むことができる。

ある遺産の脱‐構築のために必要な資源(ressources)を、その遺産それ自体から借り受ける言説に関して、その資格問題を明確に体系的に提起しなければならないのだ。これはエコノミーと戦略の問題である。(ED

(13) デリダはこのことを理解しており、『グラマトロジーについて』の書籍版(一九六七年)では次のように加筆している。「しかしながら、お分かりのように、この〔根源的痕跡、原＝痕跡という〕概念はその名称を破壊するのであって、もしすべてが痕跡からはじまるとすれば、とりわけ根源的な痕跡というようなものは存在しないのだ」(DG 90/上123)。

414/573)

こうして、デリダの脱構築における資源の問題は、「エコノミー（économie）」および「戦略（stratégie）」という二つのキーワードで語られることになる。このことが直接論じられるのは、一九六七年に発表された——しかし一九六六年にはすでに執筆を終えていたと思われる（cf. ED 437/607）——テクスト、「限定的エコノミーから一般的エコノミーへ」である。

一般的エコノミー

「限定的エコノミーから一般的エコノミーへ」は、一九六二年に亡くなったジョルジュ・バタイユについてのデリダによるほぼ唯一の論考であり、当然のことながらバタイユ論として——あるいはバタイユを介してヘーゲルを照準に入れた論考として——読まれている。しかし、デリダの脱構築におけるエコノミー論の生成過程のなかに位置づけるならば、この論考はまた別の重要性をもっている。[14] デリダはこの論考で、バタイユのテクストに寄り添いながら、先述のような脱構築における資源の問題をエコノミーと戦略の問題へと展開しているのである。この観点から、このテクストがエコノミー論の生成に果たした役割を解明したい。

デリダがバタイユにどのような問題意識を読み取っているのかは、本論の早い段階に登場する次の一文に明確に表れている。

哲学の言説を汲み尽くしたのち、ある言語の語彙と構文のなかに、かつては哲学の言語でもあったわれわれの言語のなかに、この共通の論理に支配された概念の対立をそれでもなお超え出るものを、いかにして書き込めばよいのか。（ED 371/508）

この問いは、先の資源の問題を受け継ぐものであることは言うまでもない。しかしそれだけではなく、さらにこの問題を先へと一歩進めている。すなわち、解体＝脱構築の企てを阻止する形而上学的な言語の回帰に対抗するために、〈形而上学の言語のなかに形而上学の概念を越え出るものを書き込む〉という戦略的問いが浮上しているのである。これは、デリダから見たバタイユのヘーゲル論の戦略として語られるが、後で見るように、これはデリダの脱構築の戦略へと直結するものである。

そこで注目すべきは、デリダのバタイユ論における言語の問題である。バタイユにおいて「至高性」や「非－知」と呼ばれるものは、哲学が用いる「論証的言説」によっては表現することのできないものである。デリダはとくに「至高性」に注目し、この概念がヘーゲルの『精神現象学』において展開される弁証法の過程のなかから抜き出され、新たな機能を付与されたものだと捉える。しかし、「論証的言説」で表現されれば、「至高性」は弁

（14）この論考も含めたデリダの贈与論・エコノミー論の研究として、ダリン・テネフ「デリダにおける贈与と交換（Derrida-tive）」横田祐美子・松田智裕・亀井大輔訳、『人文学報』五一一号、二〇一五年、一六三―一八七頁を参照。また、異なる観点からではあるが、バタイユからデリダへの継承について考察したものとして、岩野卓司「「真面目な」バタイユ――バタイユからデリダへの「継承」について」『言語と文化』一〇号、法政大学言語・文化センター、二〇一三年、二二七―二四一頁を参照。

証法のなかで意味づけされてしまう。それゆえ、「至高性」は「論証的言説」とは異なる言語によって語られなければならない。バタイユによれば、そうした言語は、詩的な、恍惚的な、聖なる言語（「詩的で聖なる言葉」[15]）と呼ばれる（ED 383/527）。

「論証的言説」と「詩的な言語」の違いは、ひとまず「意味」を基準とすることによって理解可能かもしれない。すなわち、文法的法則にのっとり、論理的な順序に従って理性的に語る「論証的言説」は、端的に「意味をもつ」言語なのである。デリダがしばしば用いるフッサールの『論理学研究』での区別を援用すれば、有意味と無意味・反意味を区別するのは、言語のある種の文法性ということになる。それに対してバタイユのいう「詩的な言葉」とは、言語の文法的規則を破ることで、言語の意味とは異なる何かを表現するものだろう。デリダはバタイユがこうした言語実践に自覚的であることを高く評価しており、「私自身の内部で諸々の従属的操作の作用を破棄するために、私は書いているのだ[16]」（ED 391/539に引用）というバタイユの言葉を引用して、このことをバタイユの「至高のエクリチュール」（ED 391/539）と呼んでいる。さらに、こうしたエクリチュールは、ある種の「エポケー」になぞらえられる。すなわち、「意味の名のもとに、かつ意味を目指して行なわれる」現象学的エポケーに対比して、至高のエクリチュールは「意味を還元する」ような還元だとされる（ED 393f./543）。

しかしデリダは、フッサールの反意味の文の例も「意味をもつ」と考えたのと同様に[17]、詩的な言語も意味をもつものであり、その点で「論証的言説」と別物ではないと考える。「言説はひとつしか存在しないのであり、そのひとつしかない言説は意味作用を行なう」（ED 383/527）。すなわち、あらゆる言説は原理的に「意味をもつ」ものであり、論証的言説と詩的な言語はその点で区別不可能である。したがって、至高のエクリチュールとは、「意味をもつ」言説によって「意味を還元する」という逆説的なものでなければならない。「詩的なものや恍惚的なものは、あらゆる言説のうちにあって言説の意味の絶対的な喪失に向けて自分を開きうるもののことなのである」(ED 383/527)。

「エコノミー」という語が用いられるのは、このことに関してである。言説には、それがもつ「意味」と、「非‐意味」への関係という二重性が認められる。デリダは前者、「意味」にかかわることがらを、有用性や合理性にもとづく経済活動を対象とする経済学としての「限定的エコノミー」に重ね合わせている。そして言説における非‐意味への関係を、バタイユの「一般的エコノミー」と重ね合わせている。

「一般的エコノミー」とは、有用性にもとづかない非生産的な消費を扱う経済学として構想されたものである。デリダが依拠するのは、『内的体験』の註にあるバタイユの次の一節である。

> 思考対象を至高の瞬間に関係づける科学とは、実際には、そうした対象の意味を互いに関連づけ、ついにはそれを意味の喪失に関係づけて検討する一般的エコノミー以外の何ものでもない。この一般的エコノミーの問題は、経済学の次元に位置づけられるのだが、しかし、こうした名称で指示される科学は(商品価値に)

(15) ジョルジュ・バタイユ「ヘーゲル、死と供犠」『純然たる幸福』酒井健編訳、ちくま学芸文庫、二〇〇九年、二二七頁。Cf. « Hegel, la mort et sacrifice », in: *Deucalion*, 5, 1955, p. 42.

(16) ジョルジュ・バタイユ『内的体験』出口裕弘訳、平凡社ライブラリー、一九九八年、四二三頁。Cf. *L'expérience intérieure*, Gallimard, 1943, p. 242.

(17) 「緑はあるいはである」という文法を無視した反意味の文であっても、「非文法性の例を意味する」ものとデリダは捉えている(M 381/下250)。

限定されたエコノミーでしかない。[18]（ED 396/548に引用）

したがってここで「エコノミー」という語は、デリダによってたんに経済学の意味で受け取られてはいない。すなわち、限定的エコノミーとは、言説における意味の循環を対象とする学として受け取られ、一般的エコノミーとは、意味の循環を破るその外部の非‐意味への関係を対象とする学として受け取られているのである。デリダの脱構築の文脈に置き直せば、「意味」の領域である限定的エコノミーの対象は、論証的言説を用いる西洋の形而上学の閉域である。他方、一般的エコノミーは、形而上学の閉域とその外部との関係を捉えるものであり、すなわち形而上学の閉域をその外部へと開く作業としての脱構築のことにほかならない。

ただし、先にも述べたように、二つのエコノミーはあくまで同じ言説が有する二重性に起因する。つまり、あるひとつの言説が、限定的エコノミーのなかでは意味をもつのと同時に、一般的エコノミーにおいて非‐意味への開けが読み取られうる。そして、あらゆる言説が意味をもつ以上、非‐意味への関係もまた、意味を通じて読み取られるしかない。言い換えれば、一般的エコノミーの視点は、限定的エコノミーの外部に立つことはできず、限定的エコノミーの内部からその外部への関係を捉える必要がある。内部から見れば、外部はエコノミー的でないものにしかみえないだろう。したがって、一般的エコノミーとは、〈エコノミー的なものと非‐エコノミー的なもののエコノミー〉を思考するという逆説的なものとなる。

そうした逆説的なものを思考することは、いかにして可能になるのだろうか。そのためには、戦略が必要である。これについて次に明らかにしたい。

戦略の形成

前節で明らかにしたのは、デリダがバタイユのエクリチュールを、言説によって言説を越えたものを表そうとする試みとして位置づけ、それを一般的エコノミーとして捉えたということである。そこから次に、この議論がデリダにおいて、脱構築の戦略として引き継がれていったことを明らかにしたい。

一般的エコノミーの「戦略」とは、エクリチュール＝書くことの戦略であるとともに、レクチュール＝読むことの戦略でもある。[19] デリダはバタイユにおける至高のエクリチュールを、「言説を超出するものから言説を切り離す何かを、言説のなかに刻印するための唯一の方法」（ED 400f./554）と評している。と同時に、そのエクリチュールを読む側にも戦略が要請される。バタイユの至高のエクリチュールは、一見、論証的言説と同じ言語を用いており、したがって論証的な意味として読まれうるものである。しかし、そこには差異が刻まれており、「横滑り」や「逸脱」（ED 400/553）を起こしている。したがって、この言説を意味の体系への従属から引き離し、至高性に関係づけて読まなければならない。「バタイユを読むときには、この二つの暗礁のあいだを進んでいかねばらならない」（ED 401/554）とデリダは述べる。

（18）バタイユ『内的体験』、四〇九頁。Cf. *Ibid.*, p. 233.

（19）ただし、「戦略」は書き手や読み手といった主体の行為に還元されるわけではない。デリダは別の論文のある箇所で stratégie と stratification（成層化）という語を並べて表記しており（M 214/下 37）、（両語の語源は異なるものの）層を重ね二重化された道筋を stratégie の語にも含ませている可能性がある。それは主体の行為ではなく、エクリチュールの二重の本性にかかわるものだろう。

このようにエクリチュールの二重性にもとづく読解の戦略は、「把捉」と「移送」という二つの語で語られる。「移送」とは、限定的エコノミーから外部へとはみ出すことである。「一般的エクリチュールが用いる諸概念は、それらが対称的な二者択一〔形而上学的な二項対立と同義〕の外に移送され、ずらされる場合にのみ、初めて読み取られる」。しかし、他方でこのはみ出しは、限定的エコノミーを完全に脱することはできず、そのなかに捕らわれたままでもある。「ところが、それらの概念は対称的な二者択一のなかに捕捉されているようにみえるのであり、ある意味では、そこにとどまらねばならぬものである」。したがって、「戦略はこの把捉と移送の両方を演じる」のである（ED 399/552）。こうして、ある言説を、限定的な閉域のなかで意味として読むとともに、そこからの逸脱によって二重に読むこと、デリダはこれを「一般的戦略」（ED 407/563）と呼んでいる。「一般的」という言葉が、通常の意味だけでなく「一般的エコノミー」にも由来することは明らかであろう。

デリダはこうした「一般的エコノミー」および「一般的戦略」の観点を、『エクリチュールと差異』の一九六七年の加筆において、早くも導入している。一九六三年の「力と意味作用」に六七年に加筆された箇所では、「われわれの言説は、形而上学的対立のシステムにどうしようもなく帰属している。この帰属からの断絶を告知できるのは、何らかの組織化、何らかの戦略的配置によってしかない」（ED 34/39-40）として、「形而上学的対立のこのシステムを免れるひとつのエコノミーを探さねばならない」（ED 34/39）と述べている。[20] このように一九六七年のデリダは、まさにエコノミーと戦略によって自らの脱構築的な言説を展開し始めたのであり、『エクリチュールと差異』の加筆はその形跡として理解することができる。

その後、デリダは数多くの論考を発表し続け、哲学や文学テクストのいわゆる脱構築的読解を幅広く実践する。こうした活動を経て、彼が本格的に「脱構築の一般的戦略」（Po 56/59）を語り出すのは、一九七一年に発表された（もしくは同年に行なわれたインタビューにもとづく）複数のテクストにおいてである。すなわち、「書物外」（『散種』）の冒頭部、インタビュー「ポジシオン」（『ポジシオン』）での発言、「署名、出来事、コンテクスト」（『哲学の余白』）の結論部である。[21] これらのテクストからまとめるならば、この戦略は「二重の挙措」もしくは「二重の学問」（Po 56/60）を推し進めることからなる。むろんこの二重性は、限定的エコノミーと一般的エコノミーの二重性に対応するものである。

この戦略は「転覆」と「転位」という二つの局面からなる。まず「転覆」の局面とは、形而上学における二項対立が、「ある暴力的な位階序列づけ」にかかわっていることを認めたうえで、そうした序列を「転覆させる」ことである（Po 56/60）。パロール／エクリチュールという二項対立を例にとれば、一次的なパロールと、派生的なエクリチュールという秩序を転覆させ、混乱させることである。この局面は、形而上学の閉域の内部での作業であり、限定的エコノミーに相当する。

次に、「転位」の局面とは、それを外部の他性へと関係づける作業である。それは、「外部の根本的他性ある

(20) ロドルフ・ガシェは、この箇所が「ロゴス中心主義の暴露として一般に流布している脱構築理解よりも、おそらくはずっと徹底的」な脱構築のあり方を示していると述べているが、この箇所が一九六七年の加筆であることによって、その主張はより説得力を増すことになる。「脱構築〈の〉力」清水一浩訳、『現代思想』第四三巻第二号、二〇一五年、六八頁、および原註（2）（七一―七二頁）を参照。ガシェはエコノミーをオイコスのノモス＝家政の法、という原義で受け取り、「西洋人としての我々が帰属している居住地のエコノミーの内側から脱臼をもたらす」新たなエコノミーと評している（六八頁）。

(21) この「脱構築の一般的戦略」についての整理と考察として次を参照。François Mary, « Quel est le sens du projet derridien ? », in: *Philosophie*, n° 117, Minuit, 2013, pp. 55-73.

いは絶対的外部性を、哲学的諸対立の（…）領野に、闘争的で序列化する閉じた領野に関係づけるあのエコノミー」（Dis 11/6）としての「一般的エコノミー」のことである——それは「戦争のエコノミー」（Dis 11/6）とも呼ばれる。このことによって、「ある新しい「概念」、すなわち、もはや以前の体制のなかには含みこまれるままにならないものの、かつて一度もそうされるままにならなかったものの概念の、侵入的浮上」（Po 57/61-62）が起こる。先の例で言えば、パロールの内部ではたらくエクリチュールという、新しい概念が浮上する。とはいえ、それはやはりエクリチュールという「古い名」で呼ばれる。むしろ、「古い名を暫定的かつ戦略的に保存する必要がある」（MP 392/下 266-267）のであって、こうしてエクリチュールという語は維持されたまま、同時に新しい概念として二重化されることによって、脱構築の効果を発揮するのである。

こうした「限定的エコノミーを一般的エコノミーのなかに書き込み直す（…）あの合目的性なき奇妙な戦略」（Dis 13/8）、これがこの時期のデリダが定式化した戦略である。

第三章　現前と痕跡——現前の形而上学論の成立

ここまでの第一章と第二章とによって、デリダの思想形成の道筋を描き出した。これは、デリダの思考形成における根本的な動向をなすものと思われる。当時のデリダの思想は、まずは脱構築、現前の形而上学への批判、グラマトロジーといった点によって大きく注目されたのであり、本書が目を配ってきた思想形成の動きは、いわばその裏側でなされたものと言える。

第三章は、こうした思想形成を背景にして、デリダの「現前」に対する批判がどのように生成していったのかを明らかにする。というのも、デリダの思想は「現前」への批判を出発点にしているのではなく、歴史のモティーフによって「現前」批判が動機づけられたと考えられるからである。その考察のためには、「現前」の概念と、その対をなすものとしての「痕跡」の概念という、この二つを主題にする必要がある。

まず第一節で主題とするのは「現前」についてである。デリダの形而上学批判の要衝をなす「現前」の概念は、彼のフッサール研究によって準備された。デリダによれば、フッサールにおいて「現前」概念を成り立たせているのは〈カント的意味での理念〉と〈生き生きとした現在〉の協働である。この観点から、『発生の問題』から『声と現象』にいたる一連のフッサール研究において「現前」批判がどのように形成されたのかを描き出す。

次に第二節では、「痕跡」の概念の生成について考察する。そのためには、レヴィナスとの関係を詳しく考察する必要がある。具体的には、まず「暴力と形而上学」の初出版（一九六四年）でのデリダの「痕跡」への言及箇所を検討する。次に、『グラマトロジーについて』の初出版（一九六五―六六年）において「痕跡」概念が導入された経緯を明らかにし、その概念の生成をたどる。最後に、「暴力と形而上学」の改訂版（一九六七年）に施された加筆修正に注目し、デリダとレヴィナスそれぞれの「痕跡」概念のあいだの関係を探る。

一　理念の奇妙な現前――フッサール論の変遷（一九五三―六七年）

はじめに――無限と無際限

とくに現象学の分野において一九六〇年代のデリダは、『声と現象』（一九六七年）でフッサールの現象学を「現前の形而上学」とみなす批判的議論を展開したことで賛否両面から注目された。デリダは一九五〇年代にフッサールの研究を開始しており、一九五三―五四年に修士論文として『フッサール哲学における発生の問題』（一九九〇年刊行）を執筆、その後「「発生と構造」と現象学」[1]（一九五九年発表）、『幾何学の起源・序説』（一九六二年）そして『声と現象』にいたる。「現前の形而上学」という論点がはっきりと打ち出されるのは『声と現象』においてであるが、現前をめぐる議論はそれ以前のフッサール論にもすでに懐胎されている。あるインタビューで彼は、現前に対する批判がフッサール読解を通じて形成されたことを明らかにしている。

現前の現象学に対するフッサールの情熱や専念を共有したことは一度もありません。実際のところ、現前の観念そのものや、それがすべての哲学で果たしてきた根本的な役割を疑うように私を促したのは、ほかならぬフッサールの方法でした。（DO 109/194）

この発言を手がかりにして、本節では、デリダのフッサール論の変遷をたどることで現前批判の形成過程を明らかにしたい。先取りして述べれば、デリダの現前批判にとって不可欠な概念は二つあると思われる。〈カント的意味での理念〉と〈生き生きとした現在〉である。どちらの概念もフッサールに由来するが、デリダはこの二つを独特の仕方で捉え返し、両者を現前性が成立するための要件とみなしている。以下でその議論を解明することにしたい。

ところで、以下の論述において「無限（infini）」と「無際限（indéfini）」の区別が重要となるので、まずそのことを確認しておきたい[2]。アリストテレスが可能態としての無限と現実態としての無限を区別して以来、哲学史上、

（1）「「発生と構造」と現象学」について、ここで補足しておきたい。この論考には三つのヴァージョンがある。（一）一九五九年のコロック「発生と構造」において発表されたもの、（二）六五年にコロック集に掲載されたもの（*Entretiens sur les notions de GENÈSE et de STRUCTURE*, Mouton & Co., 1965, pp. 243-60）、（三）六七年に『エクリチュールと差異』に収録されたもの、である。（二）と（三）のあいだに、「現前の形而上学」論の導入と連動して、一部改訂がなされていることは確認可能である。他方、デリダのアーカイヴには五九年の発表原稿（一）と推定しうる原稿が保管されている。それを瞥見すると、それは（二）と大きく異なることが分かる。五九年版は『イデーン』第一巻についての記述（cf. ED 246/330）で終わり、後期フッサールについての論述（ED 246-251/330-338）はなされていないのである。しかも、フッサールに対し批判的な言葉で締めくくられている。「とりわけ、構造と発生について、概念的考察（réflection notionnelle）はない。それらは手段であったが、けっして吟味の対象ではなかった。内的な概念的批判の更新のこうした不在は、成果の深い更新を妨げる。（…）結局、フッサール現象学のある種の失敗があるのだ。〔発表後に続く〕討論はこの主題にかかわるであろう。」（JDP 57-8-11f.）しかし（二）では、後期フッサールの発生的現象学について考察が展開され、「カント的意味での〈理念〉」が指し示す〈テロス〉が「構造的には発生そのもの」（ED 250/336）だと述べられ、構造と発生への問いは超越論的還元に先立つものへの問いとして新たに意味づけられる。（一）から（二）への移行は、その間に発表された『序説』の内容と連動しているように思われる。

無限の二つのあり方が存続してきたことはよく知られている。デカルトは『哲学原理』において無限と無際限を明確に区別した(3)。それによれば、「世界の延長、物質の諸部分の可分性、星の数」などといった「そのなかになんら限界が認められないというだけのもの」、限界がないということが「否定的に」認められるものは「無際限」と呼ばれる。すなわち、「どこまでも終わらない」という過程において示されるものが無際限もしくは否定的無限である。他方で、神のように、われわれが「限界がないということを肯定的に理解する」ような無限のあり方が、無際限と区別されて「無限」もしくは肯定的無限と呼ばれる。この無限はひとつの実体であるが、有限な人間が把握しようとしてもつねに「より以上のもの」である。

デリダはこの無限と無際限の区別を――「肯定的無限」と「否定的無限」、あるいは「真の無限」と「偽の無限」という対で置き換えながら――自らの議論に導入している。その議論のひとつにレヴィナス論「暴力と形而上学」がある。レヴィナスが『全体性と無限』において主張する他者の無限性は「肯定的無限」であるが、デリダによれば、「無限に他なるもの」とは「終わりなき労働と経験をしたとしても果てまで行くことのできないもの」を意味し、「無-際限の、アペイロンの否定性」を保持する、それゆえ「無限に他なるもの、〈他〉の無限性は、肯定的無限性としての、神もしくは神との類似としての〈他〉ではない」と解釈する（ED 168/222f.）。このように、無限はレヴィナスに対する重要な論点のひとつとなっている。

一連のフッサール論においても無限と無際限の区別が重要となっているように思われる。デリダは『序説』で、無限に関して「フッサールは見かけほどデカルトから遠ざかってはいない」（OG 29/56（29））と述べる。なぜなら、デカルトの神の無限性は、フッサールにおいてテロスの無限性へと姿を変えて存続しているからである。しかしフッサールにとって、テロスの無限性は肯定的無限ではなく、正確には否定的無限すなわち無際限である。

この無限は、肯定的かつ顕在的な無限（infini positif et actuel）ではない。それはカント的意味での理念として、その否定性が歴史にその諸権利を委ねてしまう統整的な「無際限（indéfini）」として与えられる。顕在的無限の無際限ないしは「無限に（à-l'infini）」への「変造」（…）が、ここでは、真理そのものの道徳性ばかりでなく、その歴史性をも救うことになろう。（OG 28f.（1）/56（29））

肯定的無限と区別されるこの〈カント的意味での理念〉の無際限性が、デリダの現前批判にとってきわめて重要な役割を果たすことになるだろう。次節からはこの二つの無限の区別を踏まえながらデリダのフッサール論を順次検討する。

（2）『発生の問題』の英訳者は、同書で「無限の問題」が論じられていることに注目している。Jacques Derrida, *The Problem of Genesis in Husserl's Philosophy*, translated by Marian Hobson, The University of Chicago Press, 2003, p xi（Translator's Note）. 彼女は以前からデリダにおける「無限」を論じている。Cf. Marian Hobson, *Jacques Derrida. opening lines*, Routledge, 1998, pp. 41-58.

（3）*Œuvres de Descartes IX-2*, ed. C. Adam & P. Tannery, J. Vrin, 1978, p. 36.（デカルト『哲学原理』山田弘明・吉田健太郎・久保田進一・岩佐宣明訳、ちくま学芸文庫、二〇〇九年、一四六頁）デカルトにおける「無限」について次も参照した。ジュヌヴィエーヴ・ロディス゠レヴィス『デカルトの著作と体系』小林道夫・川添信介訳、紀伊國屋書店、一九九〇年、二八九―三五〇頁。

カント的意味での理念――『発生の問題』から『幾何学の起源・序説』へ

まず、デリダが無限と無際限の区別を用いた最初の議論を取り上げたい。それは『フッサール哲学における発生の問題』の第二部第二章における「時間的な諸体験の無限な全体性という理念」(PG 39 (12)/296 (12)) についての議論である。そこでデリダは、主にフッサールの『イデーンI』の読解を進め、「統一的な体験流は、「理念」というありさまで、把握される」(『イデーンI』第八三節の表題) ことについて議論している。『イデーンI』の該当箇所によれば、自我が自らの体験へと反省の眼差しを向けるとき、その体験が地平としてもつ周囲にある他の諸体験にも眼差しを向けることができるというア・プリオリな可能性にもとづいて、どこまでも体験を把握していくという「内在的直観の「進行における無限界性」」があり、「このように把握から把握へと連続的に進んで行けば、われわれは、或る種の仕方で、また体験流をも統一として、把握する」という。かくしてフッサールは「われわれが体験流を把握するといっても、それは、体験流を、或るひとつの単独な体験のように把握するというわけではないが、しかし、カント的な意味での理念という仕方ならば、われわれは体験流を把握するのである」(Hua III/1 186/II-83) と主張し、「カント的意味での理念」という仕方で「体験流を把握」できると考える。なおカント的意味での理念についてフッサールは詳しく解説していないものの、カントにとって世界・魂の不死・神という、認識することはできないが統整的なはたらきとして想定すべきものが「理念」と呼ばれていたように、フッサールにおいてもこの「理念」は、全体として直観不可能なものを統整的に把握するためのものと考えることができる。

次に、この箇所に対するデリダの解釈に目を向けたい。デリダはフッサールのこの考えに対して、無限と無際限の区別を導入する。「連鎖の無限な全体性（la totalité infinite）の顕在的直観は存在しない、存在するのはこの連鎖の全体性の無際限性（l'indéfinité）そのものの顕在的直観である」（PG 169/170）。すなわち、体験流全体の把握は一挙に行なわれるものではなく、連続的な把握の進行によって行なわれるものである以上、その全体は顕在的に直観されることはない。そこにあるのは把握が連続的に進行するという無際限性の直観である。「フッサールはこの〔体験の〕連鎖の可能な無限性の「直観」を信じている」（PG 170/170）のに対して、デリダは「いかにしてまだここにないものの直観が可能なのだろうか。いかにして非存在と不在が直接的かつ具体的に把握されうるのか」（PG 170/171）と問うている。ここでデリダが強調するのは、体験流の無限な全体を理念として把握することは無限の直観ではなく、無際限性の直観である以上、そこには「限界がない」という否定性、「本質的な未到達性」（PG 169/170）が含まれているということである。したがって直観における無限な体験流の現前には、つねに非現前的なものが含まれることになる。

根源的体験のなかに否定を導入する、無限の無際限への変形は、われわれに「与えられ」ない全体性に到達するために、概念的なあるいは他の媒介を使用することを余儀なくさせざるをえないのではないか。この全体性は形式的なものにとどまり、それを目指すと自称する直観は、根源的現前によって「充実」されえない。（PG 170/171）

体験流の無限の全体性をカント的意味での理念として直観することは、過ぎ去った体験を過去として、まだ来ていない体験を未来として、その否定性のままで直観のなかに含めること、したがって現在のなかに包含することである。そこには現前していないものが不可避的に含まれ、その全体的な直観は充実不可能なものとなる。ここに、デリダの現前批判の原型を見出すことができる。フッサールがまだ現前していないものを含む無限な体験流の全体をカント的意味での理念として直観可能だと考えるのに対して、デリダはそこに含まれる非現前の契機を重視して、直観されるのはあくまでも否定を含んだ無際限性であり、そこにおいて全体的な無限性はけっして現前していない、と主張するのである。

こうした理念の問題は、『発生の問題』において他の箇所でも指摘されている。デリダの整理によれば、それは次の四つの論点からなる。すなわち、(一)『論理学研究』第一巻における「論理学の無限の生成の理念」、(二)『イデーンⅠ』における「時間的な諸体験の無限の全体性」の理念、(三)『経験と判断』における「可能な体験の無限の大地としての世界の理念」、そして(四)「目的論」の形式のもとで、受動的発生に志向的意味を再び与える「無限の理念」の四つである(PG 39 (12)/296 (12), cf. 216/214)。これらは、現象学において「理念」が例外的な位置を占めることを表している。デリダが註で述べている次の指摘は、フッサール現象学における「理念」が、現象学の直観原理から外れた特別なものであることを指摘している。

〔フッサールへの〕批判が一般にフッサールにおける無限の理念の絶対的に本質的な役割を言い落としているのは奇妙である。この役割は、言いうるならば密かにつねに演じられていただけにいっそう、興味深く重要である。最後になって、困難を取り除いたり呑み込んだりすることになるのはつねにこの無限の理念である。ところで(…)、この「理念」の現象学的または超越論的な地位は、途方もないものではないにしても、絶対的に特別である。それは、現象学を救出しにやってきて、同時にその意味全体を変えてしまうように思われるだろう。（PG 99f.（73）/307（73））。

次に、この主題が『幾何学の起源・序説』において全面的に展開されることを見ていこう。その第一〇節では――古代ギリシアにおける無限性の侵入によって数学的領野が開かれ、歴史性そのものも開かれること、形態論的な感性的理念性から精密な非感性的理念性へと跳躍することで幾何学の理念的対象性を生み出す「理念化」のはたらきには「意識へのカント的意味での理念の現前」（OG 147/213）が必要であることを論じた後で――この理念の現前について考察している。そこでもデリダは『イデーンI』における「カント的意味での理念」の議論を参照するが、今度は『発生の問題』で論じられた箇所とは別の、「十全的な事物所与性は、カント的な意味での理念であること」（第一四三節）という議論である。そこにおいてフッサールは、事物は射映を通じて不十全的に知覚されるという性格をもっているが、「（カント的な意味での）「理念」というありさまにおいてならば、〔事物の〕完全な所与性は、その下図を描かれている」（Hua III/1 331/II-303）と述べている。デリダはこうした理念について、「統整的可能性としての理念のこの明証性は、現象学のなかでは絶対的に例外的である」（OG 152/218）と指摘する。なぜなら、「純粋な志向の極」（OG 153/219）であるこの理念は「明証の可能性および「見る」こと自体の開け」（OG 151f./217）にほかならず、現象学的直観の可能性の条件となっており、それを目的論的に志向するものとして超越論的意識の志向性が発動する以上、「理念は、現象学が創設され、そのことによって哲学の最終的な志向を完遂するための出発点である」（OG 155/220）からである。

このように『序説』におけるカント的意味での理念の議論は、理念が現象学にとって出発点をなすとともに、志向するべきテロスであるという循環を描き出している。その循環性のなかで、現象学は理念をテロスとする目的論的な運動として自己を発見するのである。したがってこの点で、理念は現象学にとってけっして規定しえない、主題化しえない「絶対的に例外的」なものでもある。デリダは直観における理念の現前不可能性を以上のように解すが、そのことがそのまま現前の形而上学批判に通じているわけではない。デリダはここで、「本当は、まさに理念の深い歴史性を自覚するよう努めなければならないのである」（OG 156/236）と述べ、その歴史性についての考察で『序説』を締めくくっている（本書第一章を参照）。

生き生きとした現在——『幾何学の起源・序説』から『ハイデガー』講義へ

ここで、『序説』の議論においてフッサールに対する現前の形而上学の観点はまだ表立ってはいないことを確認しておかねばならない。デリダがいわゆる現前の形而上学論を明示的に展開することになるのは五年後の『声と現象』においてである。では、デリダのフッサールに対する独特の解釈はどのように形成されたのだろうか。その過程を明らかにするために、まず『序説』での議論において注目したいことは、そこにカント的意味での理念と関係して〈生き生きとした現在〉の概念が導入されていることである。[4]

デリダの理解によれば〈生き生きとした現在〉とはわれわれの経験の基盤であって、「あらゆる脱出がまさにそこにおいて、そこへと、そこから遂行されるものなのだから、私がけっして脱することのできない現象学的絶対者」（OG 149/216）である。それがそのようなものであるのは、この現在が無際限な過去と未来を意識のうちで把持しているからである。過去把持は過ぎ去った今を「絶対的起源の過ぎ去った現在として」（OG 149/215）保持し、未来把持は「無限な未来の開け」を「ひとつの体験された可能性」(OG 150/216) としてもたらす。「〈生き生きとした現在〉の〈絶対者〉は、それゆえ、この〔過去把持と未来把持という〕二重の包含の無際限の〈把持 (Maintenance)〉にほかならない」(OG 149/216)。こうした生き生きとした現在は、過去と未来という「一切の他性の、否定なき還元を可能にする」(OG 83/121) ものであり、他なる現在の数々を含み込んだ現在として、過去と未来へと無際限に広がりながら統一性をもった時間を成立させる――その無限性はやはり「それ自身はけっして現象化されないカント的意味での理念」(OG 150/216) である。

この生き生きとした現在の概念が現前の形而上学論にとってポイントとなる。その経緯を見届けるために、次に『ハイデガー』講義の内容を見ておきたい。なぜなら、そのなかでフッサールに対するデリダの態度がより明確に語られているからである。とりわけ第六回講義においてデリダは、ハイデガーによる存在論の解体は「哲学全体によって〈現在〉に与えられた特権」(H 207) の解体だということを強調している。「彼〔ハイデガー〕がこの〈現在〉の優位において揺さぶりをかけよう (*solliciter*) とするのは (…)、形而上学そのものの全体性の明証性、保証、最も全面的で最も還元不可能な基盤であり、それは哲学そのものである」(H 209)。ハイデガーの解体が〈現在〉の特権に照準を合わせるのは、〈現在〉が中心を占めることで、形而上学的な時間概念が存続し、それによって生と死を含んだ運動としての根源的時間性が、ひいては現存在の根源的歴史性が忘却されてしまうからである。「現在 (すなわち現象性、現出) は根源的歴史性そのものの隠蔽である。根源的歴史性はしたがって、も

(4) デリダはフッサールの遺稿調査にもとづいて、「生き生きとした現在」について『発生の問題』ですでに言及している (PG 238f./237f.)。

うひとつ別の現在としてではなく、過去の現在という意味ではない意味での過去の起源として考えなければならない」（H 256）。

講義では、〈現在〉を特権視したものとしてフッサールの生き生きとした現在が取り上げられる。デリダによれば、生き生きとした現在は「経験の絶対的に普遍的で無条件の絶対的形式であり、あらゆる明証性とあらゆる意味の還元不可能で根本的な究極の形式」（H 210）である。いかなる経験も現在において経験されるものでしかありえないとすれば、「われわれは〈現在〉を離れることがない」（H 210）と言うほどまでに〈現在〉の特権は強力である。そこで問われるのは、フッサールが生き生きとした現在にもとづいて歴史を考えていることである。講義では、『幾何学の起源』でフッサールが描き出した理念的対象の歴史的な伝承について、『序説』とは異なるとはいえ両立しないわけではない新たな観点から、それが「同じものの伝達」であり、その伝達の時間性は〈現在〉という形式を基盤としていることが強調される。

> 同じものとして伝達できるような理念的対象の遍時間性がなければ、フッサールによれば、歴史はないことになるだろう。だが、この同じものの伝達は、それ自体、明証性の形式としての同じものというこの根本形式のもとで、すなわち〈現在〉のもとで持ち込まれるだろう。（H 212）

このようにデリダはフッサールにおける生き生きとした現在を「歴史性の条件およびその形式そのもの」（H 211）だと位置づける。それが意味するのは、「歴史性の形式は歴史的ではなく、歴史性の条件は歴史のある種の無歴史性である」（H 212）ということである。デリダによれば、「存在の意味を現前として定義することはまさに明白に歴史性を還元することである」（H 213）のであって、フッサールのように〈現在〉を歴史性の条件とみなすことによって、ひとは「歴史を要約してしまう」（H 213）。したがって「〈現在の現前性〉の哲学は歴史を欠いている」（H 215）。この点で、デリダはフッサールを「〈現在〉の形而上学者」（H 210）とみなすのである。

本書にとってこの議論が重要なのは、デリダが現前の形而上学を批判する理由がはっきりと打ち出されているからである。すなわち、現前性を批判するのはそれが歴史の否定を意味するからだということである。現前の形而上学への批判の根底にあるのは、歴史のモティーフであることが以上で明らかとなる。

デリダの現前の形而上学論は、このように『ハイデガー』講義のなかで姿を現し、翌年一九六六年にギリシア語で発表された概説的論考「現象学と形而上学の閉域――フッサール思想入門」においても引き継がれる。そこでデリダは、フッサールの現象学がいかに伝統的な形而上学から脱却したものであるかを数多くの点で指摘しつつ、終盤で突如ハイデガーの名前を登場させ、存在を現前と規定する「形而上学の歴史の閉域」（PCM 84/70）のなかにフッサールを位置づけている。それによれば、フッサール現象学は「形而上学から出発して、その歴史全体を越えて、最後にはその起源の純粋性に立ち戻る」という「驚くべき形而上学の現代革命」（PCM 84/70）である。この結論部は、デリダがその後も『ハイデガー』講義で獲得した観点を引き継いでいることを示している。フッサールにおける形而上学の「断固かつ大胆な侵犯」は、形而上学の「最も首尾一貫した復興」（PCM 71/59）でもあるというデリダの理解は、こうして『声と現象』の現前の形而上学論にいたるのである。

有限なる無限の差延――『声と現象』

ここまでたどってきたように、「現前」をめぐる議論は、カント的意味での理念の現前可能性をめぐる議論と、生き生きとした現在の現前性をめぐる議論の二系列によって進められてきた。『ハイデガー』講義ではもっぱら後者、生き生きとした現在に着目して現前の形而上学への所属が議論されたが、『声と現象』では二つの系列が合わせて論じられ、現前性に対するデリダの態度が明確化される。

『声と現象』でデリダが主に解釈を施すテクストは、フッサールの『論理学研究』第二巻第一研究である。現象学の構想が初めて登場するこの書物でフッサールは「表現の意味のイデア性」を主題としている。フッサールによれば「イデア性」とは、表現を行なう作用にかかわる個々の事実的な体験やコンテクストの多様性にもかかわらず、表現の「意味」は同一性をもつということである。デリダはイデア性を現前性と結びつける解釈を提示するが、そこには無限と無際限の区別や、カント的意味での理念と生き生きとした現在の議論が引き継がれているように思われる。以下、デリダの解釈のポイントを拾い上げていこう。まずデリダはイデア性を、同一のものが繰り返し現前する可能性、すなわち無際限な「反復可能性（la possibilité de répétition）」として理解する。

> イデア性は存在するが、まさしくそれが実在せず、実在的ではなくて、非実在的だという理由で、その現前性の同一性において無際限に反復されることができる。（VP 4/12）

このイデア性は反復作用の可能性に全面的に依存している。それは、反復作用の可能性によって構成されて

> いるのである。その「存在」は、反復の力に相応している。絶対的イデア性は、無際限な反復可能性の相関者である。だから存在は、フッサールによってイデア性として、つまり反復として規定されていると言うことができる。（VP 58/119）

このように解釈するならば、反復の無際限な可能性が開かれていることがイデア性の条件となる。しかし、反復の可能性は必ずしも無際限に保証されているわけではなく、反復が途絶える可能性も否定できない。だとすれば、イデア性の完全な構成はつねに脅かされていることになる。したがって、イデア性が絶対的に「存在する」と言えるためには、反復可能性が何らかの仕方で保証されていなければならない。デリダによれば、この無際限な反復の可能性は、生き生きとした現在によって保証される。

> こうした反復の可能性が無限にイデア的ニ（*idealiter*）開かれるためには、あるイデア的な形式が、この「無際限に（*indéfiniment*）」と「イデア的ニ」の統一を保証しなければならない。それが現在であり、より正確に言えば、生き生きとした現在の現前性である。（VP 4/12）

そして、このような無際限性を開くためには、〈カント的な意味での理念〉が必要である、とデリダは述べる。

> カント的な意味でのある種の理念がはたらいて、定められた進展の無限性であれ、許容された反復の無限性であれ、ある無際限なものの可能性を開くことなしに、イデア性は存在しない。このイデア性は一般に、あ

る対象の現前が同じものとして無際限に反復されることが可能となる、その形式そのものなのである。(VP 8/19)

このように、無際限の反復可能性を開き、絶対的なイデア性を保証するものは、カント的意味での理念と生き生きとした現在の連携だ、とデリダは解釈するのである。

『声と現象』は、以上のことを序論で示した後、結論部で再びこの問題に立ち戻り、現前性に対するデリダの解釈を提示している。それを検討するために、無限と無際限の区別を導入するならば、絶対的イデア性は無限に対応し、反復可能性は無際限に対応する。ただし、『声と現象』の結論部におけるデリダの解釈は、こうした無限と無際限の区別自体を問い直し、いわば脱構築するにまでいたっているように思われる。そしてここに、現前批判が歴史のモティーフと再び結びついていることを見出すことができるだろう。

デリダの解釈によれば、カント的意味での理念と生き生きとした現在がともに形成するのは、反復の事実上の「無際限」な可能性を、イデア性の権利上の「無限性」へと終わりなく近づけようとする目的論的な運動である。ところが無際限性は無限性に到達することはありえず、両者のあいだに差異が残り続ける。(5) この「イデア性と非-イデア性のあいだの差異」(VP 112/223)をデリダは「差延」と呼ぶ。この差延は消滅することのない「無限な差延」(VP 114/227)である。

ここでさらに問われるのは、「無限な差延」の「無限」性をどのように考えるべきかということである。たしかに、この「無限な(à l'infini)」は差異がどこまでも終わることなく存続することを意味する以上、肯定的無限ではなく、否定的無限すなわち無際限性を意味するようにみえる。しかしこの無際限性を、これまでと同じように、無限性と区別される無際限性として理解するわけにはいかない。というのも、無限性と無際限性の区別は、まず肯定的無限の存在を想定して、それにもとづいて、無際限性を無限への未到達性として考えているからである。この思考はデリダによれば「現前の形而上学」の図式であり、次に引用するように、とりわけ「ヘーゲル主義」の図式である――「とりわけヘーゲルが、差延の無際限性がそのようなものとして立ち現れるために、肯定的無限が思考されなければならないということ（このことは、肯定的無限が自分で自分自身を思考するのでなければ不可能である）を明らかにしている点で」（VP 114/228）。無際限性を無限性との隔たりによって規定するかぎり、無限性をテロスとする目的論に取り込まれてしまい、その規定自体が「現前の形而上学」に属していることになる。

「現前の形而上学」を脱構築するためには、肯定的無限を前提とせずに無際限性を考えなければならない。それはすなわち、無際限性を有限性から考えることである。デリダは「無限の差延としての〈イデア的なもの〉のこうした立ち現れは、一般に死への関係のなかでしか生じない」（VP 114/228）と述べ、イデア性が死への関係という「有限の経験的事象の偶有性」（VP 114/228）と結びついていることを指摘している。死への関係という有限性のなかでのみ無限な差延が現れること、それは「無限な差延は有限である」（VP 114/229）と表現される。この端的な表現は矛盾しているようにみえるが、そこにおいて語られるのは、「肯定的無限のイデア性」と「生の有限性」（VP 114/229）とは、別物ではないという事態である。すなわち、現前性に対するデリダの議論は、現前の

（5）このことは『序説』において、「無限性の理念」と「ひとがそれについての理念をもつ無限性そのもの」とのあいだの「間隔」（OG 154/220）として注目されていた。

形而上学のなかで想定される「肯定的無限の充実した現前性」（VP 114/227）を、（有限なる）「無限な差延としての現前性」（VP 114/227）へと脱構築することにあったのである。

デリダによれば、こうした肯定的無限を前提とする現前の形而上学の内部では、「歴史の終わりではないとしても、歴史の閉域としての絶対知」（VP 115/229）が信じられているという。「現前性の歴史は、閉じている」（VP 115/229）。デリダはこうした閉域の彼方を思考することへと向かう。それは「必然的に非‐歴史的な、しかし新たに非‐歴史的な意味で、（…）「歴史」よりも「古い」もので「ある」のかないのか、われわれはもはや知らない」（VP 116/231）ようなものと形容される。ここでの鉤括弧付きの「歴史」とは形而上学的概念としての歴史のことである。そうした「歴史」の閉域の外にある「非‐歴史的」なものは、本書の観点からすれば、より根源的な意味での〈歴史〉にほかならない。現前性の歴史の閉域を切り裂いて、形而上学的でない意味での〈歴史〉が現れる。その境界を挟んで、肯定的無限性と有限性とは同じものの別名なのである。このことに関して、デリダが同時期の別の著書で述べている文章を最後に引いて、本節を終えることにする。

けれども、死が生のなかの差異の名前であり、生の本質としての有限性の名前であるのと同じく、〈生〉および〈現前〉としての〈神〉の無限性は、有限性の別名であるのだ。とはいえ、同じもののこの別名は、最初の名前と同じものを意味してはいないし、この別名はその類義語でもない。それが歴史のすべてなのである。（ED 275 (2)/375 (14)）

二　痕跡の生成——レヴィナスとの交差（一九六四—六八年）

前節で見た現前性をめぐる思考の形成と並行して、現前の議論といわば対になるように、デリダは「痕跡（trace）」についての議論を開始している。一般的に、「現前」と「痕跡」は対比的な関係にあると考えられる。「現前」は何ものかが今、眼前にあることを意味するのに対し、「痕跡」は何ものかが過去にあったことを示す形跡であり、その事物が今は眼前になく、どこかに過ぎ去っていることを含意するからである。デリダにおいて、痕跡の概念はさらにラディカルな意味で、「かつてけっして現在であったためしのない、そして今後もけっして現在であることがないだろう、そうした「過去」」（M 22／上64）を指示するものとして用いられる。デリダが『ハイデガー』講義で語っていたように、現前の特権化が歴史の否定に通ずるとすれば、それと対照的に痕跡の思考は歴史の肯定と言ってもよいだろう。デリダが思考しようとする歴史とは、「反復と痕跡についてのある新しいロジックを含むような歴史」（Po 78/85）だからである。

本節では、この痕跡についてのデリダの思考を跡づけることにしたい。デリダは「痕跡」という語を用いるにあたって、エマニュエル・レヴィナスを参照している。これについて、まずデリダの二〇〇三年の発言を取り上げたい。レヴィナスの思想が脱構築の思想であるという発言に続いて、デリダは痕跡概念について述べている。

レヴィナスもまた、存在論の、言い換えるなら、ここでは詳細は省きますが、西洋哲学を司ってきたものの「脱構築的」力能を組織してきたのでした。そのひとつの痕跡は、私たちがともに、まさに「痕跡」（*trace*）

という語を援用していることのうちに見出されます（この援用は私たち各々にとって決定的で、二人はほとんど同時にそれを用いたのですが、二人で協議したわけではありませんし、一方が他方から借用したわけでもありません）。これは、私たちが一九六〇年代にはすでに用いていたものです。たしかに、その使用法は多くの点で大いに異なっていたのですが。（DL 32/17）

この発言から分かるようにデリダは、レヴィナスの思想が西洋哲学に対する脱構築的な思想であったと認め、両者の共通性を示すものとしてともに「痕跡」という語を用いていることを挙げている。その一方で、両者のあいだでこの語をめぐっての影響関係があることについては否定し、両者の「痕跡」概念の違いを強調している。しかし以下で行なうように、一九六〇年代の両者のテクストをクロノロジックな視点から捉えるならば、また異なる側面も見えてくる。すなわち、デリダによる同じ語の使用はレヴィナスからまったく独立して行なわれたわけではなく、むしろレヴィナスを論じるなかでデリダはこの語に注目し、それを自らの語彙に加えたという過程が判明するのである。デリダがレヴィナスからこの概念をたんに借用したというわけではないとしても、レヴィナスの「痕跡」とデリダの「痕跡」は「単なる同音異義」ではなく、両者のあいだには何らかの「本質的な出逢い」（DL 32/17）があったと思われる。こうした両者の「「交叉配列《キアスム》」の中心〔心臓〕での接触」（DL 32/17）を明らかにし、デリダにおける「痕跡」概念の意味を検討することが、本節の課題である。(6)

レヴィナスにおける「痕跡」

まず、レヴィナスにおける「痕跡」の概念について確認しておきたい。レヴィナスにおいて「痕跡」は、『全体性と無限』（一九六一年）出版の後に発表された内容上も重なる二つの論考、「他者の痕跡」（一九六三年）と「意義と意味」（一九六四年）において登場する概念である。「痕跡」は『全体性と無限』以前には概念として用いられてはおらず、この概念の登場は、デリダの影響によるのではないレヴィナス自身の思想の変化を示している。この二つの論考の枠内に限定して、「痕跡」概念の導入によって『全体性と無限』までのレヴィナスの思想にどのような変化が見られるのかを確認しておく(7)。

レヴィナスは「痕跡」概念を、記号と対比しながら説明している。われわれは通常、痕跡という語を「犯人の痕跡」や「古代文明の痕跡」などのような言い方で用いる。こうした一般的な意味での痕跡は、何か・誰かがかつてそこにあったことを物語るものがその場に残されているが、しかしその当のものは現在はそこにはない、という事態を指すときに用いられる。何か・誰かの痕跡を発見したとき、それは当のものを捜し求めるさいの手が

（6）本節の課題にかんする先行研究として、次がある。Robert Bernasconi, "The Trace of Levinas in Derrida", in: *Derrida and Différance*, Ed. David Wood and Robert Bernasconi, Northwestern University Press, 1988, pp. 13-29. 本節は、テクストの異同をめぐる事実関係についてはこの研究を踏襲しているが、デリダとレヴィナスとの関係について新たな解釈を示そうとするものである。

（7）この二論文は内容上重なるので、本節では引用や参照を「意義と意味」から行なう。なおレヴィナスの「痕跡」については、次を参照。上田和彦『レヴィナスとブランショ――〈他者〉を揺るがす中性的なもの』水声社、二〇〇五年、第二部第二章「痕跡の両義性」。

かりとして役に立つ。レヴィナスの挙げる例では、探索者たち——犯人を求める探偵、獲物を求める狩人、古代文明を求める歴史家——は、それぞれ痕跡——犯行現場、獲物の痕跡、遺跡——を手がかりとして追求を進める(HAH 66/97)。

レヴィナスによれば、これらの痕跡が機能するのは、他の事物を開示する「記号〔signe〕」としてである。「記号」とは、世界の内部において、その内部に存在する事物が別の事物を開示するという関係を意味する。そこにおいては、「すべてはひとつの秩序、ひとつの世界のうちに整序され、そこではそれぞれの事物が他の事物を開示し、また他の事物とのかかわりにおいて開示されている」(HAH 66/97)。したがって「記号」であるものとしての「痕跡」は、同じ世界内にあるものを指し示すにとどまるものである。

それに対し、特別な意味での「痕跡」——これも記号であるが、しかし例外的な記号であるとされる——がもつ特性は、「合図〔記号〕をするという一切の意図の外、その狙いがそれであるような一切の計画の外にあるということ」(HAH 66/97)である。すなわち「痕跡」とは、世界の内部にあるものを開示するのではなく、世界の外、「存在の彼方」(HAH 65/95)を指し示す。レヴィナスによれば、「ただ世界を超越する存在——絶-対的な存在——だけが痕跡を残すことができる」(HAH 68/100)。この超越とは「非可逆的な超越」(HAH 67/100)であって、「絶対的に通り過ぎてしまった」(HAH 67/98)ということを意味するものである。

こうした「痕跡」概念の導入によって、レヴィナスの思想に新たな要素が付け加わる。次の二点を指摘しておきたい。

第一に、他者の「顔」に「過ぎ去ったもの」という性格が与えられることである。『全体性と無限』では、記号は記号が表す意味だけでなく、その記号を与える者に遡行するとされた。記号を贈与する者とは他者であり、他者の顔の表出――「言葉を語ること」――によって、「発せられた記号を他者が護り、記号による自分自身の現出に居あわせ、現出に居あわせることで曖昧さを治癒する」（TI 92/上174）ことになる。すなわち、記号は他者へと差し向けるものであって、他者の顔の表出は記号を曖昧さから「護る」ものと位置づけられている。これに対し「意義と意味」では、「記号」の役割が世界内的な事物の開示へと縮減され、「記号」と区別される「痕跡」の方が他者へと差し向ける役割を担う。したがって顔も記号ではなく痕跡との連関のうちに位置づけられることになる。「顔が輝くのは、あくまでも〈他なるもの〉の痕跡のうちにおいてである」（HAH 69/102）。

第二に、「痕跡」は神との関係にかかわる。『全体性と無限』では、「他者は私のイニシアティヴに先立つ意味作用を有している点で、神に似ていることになる」（TI 326/下241）とされ、他者と神との類似性が提示された。また顔の表出としての「言葉を語ること」についても、プラトンの『パイドロス』を参照しつつ「〈語り〉とは神との語りであって、等しい者たちとの語りではない」（TI 330f./下250）とされ、形而上学とは「神とのあいだで交わされるこのような言葉の本質」（TI 331/下250）だと述べられた。他方、「意義と意味」でレヴィナスは、「痕跡」によって示される絶対的に過ぎ去ったものを「三人称の彼性」（HAH 65/96）と呼び、それを「神」と呼ぼうとしている。他者と同様、神もまた絶対的に過ぎ去ったものであり、「痕跡」とは究極的には「神の痕跡」（HAH 69/103）なのである。

以上のように、他者、顔、神が「痕跡」によって語られることによって、「絶対的に過ぎ去ったもの＝絶対的過去」という性格が強調されることになる。レヴィナスにおける「痕跡」概念は、一九六四年の時点でこのように提示されていた。では、この時点で語られた「痕跡」をデリダがどのように受けとめたのか、次に見ていくことにする。

「痕跡」への注目——「暴力と形而上学」雑誌版

本節では、レヴィナスの二つの論考で提示された「痕跡」概念を、デリダがどのように受け取ったのかということを明らかにしたい。そのためには、「暴力と形而上学」の雑誌版（一九六四年）に目を向ける必要がある。経緯を確認しておこう。レヴィナスは一九六三年五月二〇日、パリのコレージュ・フィロゾフィックで「痕跡」と題した講演を行なった(8)。デリダはこれを聴講し、一九六四年の「暴力と形而上学」雑誌版の本文では講演の内容に言及したり（VM 3-347）、「われわれの記憶が正確ならば」（VM 3-353）と記してレヴィナスの講義の一節を引用したりしている。

その後、講演原稿は、「他者の痕跡」と題して同年九月に雑誌掲載され、「意義と意味」も翌年に掲載される（「暴力と形而上学」掲載号の前号である(9)）。それを受けてデリダは、「この試論が印刷されていたとき、われわれはエマニュエル・レヴィナスの最近の重要な二つのテクストを知った。すなわち「他者の痕跡」と「意義と意味」である（…）。残念ながらここでは、この二論考についてはほんのわずかしか触れることができない」（VM 3-322, cf. ED 117/152）と註記している。このことから推測するに、デリダはこの二論考についての論述を校正の段階で加筆したと思われる。実際、二論考についての言及は、雑誌版では多くの場合註のなかでなされており、これらが校正時の加筆であることを窺わせる。なお書籍版ではこれらの註の文章が本文のなかに組み込まれており、加筆箇所が判別しにくくなっている。

以上の経緯を踏まえてその言及箇所を繙けば、デリダが自らの痕跡概念をつくりあげる前の時点で、レヴィナスの痕跡をどのように受け取っているのかを明らかにできるはずである。

（1）痕跡、エクリチュール

デリダが痕跡に言及する複数の箇所のなかから、まず、デリダが痕跡に対し積極的な観点から注目しているひとつの箇所を取り上げたい。これは神と言語の問題がトピックとなっている箇所である。デリダは、レヴィナスにおいて「神との語り」がエクリチュールではなくパロールであることを疑問に付し、「自分自身の現出を「護る」ことができる」（TI 332/下 252）のはむしろエクリチュールの方ではないかと問い、次のように書いている。

この点についてここで展開することはできないが、コレージュ・フィロゾフィックで昨年行なわれた講演〔「痕跡」のこと〕において、レヴィナスが痕跡というテーマ系（痕跡はレヴィナスによって、結果や足跡（piste）、記号から区別される。これらは絶対に不可視なものとしての他なるものには近づかない）を提示したことにだけ注意しておこう。このテーマ系は、エクリチュールの何らかの復権に導くものでなければならないようにわれわれにはみえた。その超越性と豊かな不在とが痕跡のなかで回帰なしに告げられる〈彼（Il）〉〔神〕は、より容易に、パロールの作者というよりもエクリチュールの作者なのではないか？（VM 3-347, cf. ED 117/152）

（8）Emmanuel Levinas, *Parole et Silence et autres conférences inédites au Collège philosophique*, p. 386.（『レヴィナス著作集 2』、三九八頁）

（9）Emmanuel Levinas, « La Trace de l'Autre » in: *Tijdschrift voor Filosofie*, sept. 1963; « La Signification et le Sens » in: *Revue de métaphysique et de morale*, 1964, n° 2.

デリダはここで、「他者の痕跡」での痕跡概念をエクリチュールの問題と結びつけ、肯定的な評価をもって注目している。この箇所では、直接「暴力と形而上学」の議論の本筋に関係する論点ではないものの、パロールとエクリチュールの問題系を先取りした意見が述べられており、『グラマトロジーについて』で展開される議論――西洋形而上学におけるパロールのエクリチュールに対する優位への批判――を予告している。

(2) 痕跡としての現前?

「暴力と形而上学」の本論にかかわる重要な箇所にも痕跡の語は登場する。それは、デリダがレヴィナスにおける経験概念を、他なるものとの出会いとして捉える箇所である。デリダはその出会いについて、次のように解説している。

> この出会いは直観的接触の形式をもたない最初のもので(…)、分離の形式をもつのだが(…)、おそらくこの予見不能なものそれ自体との出会いは、エコノミーとしての歴史を超えた唯一可能な時間の開けであり、唯一の純粋な未来であり、唯一の純粋な消費なのだろう。とはいえこの未来、この彼方はもうひとつの時間、歴史の翌日ではない。それは経験の中核に現在として現前(*présent*)しているのだ。全面的現前ではなく、痕跡としての現前。(VM 3-341 cf.ED 141f./187)

このようにデリダは、一九六四年の時点で、レヴィナスにおける他なるものとの出会いを表すために、「痕跡としての現前」という表現を用いている。とはいえ、これは問題含みの表現である。というのも、レヴィナスにおいて痕跡が絶対的に過ぎ去ったものであり、現前的でないものだとすれば、「痕跡としての現前」は明らかに矛盾した事態を表すからである。この問題は、次に見るように、デリダが「暴力と形而上学」でフッサールの現象学とレヴィナスとの関係を問うときに前景化する。

(3) 生き生きとした現在と痕跡

痕跡はフッサールの生き生きとした現在との関係で再び言及される。その登場にいたる議論の文脈を押さえておこう。デリダはレヴィナスを論じるなかでフッサールを取り上げる。それはたんにレヴィナスのフッサール批判に反論するためだけではなく、デリダの生き生きとした現在をめぐるスタンスを前提としている。デリダにとって、生き生きとした現在はあらゆる経験の基盤と位置づけられている。前章で見たように『ハイデガー』講義ではこの概念が現前の形而上学の観点と結びつくわけだが、講義以前の「暴力と形而上学」初出版においてその観点はまだ優勢ではない。そこでは、「現在においてとは別の仕方で生きられうるような経験は存在しない」(VM 4-448f., ED 194/258)ので、他なるものの経験も生き生きとした現在のなかで経験される以外にはないという必然性が強調される。したがって過去や未来も、現在のなかで現れるかぎりで思考されうるものとなる。

この生き生きとした現在のなかで、どんな時間的他性もが時間的他性として構成され、そのようなものとして現れうる。すなわち、過ぎ去った他の現在、未来の他の現在、こうした他の絶対的起源が志向的変容のなかで、私の生き生きとした現在の統一性と現前性のなかで再び体験されるのだ。(VM 4-449, ED 194/258)

この必然性は、他者経験の問題にも同様に当てはまる。レヴィナスはフッサールが『デカルト的省察』で提示した他我構成の理論を批判したが、この問題をめぐってデリダがレヴィナスへの反論を展開するのは、必ずしもフッサールを擁護するためではない。その主眼は、レヴィナスが他者経験にとって基盤であるはずの生き生きとした現在を前提としていないことを批判することにある。デリダによれば、他我は、生き生きとした現在のなかに現出しえないものとして現出するのであって、フッサールはその非現前の現前を「非 - 現象性の現象性のシステム」(VM 183/243) として語っているのに対し、レヴィナスはそのことを踏まえていないというわけである。デリダからすれば、レヴィナスのように他者が顔として顕現することはありえない。

デリダは、生き生きとした現在のなかでしか他性が現れえないのは、必然的な暴力であると述べている。「結局のところ、他者が他者として現れ、他者が尊重されるのは同のなかで、同にとって、同によってのみである必然性として、また、他者がその現象の解放そのもののなかで同によって隠蔽される必然性として暴力を規定したいのなら、その場合、時間が暴力なのである」(VM 4-449, ED 195/259)。これは超越論的暴力とデリダが呼ぶものであって、この暴力を廃絶しようとすることはさらに大きな暴力を招いてしまう。デリダが説くのはこの暴力を最小限に抑えつつ言説を繰り広げることである。

だが、もちろんデリダは生き生きとした現在を経験の基盤とみなして満足するわけではない。デリダの関心はレヴィナスと同様、現在を越えて経験される他なるものへと向かっている。デリダはこうした議論の途上で、レヴィナスの痕跡についての註を付すのである。

その意味が（過ぎ去った）〈現在〉という形式では思考されえないような過去の観念は、哲学一般にとってのみならず、哲学の外へと一歩踏み出そうと欲する〈存在の思考〉にとってさえも、不可能‐思考不能‐言明不能なものである。しかし、この観念は、レヴィナスの最近の著述のなかで練り上げられる〈痕跡〉の哲学のひとつの主題と化している。（VM 4-449 (1), cf. ED 194/258）

この言及は、デリダが生き生きとした現在のなかでは思考不可能なものとして、痕跡の概念に注目していることを示す。一九六四年においては、まだそのことに言及するにとどまり、「痕跡としての現前」がいかなる問題を引き起こすのかについて具体的な考察をしているわけではない。しかしこの痕跡の思考は、デリダが脱構築の思考を展開するとき、生き生きとした現在を揺さぶる有効な概念として活用されることになる。次に一九六四年以降の痕跡概念の生成を追跡しよう。

デリダにおける痕跡概念の生成

「暴力と形而上学」初出版の発表とほぼ同時期に『ハイデガー』講義を開始したデリダは、その第六回講義（一九六五年二月八日）の末尾においてレヴィナスの名前を挙げ、ハイデガーが試みるような「現象性と〈現在〉の優位の解体」という「この企ての最終段階は（…）、〈記号〉との対照によって〈痕跡〉の主題系を練り上げることにある」（H 227）と述べている。この文章は、ハイデガーの解体を引き継ぐデリダが、脱構築のなかで痕跡の思考を展開することを宣言したものと読むことができる。

それに呼応するように、一九六五―六六年に発表された「グラマトロジーについて」でデリダは早速、痕跡という語を用いており、次のようにその背景を明らかにしている。デリダはまず「ここでは明確化できないある点まで、われわれはこの痕跡概念をE・レヴィナスの最近の著述の中心にある同概念に近づける」としてレヴィナスとの関係性を述べるが、続けて「レヴィナスの思考においてではなく、ここではハイデガーの意図に適合させると、この〔「痕跡」という〕概念は、その最も内面的な発展において存在の意味を現前と規定し、言語の意味をパロールの充溢的連続性だと規定した存在論の揺さぶり（ébranlement）を意味する」（DGC II-37, cf. DG 102f./上142）と述べて、レヴィナスの概念をハイデガーの解体に引き寄せている。脱構築のひとつの企てとして痕跡概念が初めて登場するのは、ここにおいて――すなわち、「グラマトロジーについて」のソシュール論においてである。

その議論でデリダは、ソシュールの提唱する記号の恣意性のテーゼから、言語体系《ラング》を「制度化された痕跡」（DG 68/上97）、すなわち「無根拠な痕跡の一般的構造」（DG 69/上99）と名づけ、痕跡の概念を議論に導入する。[10]記号の恣意性とは、シニフィエに対するシニフィアンの外部性、さらにはシニフィアンにおけるパロールに対するエクリチュールの外部性を意味する（たとえば日本語において「イヌ」という音声と、それによって表される意味とは必然的な関係ではなく、さらにイヌという音声と「犬」という文字との関係も必然的ではないということ）。このことは、われわれの用いる言語が総体として、シニフィエの起源的現前に根拠づけられているのではないことを意味する。[11] それゆえデリダはこの無根拠な言語体系《ラング》の成立根拠を、痕跡の運動と考えるのである。それは、言語体系《ラング》がア・プリオリなものではなく、それ自体が「歴史的に」構成されてきた「制度」であることを思考することにほかならない。

そのさい、デリダは痕跡を「原-痕跡」(DGC II-32 (10))、「根源的痕跡」(DGC II-33) と表現し、一九六七年の書籍版『グラマトロジーについて』の加筆において、根源的痕跡と古典的な意味での痕跡との区別についての文章を加筆している (DG 90/上123)。それによれば、古典的な意味での痕跡とは、痕跡を現前者から派生したものや、経験的刻印だと考えるような古典的図式における痕跡概念のことである。この図式の内部では痕跡は形而上学的な概念のままにとどまり、痕跡は何ものかについての痕跡を意味する。それに対し「根源的痕跡あるいは原-痕跡」(DG 90/上123) は、自らの運動によって現前を構成するものである。デリダがこの区別を導入する狙いは、「起源」と「痕跡」との関係を明確化することにある。古典的な意味での痕跡は、「起源」から派生したものとして「起源」の概念を存続させてしまう。しかし、「根源的痕跡」は「起源」を構成するのであり、その関係を反転させる。

(10) デリダのソシュール論については、次を参照。宮﨑裕助「ソシュールのグラマトロジー」『思想』一〇〇三号、岩波書店、二〇〇七年、三一—五一頁。

(11) このことは、最も外部的であるべきエクリチュールが、シニフィエの内奥にはたらいていると考えることに通じる(デリダはそのはたらきを「原-エクリチュール」と呼ぶ)。

痕跡はたんに起源の消失なのではない。それがこの場合意味することは（…）起源は消失したのではなく、それは反対にひとつの非-起源、つまり痕跡によって初めて構成されたのであって、かくして痕跡は起源の起源となるということである。（DG 90/上123）

このことはフッサールの時間論に即して述べることもできる。根源的印象としての今が過去把持によって過ぎ去った今へと移行するとみなす、現在を中心とする時間概念は、「痕跡の還元の運動」（DG 91/上123）を保持している。それを反転すれば、むしろ「時間的経験の最小単位における過去把持や他者を同一者における他者として保有する」（DG 92/上124）ものとしての痕跡の運動によって根源的総合が可能となり、それが時間性を可能にすることになる。したがって生き生きとした現在の弁証法的運動は、痕跡によって構成されているのであって、このことは『声と現象』では次のように述べられる。

生き生きとした現在の自己は、起源的に痕跡なのである。痕跡は、生き生きとした現在の自己が「起源的にそれである」と言うことができるような一属性ではない。〈起源的で=あること〉を、痕跡から考えなければならないのであって、その逆ではない。（VP 95/186f.）

さらに、「痕跡」にはレヴィナスとも共通する意味がある。それは、通常の時間概念では捉えられない「絶対的に過ぎ去った過去」を意味するのである。デリダが述べるように、「痕跡」は「〈変容された現前〉というような形では、つまり〈過ぎ去った=現在〉としては、もはや理解することはできない」ような過去であり、「もはや厳密には「過去」という名に値せず」、「抹消されるべきものの別名」（DG 97/上137）であるような過去である。痕跡がそのような絶対的過去を生き生きとした現在の構成に招き入れるということは、現在がその内部でその外への関係によって亀裂を入れられているということでもある。すなわち、痕跡は「生き生きした現在の内奥とその外との関係」（VP 96/187）である。

以上のようにデリダの痕跡概念は、現在を構成するとともに、その構成のなかに絶対的な過去を含み入れるという二重性をもつものとして彫琢される。こうして一九六八年の講演「差延」では、痕跡のはたらきが「現在を現在として構成する」と同時に「現在を現在それ自身において分裂させる」（M 13/上51）という二重性として語られるのである。

おわりに――「暴力と形而上学」書籍版

以上のデリダ自身の「痕跡」概念の生成を踏まえて、最後に再びレヴィナスとの関係を考察しよう。デリダは「グラマトロジーについて」でレヴィナスの痕跡概念を、「けっして存在したこともなく、けっして現前の根源的なあるいは変容された形式のなかで体験されうることもないひとつの過去への関係としての、彼性（illeité）への関係」（DGC II-37, cf. DG 102f./上142）と説明していた。ここまで見てきたようにデリダの痕跡概念が生成することにより、こうしたレヴィナスの概念との違いも際立ってくるだろう。一九六七年に「暴力と形而上学」が『エクリチュールと差異』に収録されるさい、デリダは大幅な加筆修正を行なっている。[12] 加筆の多くはデリダの脱構築思想の形成に伴うものであるが、そのひとつに痕跡についての言及がある。最後にそれを見定めることで、デリダの痕跡とレヴィナスの痕跡との関係をより明確にしたい。

それは、デリダがレヴィナスにおける他者と神との類似性に注目し、『全体性と無限』における「神学と形而上学の曖昧な共犯関係」（ED 160/212）を指摘する箇所である。デリダは、『全体性と無限』における「神の現前そのもの」（TI 324/下238）という表現を引用し、それは「分離としての現前」「現前−不在」であると解釈したうえで、それを論考「他者の痕跡」における「われわれは「神の〈痕跡〉のなかに」いる」という表現に繋げている（VM 3-353, ED 159f./208）。初版での論述はこの引用で段落が区切られ、「神の現前」と「神の痕跡」とを両立可能なものとして結びつけているようにみえる。しかしデリダは一九六七年の改訂で、「神の痕跡」という表現を引用した後に、次の文章を挿入している。次の引用は、全文が加筆された箇所である。

〔「神の〈痕跡〉のなかに」いるという〕この命題は、「神の現前そのもの」への一切の暗示と相容れないものとなる危険性がある。この命題はそのままで無神論に転じかねない。では、神は痕跡のひとつの効果（*un effet de trace*）なのかどうか。神の現前（生、実在、臨在、等）の観念、神の名は現前における痕跡の消失の運動にすぎないのかどうか。知るべきなのは、痕跡の方がそのシステムのなかで現前を思考することを許すのか、それとも、逆の順序が真なのかである。おそらく真の順序というものは存在している。しかるに、問われているのはまさに真理の順序である。レヴィナスの思考はこれら二つの命題の中間に位置している。（ED 160/211f.）

この加筆は、生成されたデリダの痕跡概念の見地から、レヴィナスの痕跡の思考を問いに付しているように思われる。着目すべきなのは、「神」が「痕跡のひとつの効果」なのかと問われていることである。すなわち、神の痕跡を現前としての神から派生するものとして考えるのか、それとも神の現前は痕跡の効果によって可能になっているのか、という順序の問いが提起されている。「真の順序」とは現前を起点とした順序であり、そのなかで痕跡は現前から派生した痕跡、古典的意味での痕跡として位置づけられる。それに対し、「真理の順序」とは痕跡を起点とした順序であり、痕跡は根源的痕跡として考えられる。すでに見たように、デリダの痕跡論は「真の順序」を「真理の順序」へと反転させようとするものである。デリダが別のテクストで述べるように、「現前者は一切の回付が究極的にそこへと送り返す当のものではもはやない。現前者は全般化された回付構造における一機能となる。現前者は痕跡であり、痕跡の消去の痕跡である」(MP 25/上70)、さらには「「神学的なもの」は痕跡の全体的運動の特定の一契機である」(DG 69/上98)。

他方、レヴィナスのように「神の現前」と「神の痕跡」を両立可能なものとして考えるためには、痕跡を現前から派生したものとみなす恐れがある。すなわち、デリダが「ただ積極的な無限だけが、痕跡を取り除き、それを「昇華する」ことができる」と述べているように、積極的無限性として神を規定する「古典的合理主義」的な理解ないし「無限論的神学」は、デリダにとって「痕跡」を「現前」へと回収する古典的図式をもっており(DGC II-38, DG 104/上144)、レヴィナスの思想もこうした図式にはまり込む恐れがある。では逆に、レヴィナスの

(12) この両ヴァージョンの異同については、次が参考となる。Robert Bernasconi, "Levinas and Derrida: The Question of the Closure of Metaphysics", in: *Face to Face with Levinas*, ed. Richard A. Cohen, State University of New York Press, 1986, pp. 181–202.

痕跡も根源的痕跡であって、「神の現前」の方が痕跡の効果によるものなのだろうか。デリダはこの註を「レヴィナスの思考はこれら二つの命題の中間に位置している」と述べて締めくくり、これ以上問うてはいない。しかしデリダによる問いかけは、レヴィナスにおける現前と痕跡の「曖昧な共犯関係」へと迫りうる潜在性を有するだろう[13]。

最後に、こうした痕跡の思考が「思考」そのものであることを示すデリダの文章を引いて章を閉じたい。

痕跡の思考（痕跡は二元論によっては捉えられない。それどころか、何もないところを起点として二元論を可能にするものである。それゆえに、これは思考なのだ）（ED 339/462）

（13）デリダの痕跡の思考にもとづいてレヴィナスの痕跡論を批判するマーティン・ヘグルンドは、こうした方向に進んでいるように思われる。Cf. Martin Hägglund, *Radical Atheism. Derrida and the time of life*, pp. 79-80.（『ラディカル無神論——デリダと生の時間』、一五三—一五六頁）

第四章　『声と現象』とハイデガー

第四章は、一九六〇年代におけるデリダとハイデガーとの関係を解明する。デリダに対するハイデガーの影響はきわめて早期から甚大なものであって、彼は『発生の問題』を執筆する時点ですでにハイデガーの影響下にあったことを語っている。(1) しかし、第二章でみたように『ハイデガー』講義の公刊によってデリダの思想形成におけるハイデガーの重要性が明確になる前には、この時期におけるデリダのハイデガーへの言及はきわめて限定的であり、両者の関係を明らかにすることは容易ではなかった。

本章では、この問題に対して次のようなアプローチをとる。すなわち、フッサール論である『声と現象』の議論に、ハイデガーが深く関わっていると捉える。この視点にもとづいて、同書におけるハイデガーへのわずかな言及を起点とし、両者の隠れた関係を探究することにしたい。そのことを二つの主題に即して論じる。

ひとつめは「自己触発」の概念である。この概念はデリダがハイデガーから批判的に継承したものであり、その議論の背景を探ることで、デリダとハイデガーのあいだに横たわる争点が明らかとなるだろう。

二つめは「真理」の問題である。デリダの真理についての考えは、ハイデガーの真理論を踏まえつつ、アレーティアとしての真理を批判的に捉え直すものである。『声と現象』を出発点として、ハイデガーの真理論に対するデリダの態度を明らかにし、それが痕跡や贈与の問題にも通じていくことを示したい。そのため考察の範囲は一九七〇年代以降のデリダにも及ぶだろう。

(1) Dominique Janicaud, *Heidegger en France II*, Albin Michel, 2001, p. 92.(ジャック・デリダ/ドミニク・ジャニコー(聞き手)「ハイデガーをめぐる対談」西山達也訳、『現代思想』第四三巻第二号、青土社、二〇一五年、一〇頁)

一　自己触発の射程

本節は「自己触発（auto-affection）」の概念について考察する。この概念はハイデガーが『カントと形而上学の問題』（一九二九年）で用いた「時間の自己触発（Selbstaffektion）」に由来し、ハイデガーの影響を受けたフランスの哲学者たちによって継承されてきたものである。メルロ＝ポンティは時間性を自己触発として描き出し、ミシェル・アンリはハイデガーを批判しつつ独自の自己触発論を展開してきたことで知られている。デリダも『声と現象』で「自己触発」の概念を導入して以来、この概念をしばしば用いている。ここでは『声と現象』の議論を検討することから始め、その議論の背景にあるハイデガーとの関係を探り出すことにしたい。

デリダの自己触発論——『声と現象』

まず『声と現象』で自己触発が登場する議論を確認しておこう。(2) その第五・六章では、フッサールが『論理学研究』第二巻第一研究で提示した「孤独な心的生」における内的発話の同時性が議論されている。すなわち、心のなかで自分自身に語りかけるような発話においては、語り手の内面性が聞き手に「同じ瞬間に（im selben Augenblick）」現前する、ということについての議論である。デリダはこの同時性を〈今〉の自己同一性の問題として捉え、フッサールの『内的時間意識の現象学』を参照して、〈今〉の自己同一性を構成すると同時に分割するような運動を見出す議論を展開している。

フッサールのテクストとの照合はあえて控え、デリダの議論の手順のみをごく簡単にまとめるなら、デリダは次の三点を指摘している。第一に、フッサールにおける〈今〉は、「点としての今の自己同一性にもとづいて思考され、記述されている」(VP 69/137)。第二に、にもかかわらずフッサールの「記述の内容は、現在の単純な自己同一性について語ることを禁じている」(VP 71/140)。すなわち、フッサールにおいて、現在と過去把持における過去とのあいだに連続性と非連続性があるのであり、その事態は、今の自己同一性のうちに他性を招きいれ、単一的な自己同一性を不可能にする。第三に、以上の矛盾する性格から、今の自己同一性と非自己同一性をともに成立させるような差延の運動が見出される。「最も一般的な反‐復の可能性、つまり最も普遍的な意味での痕跡は、今の純然たる顕在性に宿ることになるばかりか、その痕跡が導入する差延の運動そのものによって、今の顕在性を構成することにもなる可能性なのだ」(VP 75/146f.)。

以上のようにデリダの議論は、まず今の「同一性」を、次にその「非同一性」を示し、両者を成立させる差延の運動へと迫っているのであり、その運動は「同一性と非同一性の同一性」という語で表現されることになる(これについては後にあらためて検討する)。自己触発という言葉が始めて登場するのは、以上の議論の直後である。

純粋な孤独の(…)概念は、(…)自己触発における差延にもとづいて考え直された「時間」によってぐらつ

(2) デリダの自己触発についての先行研究として、村瀬鋼「デリダの「自己‐触発」論について——言語と生を巡る考察」『福岡大学人文論叢』第二九巻第三号、一九九七年、一四〇九—一四四六頁。

かされるのではないか。im selben Augenblick〔同じ瞬間に〕の「同じもの《メーム》」における、同一性と非同一性との同一性にもとづいて考え直された「時間」によってぐらつかされるのではないか。(VP 77/149)

このように自己触発は差延を内に含む概念として初めて登場する。

この概念が積極的に活用されるのは第六章においてである。その論の展開を追うならば、デリダの自己触発の概念は、最初は内面的な発話の「自分が話すのを聞く」という構造を表すために導入される。自己触発はさらに、そうした「声の活動」がもとづいている時間性へとさかのぼり、「時間化の運動が産出される出発点」(VP 93/184)、すなわち「今」の根源的印象のなかではたらく運動、今が新たな今によって触発され、過ぎ去った今としての非－今になる運動として規定され、次のように表現される。

そのようなプロセスは、まさしく純粋な自己－触発であって、その自己－触発において、同じものは、他なるものによって自己を触発し、同じものの他なるものになることによってしか、同じものではないのである。(VP 94f./185)

自己－触発は、すでに自分自身(autos)であるような存在者を特徴づける、経験の一様相ではない。それは、自己との差異のなかで、自己への関係として同じものを、非－自己同一的なものとして同じものを産み出すのである。(VP 92/183)

デリダにとって、この自己触発の運動こそ時間化の運動であるが、しかしその運動は形而上学的な時間概念によって隠蔽されている。「「時間」という語自体が、形而上学の歴史のなかでつねにそう理解されてきたように、ひとつの隠喩であって、この自己－触発の「運動」を指示すると同時に隠蔽しているのである。形而上学のすべての概念が（…）この差異の奇妙な「運動」を覆い隠しているのである」（VP 95/186）。その理由は、「これまでつねに「時間」は、現在にもとづいて思考される運動を指してきたので、別のことを言い表すことができないからである」（VP 77/149）。したがって「時間と名づけられるもの、それには別の名前を与えなければならないだろう」（VP 77/149）。別名とは「差延」であろうが、ここでは自己触発も同様の運動を指す名称のひとつである。

『声と現象』で自己触発が登場するのは以上のような議論においてである。このような自己触発論は従来、自己の内部に同一性ではなく差異やズレを見出すものとみなされてきた。たしかにデリダの議論はそのような性格を色濃くもつが、デリダの自己触発論に同一性に対する差異の強調だけを見るのは不十分だろう。上の引用にあるように、「同じもの」が「他なるもの」との関係によってのみ「同じもの」であるという事態は、むしろ「同じもの」と「他なるもの」の奇妙な不可分性を表しているように思われる。この事態へと迫るために、次に、デリダの自己触発が何を表しているのかを考えたい。先にも引用した箇所で、デリダは「自己触発における差延」という表現を「im selben Augenblick〔同じ瞬間に〕の「同じもの《メーム》」における、同一性と非同一性との同一性（l'identité de l'identité et de la non-identité）」という表現で言い換えている。この「同一性と非同一性との同一性」という定式がもつ意味を、デリダの思考に即してできるかぎり厳密に考えることにする。

仮に形式論理的に理解すれば、同一性と非同一性とは同一ではないので、この定式は矛盾に陥ってしまう。しかしこの定式は、無時間的な論理性ではなくある運動性を表しているのであって、それは同一性の論理を脅かすような運動性である。ある論者の言葉を借りれば「同一性と差異とのあいだに差異を認めるのは、同一性の論理的な自律性を何も脅かさないだろう。それを脅かすのは、同一性と差異との同一性を認めることによってのみである」[3]。デリダがフッサール時間論の〈今〉の背後に見出すのは、同一性を可能にするとともにそれを根底からぐらつかせる運動、同じものと他なるものの根源的な共存と呼びうるような運動なのである。

それゆえ次のような二つの誤解を避けなければならない。第一に、この定式を、たとえば〈今〉という時間形式はつねに同一であるがその内容はつねに変化する（形式の同一性と内容の非同一性）という意味で理解することはできない。そのような理解では、やはりそこに自己同一的なものが保たれたままになってしまう。デリダの定式ではあらゆる同一性は非同一的な同一性なのであるから、同一性を起点としてこの運動を理解することはできないのである。第二に、これは同一性と非同一性をより高次の同一性へと統合し、全体化する運動ではない。この定式はたしかに弁証法的な表現であり[4]、デリダ自身も後年にヘーゲルのなかに認められるこの定式を「弁証法の最も弁証法的な定式化」だと述べているが、そこにデリダが強調するのは対立する二項の第三項への止揚ではない。デリダによれば、弁証法の運動にはつねに弁証法化に抵抗する異他的な要素が残り続けるのであり、弁証法は「弁証法化できないもの（non-dialectisable）を弁証法化する」という逆説的なことにある。デリダは弁証法に反対するのではなく、「弁証法化できない差異を強調してきた」と述べている（GS 40f.）。

以上二点に留意したうえで、この定式が意味するのは、起点にも終点にも他なるものが残り続けるような運動だということを強調したい。この定式は、同一化しつつも、最終的に同一性へと回収されることがない運動、どこまでも他なるものが残り続けるような運動を表しているのであって、ロドルフ・ガシェの言葉によれば「ヘテロロジー」[5]の定式化である。したがって、この運動を宿すデリダ的意味での自己触発とは、同じものの触発であるとともに他なるものによる触発すなわち異他触発でもあること、いやむしろ「異他‐触発が、自己‐触発という効果を可能にしている」(TJLN 206/340)ことを意味するだろう。ただしこの二種の触発は厳密に区別できるものではなく、「自己‐異他‐触発(auto-hétéro-affection)」(TJLN 206/340)——これも差延の別名である——と呼ぶべきひとつの運動による「効果」だと考えるべきである。以上のようにデリダの自己触発は、まさに差延と呼ばれるものと同じ運動を意味するものであって、それが〈今〉の自己同一性を構成するとともに、その非自己同一性をも構成し、他なるものを〈今〉の内に含み込ませるのである。

(3) Peter Dews, "Déconstruction et dialectique négative: La pensée de Derrida dans les années 1960 et la question du « tournant éthique »", in: *La Moment philosophique des années 1960 en France*, sous la direction de Patrice Maniglier, PUF, 2011, p. 425.

(4) 同様の表現をヘーゲルも用いる。「絶対者そのものは同一性と非同一性の同一性なのである。対立するものと一つであることとが絶対者のうちでは同時に存在するのである」。G・W・F・ヘーゲル『理性の復権——フィヒテとシェリングの哲学体系の差異』山口祐弘・星野勉・山田忠彰訳、批評社、一九九四年新装版、一〇〇頁。Cf. Rodolphe Gasché, *The Tain of the Mirror: Derrida and the Philosophy of Reflection*, Harvard University Press, 1986, p. 57.

(5) ここではロドルフ・ガシェ『いまだない世界を求めて』(吉国浩哉訳、月曜社、二〇一二年)の訳者解説を参照。それによればヘテロロジー(他者の学)とは、次のような他者性を思考することである。「他者は、内部に見出されなければならないが、そのときに消化不可能なその他者性はそのものとして保持されなければならない」(二二四—二二五頁)。

自己触発論の背景

ここまで見てきたデリダの『声と現象』の後半部には、フッサール以外にもうひとりの哲学者の姿が見え隠れしている。ハイデガーである。その名前はわずか数回しか登場しないが、ハイデガーへの言及は『声と現象』でのフッサール解釈の構図を深く規定していると思われる。

あらかじめデリダのハイデガーへの言及箇所を確認しておく。デリダは第五章の冒頭近くで、まず一度ハイデガーに言及する。

ハイデガーは『存在と時間』のなかで、『講義』〔『内的時間意識の現象学』〕の分析は、哲学の歴史において、アリストテレスの自然学を継承する、「今」「点」「限界」「循環」という概念にもとづいて規定される時間概念と決別した最初のものだと言っているが、われわれはここで、その見事な分析を仔細に検討することはできない。しかしながら、ここでのわれわれの観点から、いくつかの指針をそこから取り上げてみよう。(VP 68/136)

デリダが述べている箇所は、『存在と時間』にはそのままの形では見当たらない。(6) しかしこの文面は、その直後に展開されるデリダのフッサール解釈の背景を明かしているという点で、きわめて重要である。デリダが念頭に置くのは、『存在と時間』の第二編第六章第八二節に付されたひとつの註であろう。そこでは「今」「点」「限界」「循環」の概念にもとづくアリストテレス『自然学』の時間論を、ヘーゲルが『エンチュクロペディー』の時間論のなかでそのまま繰り返していることが指摘されている。ハイデガーによれば、この点で「ヘーゲルが時間について与えた概念規定も、通俗的時間了解に、ひいては伝統的時間概念に従っているのである」(SZ 432)。アリストテレス以来の時間概念は点としての今を中心とし、今の連続性によって規定される通俗的時間概念である以上、存在論の解体のためには、その時間概念を揺さぶり、本来的な根源的時間へと遡らなければならない。

知られているように、『存在と時間』のこの註についてはデリダが「ウーシアとグランメー」で詳しく論じている[7]。そこで提示されるデリダの時間の考えによれば、時間と呼ばれるものは「非‐同時のもののある種の同時性」(M 63/上114)である。この同時性——これはアリストテレスの『自然学』に頻出する「同時に(ama)」という語で象徴されている——において、「今の他性と同一性とが、或る種の同じものの〈差異づけられたエレメント〉のうちで一緒に把持される」(M 63/上114)。すなわち、今と他なる今との不可能な共存の可能性が時間である。それゆえ、アリストテレスの時間概念はハイデガーが言うように単純に今を中心としているだけではなく、そこには非‐今の契機も含まれるとデリダは論じる。そしてハイデガーの通俗的時間概念の解体もこの非‐今の契機があるからこそ可能となるのだが、ハイデガーは非本来的な通俗的時間から本来的な根源的時間へと遡行し

---

(6) ただし、デリダが次の箇所を参照している可能性は高い。「そもそも今日の時間分析において、アリストテレスとカントの水準を抜く本質的な成果が得られているとすれば、それはむしろ時間経験と「時間意識」に関する成果である」(SZ 433)。「時間意識」はフッサールの時間論における用語である。だとしてもデリダの紹介は正確ではなく、やはり自らの問題意識を告げたものと受け取るべきであろう。

(7) 一九六八年に掲載された「ウーシアとグランメー」は、一九六六年の「現在」と題された全四回講義にもとづくテクストであり(cf. JDP 76-10, 11, 12)、『声と現象』が書かれたのとほぼ同時期であると推定される。

ようとしたところで形而上学の枠組みに再び足を取られ、『存在と時間』の中断に陥ったと解している。

このような背景と関係づけるならば、『声と現象』は、フッサールの時間論が依然として通俗的＝形而上学的な時間概念に属すとともに、それを突破するような差延の運動もそこに見出すことができる、という読解を繰り広げていることになる。つまり、ハイデガーの哲学史理解を前提としそれに依拠しつつ、フッサールの位置づけをめぐってハイデガーに対して異論を提起するという動きを見せるのである。この意味で『声と現象』の第五章と「ウーシアとグランメー」は共通の問題圏のなかにある。

さて、次に『声と現象』でハイデガーの名前が再び出てくるのは第六章である。

ところで、すでに『講義』〔『内的時間意識の現象学』〕において分析されているような時間化の運動を考慮に入れるならば、ただちに純粋な自己－触発という概念を、つまり周知のように、ハイデガーがまさしく時間に関して、『カントと形而上学の問題』のなかで使っている概念を充分に役立てなければならない。（VP 93/184）

こう述べてデリダは自己触発の概念を活用することになる。そこで注目されるのは「純粋な」自己触発という点である。デリダは今がほかならぬ今自身によって生まれるという自己触発の純粋性から「純粋な差異」を導き出し、その差異によって、現在の純粋な現前性のなかに不純性を招き入れる。こうして、自己触発は差延の運動として捉え直されるわけである。

以上の背景を踏まえるならば、ハイデガーからのこの概念の積極的な借用は必然的であるように思われる。というのもハイデガーが『存在と時間』で呈示した「時間化」と同じ構造が、『カントと形而上学の問題』でも語られているからである。では、デリダがハイデガーの自己触発を独自の仕方で活用するとき、そこにはどのような継承関係があるのだろうか。次に見ることにしたい。

ハイデガーからデリダへの自己触発の受け継ぎ

一九二九年に刊行されたハイデガーの『カントと形而上学の問題』（以下『カント書』と略記）は、ハイデガーの「第一版の前書き」によると、彼が一九二七―二八年に行なった講義を元にしており、同時期に執筆された『存在と時間』の構想と深く関わっている。「『純粋理性批判』の解釈は、『存在と時間』第二部の最初の仕上げの連関において生まれてきた」（KP xvi/8）とハイデガーは述べている。実際には『存在と時間』第二部は未完に終わったが、『カント書』は第二部で書かれるべき内容と密接に関係していたと考えられている。[8]

先にも述べたように、ハイデガーは『存在と時間』で、アリストテレス以来の哲学の歴史において受け継がれ

（8）デリダは『存在と時間』と『カント書』の関係について次のように述べている。「この著作〔『カント書』〕は『存在と時間』を包み込んでいるのである。というのも一九二五―二六年〔一九二七―二八年が正しいと思われるが、デリダの参照する仏語序文がこう記している〕に行なわれた講義に由来するこの著作は、その内容において『存在と時間』の未発表の第二部と連結するはずだったのである」（M 34 (1)/上272 (1)）。それゆえデリダは存在論の解体という文脈で『カント書』を読んでいる。

てきた、点的な今の連続としての時間を通俗的時間概念とみなし、その根底にある本来的な時間性として、通俗的な時間概念を派生させる時間性を根源的時間と呼んだ。『カント書』では、この根源的時間および時間化の構造が自己触発と捉えられている。『カント書』は、現存在を存在論的に分析する「基礎的存在論」のために、カントの『純粋理性批判』を形而上学の基礎づけとして解釈することを課題とするが、その基礎づけの究極的な場面は、感性と悟性の共通の根としての超越論的構想力へと遡行する。この構想力が、純粋な今の系列としての時間を生じさせる根源的時間として解釈されるのであり、「自己触発」とは超越論的構想力による時間の形成のはたらきを示している。

こうした議論をデリダはどのように受け継いでいったのか、次に三点にわたって見ていきたい。

(1) 自己触発と自己伝承

デリダが自己触発の概念に初めて言及するのは、『ハイデガー』講義の第七回においてである。銘記すべきことは、自己触発の概念への初めての言及は、歴史の問題にかかわる文脈でなされたということである。デリダはこの講義で、『存在と時間』第七四節で登場する「遺産の伝承」における「自己伝承」(9)に注目する。ハイデガーによれば、決意性(Entschlossenheit)は、本来的実存の事実的可能性を「被投的決意性としてみずから引き受ける遺産のなかから開示する」のだが、そこには「伝えられて来た可能性を自ら伝承するということ」(SZ 383)が含まれる。「現存在は死へむかって自由でありつつ、相続され、しかも自ら選びとった可能性における自己自身へと、おのれを伝承するのである」(SZ 384)。したがって自己伝承とは、過去の可能性を引き受け、そのなかから

（本来的もしくは非本来的な）可能性を選ぶことに欠かせないものとして、現存在の本来的実存の可能性を支えるものである。

デリダはこの自己伝承を、自己触発と重ね合わせる。デリダによれば、自己伝承が自己触発の「裏面（autre face）」（H 265）である理由は、『カント書』と『存在と時間』という両テクストの関連性とともに、両概念のあいだに内的な連関があるためである。ハイデガーは自己触発について、次のように述べている。「時間はその本質上、自己自身の純粋触発である。いや、それ以上に、時間はまさに、一般に「自己から出て……を目指す」というような或るものを形成するものであり、しかもそれはそのようにして形成される目指されたものが、前述の……を目指すものを立ち戻って見てしかもそのなかに入り込んでゆくという形でそれを形成するのである」（KP 189/186）。デリダはこの一文をフランス語訳とドイツ語原文で引用した後（H 271）、次のように述べる。

> 自己に跳ね返り、自己からの外出のなかで自らを保持し、その固有な脱自運動を自己のうちで守るために自らを与え、自らを伝達するこの自己からの外出は、この運動、この自己自身を保持することの絶対的形式が現在でも今でもないということを厳密に考えるなら、自己伝達である。（H 272）

デリダはこうして自己触発と自己伝承とを同じ運動の二つの側面とみなす。自己触発が根源的時間として時間の

（9）デリダは、ハイデガーの sich überliefern や Sichüberlieferung をドイツ語のまま表記するか、transmission de soi（自己伝達）、auto-tradition（自己伝承）と訳している。

条件であるのと同様、「ア・プリオリな、純粋な自己伝承」は「あらゆる存在者的な（ontique）歴史の可能性の条件」、「伝承性一般の存在論的構造」（H 272）である。したがってハイデガーの自己触発はまずもって、歴史の条件として捉えられている。このことは、次に見るようにデリダのアンリに対する批判の理由となっているように思われる。

（2）アンリとデリダ

デリダは『ハイデガー』講義で自己触発を論じるさい、ハイデガーの自己触発論を批判的に継承して自己触発論を展開したもうひとりの哲学者ミシェル・アンリの『現出の本質』（一九六三年）にも短く言及している。この概念を扱うにあたってデリダは、同じ師ジャン・イポリットの指導を受けたアンリのこの著書を意識していたと思われる。[10]

『現出の本質』での自己触発概念の導入箇所を確認しておこう。アンリはハイデガーの自己触発論を踏襲して議論を進める。時間の自己触発というハイデガーの議論は、アンリにとって「純粋時間」と「根源的時間」の関係を表すものである。アンリは「純粋時間」（EM 230/上262）を、「未来・過去・現在という純粋な場所によって本源的に形成されている継起の地平」（EM 234/上266）と捉え、現前を可能にする「存在の純粋地平」（EM 230/上262）と解する。またアンリにとって「根源的時間」とは、「純粋時間」を形成する能力のことを意味する。その上でアンリは、ハイデガーの自己触発概念に二つの触発を見分け、「自己による触発」と「自己の触発」を区別して、「自己の触発」に「自己による触発」の根拠を見るのである。時間の「自己による触発」とは「純粋時間の地平が根源的時間によって開かれること」（EM 233/上265）であるが、形成よりもその受容こそ根源的だと見るアンリは、根源的時間による純粋時間の形成は「純粋時間の地平が根源的時間それ自身によって受容される」（EM 233/上265）ことを根拠とすると考え、それを時間の「自己の触発」と呼ぶのである。こうした時間の「自己の触発」にはまだ超越の契機があるが、さらにアンリは、超越の根拠としての内在の次元に真の「自己触発」を位置づけるのである。(11)

デリダはアンリの議論を、ハイデガーに対する一種の「解体」とみなす。すなわち、ハイデガーの自己触発における触発性（affectivité）が「存在者の存在に向かっての現存在の超越」（H 267）であるのに対し、アンリの自己触発はこの触発性を解体して、内在へと向かう。「今度はアンリが、隠蔽されてきたアフェクティヴィテの概念、すなわち自己の外への超越なき純粋な主観性としての、存在の自己にとっての自己触発、精神としての情感性（affectivité）を復興するために、解体しようと試みるのはこの命題〔超越としての触発性ないし現出の本質としての超越〕である」（H 268）。デリダはアンリが「厳密にヘーゲル的な、さらにはヘーゲル内部的な結論」（H 268）に陥っていると批判し、『現出の本質』を、「その動きにおいて稀有な力強さと深さをもつが、その帰結においては全面的なむなしさ（*vanité*）をもつと私には思える書物」（H 268）と評する。デリダにとって、アンリの自己触発はハイ

（10）アンリとデリダの自己触発論の対比としては、次を参照。鈴木泉「内在・情感性・生——ミシェル・アンリの哲学」人文科学科紀要、『哲学』一七、東京大学哲学研究室編、一九九四年、二三一—二八八頁。また、次も参照。米虫正巳「内在の内の非内在的なもの——出会い損なったアンリとデリダの遅ればせの対話？」『フランス現象学の現在』米虫正巳編、法政大学出版局、二〇一六年、二五九—二九三頁。

（11）これについては、川瀬雅也『経験のアルケオロジー——現象学と生命の哲学』勁草書房、二〇一〇年、二五五頁以下を参照。

デガーの自己触発から超越の契機を排除したものであり、歴史の条件にはなりえない。『ハイデガー』講義でハイデガーの歴史の思考をヘーゲル的歴史概念からの脱却と捉えるデリダにとって、アンリの解釈はハイデガーをヘーゲルへと逆戻りさせたようにみえたに違いない。

(3) 根源的時間と差延

ではハイデガーとデリダのあいだで自己触発の概念に違いは生じるのだろうか。そのことを明らかにするには、ハイデガーの自己触発とデリダのそれとをさらに詳しく突き合わせなければならない。以下に試みたい。

『カント書』では、超越論的構想力が根源的時間であることを解明するために、純粋な覚知、再生、再認という総合の三つの様態が示される(それは『存在と時間』での時間性の三つの契機に対応する)。第一の純粋覚知は、今にかかわる綜合であり、「現在」(KP 180/177)に関係する。第二の純粋再生は、「過去性そのものを形成する」(KP 182/179)のであり、そのつど今と合一されることによって、経験的な再生一般を可能にする。しかし、覚知による「今」と再生による「今しがた」との綜合において、経験的なレベルで言えば「今現在する存在者」(KP 185/182)と先に現前化した存在者とが「同じもの(dasselbe)」(KP 185/182)であることを保持するはたらきが必要となる。すなわち、覚知と再生とに先立って、存在者の同一性が保持されていなければならない。そのために必要なのが第三の純粋再認であって、それは先の「二つの綜合をまず最初に指導している綜合」(KP 186/182)と言われる。ハイデガーは第三の綜合を「同一化の綜合」(KP 186/183)と呼び、それを「未来の根源的な形成」(KP 186/183)だとする。以上三つの綜合によって時間が形成されるのであって、ハイデガーは形成された時間と区別して、超越論的構想力の綜合の時間形成的なはたらきを「根源的時間」と呼ぶのである。

この議論が、『存在と時間』での根源的時間の特徴――根源的な時間性は「すでにありつつ現在化する未来として統一的にある現象」(SZ 326)であって、「時間性は、根源的には、未来から時間化する」(SZ 331)と言われるように、未来を中心として統一化された時間性――と同型的であることは言うまでもない。しかし根源的時間をデリダの差延と対比するとき、両者のあいだに違いが浮かび上がる。その相違点は第三の総合が果たす「同一化」のはたらきにあると思われる。

ハイデガーは、カントがある箇所で用いる「同時に(zugleich)」という語に注目し、この「同時に」は、経験的な存在者の属する(通俗的)時間の一規定ではなく、同一化のはたらきがもつ、根源的時間における時間規定であると論じている。「同時に」はむしろ、先行的な「再認」(「先行的形成」)としてあらゆる同一化そのものに属するような時間性格を表現している。しかしこの同一化は、矛盾の可能性に対しても不可能性に対しても、基礎づけながらその根底に存する」(KP 195/191)。このようにハイデガーは、根源的時間が「未来、過去および現在の根源的な三位一体的形成」(KP 196/192)であるための要となる同一化の綜合を、「同時性」という時間規定によって表す。他方、デリダにとって「同時性」とは「非-同時のもののある種の同時性」として、すなわち同じものと他なるものの共存として考えられねばならない。換言すれば、ハイデガーの根源的時間は、未来を特権化し、未来を中心として同一化する運動であるのに対して、デリダの差延は同一化の運動であるとともに他なるものの残り続ける運動でもある。こうした点に両者の違いがあるように思われる。

両者の違いは「自己」のあり方に注目すれば際立つだろう。ハイデガーによれば、純粋自己触発としての時間は「自己性の可能性の根拠」(KP 191/188)であって、次のように述べられる。「この「自己から出て……に向かい、そして自己へ帰る」ことが、まさに初めて有限的自己としての心性の心性的性格を構成するのである」(KP 191/187f.)。このように脱自的な自己は、自己から出発して自己へと戻る円環運動をなしているのであり、それが自己の自己性を形成するのである。「同一化の綜合」はこうした運動によって表されるものだろう。

他方、デリダにとっても円環は自己性のイメージをなす(cf. V 30f./38f.)。ただし、それは分割不可能な主権としての自己性のイメージであって、脱構築されるべきものなのである。差延の運動にもとづくならば、自己概念は、同じ地点へ戻りつつ、しかし他なるものを含み込んだ運動として捉えなおされなければならない。デリダは「時間を──与える」という講演で、この差延の運動の二重性をはっきりと語っている。

差延は、或る円環をたどって同じものへと帰着する同じものにほかなりません。これが差延の一側面です。(…)しかしながら差延は同時にまったく違ったものでもあります。差延はまた、他なるものの、つまり円環それ自体のうちへ再自己固有化されるにまかされないものとしての他なるものの徹底化でもあるのです。したがって、絶対的な他なるものがそこに標記されている限りでの差延のなかには、くだんの円環をさえぎる何か、単なる待機としての差延をさえぎる何かがあるのです。(TG 113)

この二重の運動は「同一性と非同一性の同一性」の定式と正確に呼応するだろう。同じものへと帰着する円環運動が同一性を形成し、他なるものの徹底化が非同一性をもたらす。これらは差延の二つの側面とされるが、より正確には、ある運動(差延)によって、同じものへの帰着と他なるものの徹底化という二つの効果がもたらされるのである。

このようにハイデガーの根源的時間とデリダの差延は、同一化の円環運動であるという点では共通するが、差延にはさらに他なるものの徹底化の運動も含まれるという点に違いがある。この両者の関係については、デリダ自身「時間化－時間かせぎとしての差異と、『存在と時間』の時間化、この両者のあいだの連絡は、(…)緊密である」(M 10/上46)と述べ、差延と根源的時間との連関を示唆しているし、ある論者のように、ハイデガーの「Daseinの本来的な時熟〔時間化〕は、「差延」の一効果だ[12]」と言うこともできるだろう。いずれにせよ、デリダがその後も継続するハイデガーのテクストとの対話は、この時間における未来の特権化の問題をひとつの重要な争点としている。デリダがそれ以降ハイデガーに対して問い直そうとする本来性＝固有性、死といった諸問題は、いずれもこの未来の特権化の問題に根を張っているのである。

二　真理の歴史――アレーテイア、痕跡、贈与

次に、真理の問題に進みたい。デリダの思想において「真理」の問題はその根幹にある。脱構築の思想は「真

(12) 港道隆「刻む時々」、『別冊環一三・ジャック・デリダ』藤原書店、二〇〇七年、三一三頁。

理に反対する言説」(Po 79 (32)/157) との誤解を受けることもあるが、デリダによれば脱構築の狙いのひとつは、真理の否定ではなく、西洋の歴史において受け継がれてきた真理の概念を問い直すことである。デリダは二〇〇三年のインタビューで、「私の全生涯を通じていつも私自身と歩みをともにしてきたものこそ、真理の歴史、真理の概念のこの再検討の作業なのです」(VB 19/68) と述べている。

ところで真理の歴史の再検討というこの課題は、ハイデガーの思考の営為を想起させる。デリダに先立ってハイデガーは哲学の歴史における真理の概念を批判的に問い直していた。デリダは先の発言に続けて述べる。「ハイデガーにおいても然りです。ハイデガーではアレーテイアとしての真理のある種の概念からホモイオーシスとしての真理への移行があります。しかしハイデガーの足跡を追う途上にあって、おそらくはまた、ハイデガーを離れてであっても、私は真理というこの問題に幾度も頭を悩ませてきました」(VB 19/68)。ハイデガーは伝統的な真理概念を問い直すことによって、真理についての独自の見解を得た。すなわち、古代のギリシア人にとって真理とはアレーテイア、つまり「存在するものの非隠蔽性」(GA 5, 37/49) であったが、こうした真理の本質は「ギリシア人の思索において、そして後続する哲学においてはなおさら、思索されないままにとどまった」(GA 5, 37/50)。根源的な真理の経験は忘れ去られたまま、真理はそこから派生したホモイオーシス、つまり「存在するものとの合致」(GA 5, 22/32) ないしは「認識と事柄との一致」(GA 5, 38/50) として考えられてきた。こうした理解にもとづいてハイデガーは、派生的な真理概念によって覆い隠されてきた根源的な真理の経験へと立ち戻ろうとする。

デリダが真理について思考するさい、このハイデガーの真理論が踏まえられているのは疑いない。したがってデリダの真理論に迫るためには、彼がハイデガーの真理論をどのように受け取り、そこからいかに自らの思考を展開したのかを明らかにする必要がある。それゆえ本節は、デリダのテクストのなかからハイデガーの真理論と関係するいくつかの議論を考察することで、デリダの真理論を浮かび上がらせたい。ただし、デリダに真理を主題とした論考は少なく、手がかりとなるのはむしろ、真理をめぐる部分的な、あるいは間接的な言及である。それゆえ本論では、選択されたデリダのテクストを真理論という視点から捉え直すというアプローチをとることにする。(13)

声と真理

脱構築の思想が打ち出された一九六七年の著作には、真理の問題がすでに含まれている。(14) このことを描き出すために、『グラマトロジーについて』と『声と現象』に注目したい。両著作は、声とロゴスの結びつき（音声－ロゴス中心主義）の脱構築を試みており、そこに真理の問題も深く絡んでくるからである。『グラマトロジー』から見ていこう。

(13) 同様のアプローチによる研究として、次を参照。François Mary, « La déconstruction et le problème de la vérité », in: *Les études philosophiques*, n° 105, 2013, pp. 221-238.

(14) すでにデリダは一九六四年三月から五月にかけて「歴史と真理」を題した講義を行なっており、そこでハイデガーの『真理の本質について』も取り上げている。Cf. Edward Baring, "Ne me raconte plus d'histoires: Derrida and the problem of the history of philosophy", in: *History and Theory* 53, 2014, pp. 175-193.

真理についての言及は第一部第一章の「シニフィアンと真理」と題された節にある。デリダはその前の箇所で、「真理の歴史、真理の真理の歴史は、（…）つねにエクリチュールを貶めることであり、それを「充実した」パロールの外に放逐したことであった」（DG 12／上16）と述べ、現代では逆に、エクリチュールの概念が言語の概念を包括するほどに拡大され徹底化されているという動向を指摘する。それに続いてこの節では、そうしたエクリチュールを支配する「もはやロゴスに由来するのではない」「合理性」が、「とりわけ真理の意味」の「脱－構築」を開始するとし（DG 21／上31）、次のように述べる。

真理についてのあらゆる形而上学的な規定は、そしてハイデガーが形而上学的な存在－神論を越えてわれわれをそれへと呼び戻すところの真理の規定さえ、ロゴスの審級と、あるいはロゴスの系譜において考えられた理性の審級と、多少とも直接的に不可分である。（DG 21／上31）

ハイデガーの真理の規定とはアレーテイアとしての真理にほかならない。ここにはすでにハイデガーの真理概念に対するデリダの態度が表れている。すなわちデリダにとって、形而上学的な真理規定（合致、確実性など）と同様、アレーテイアとしての真理規定もロゴスと切り離しえないものであって、形而上学に内属する真理規定のひとつにすぎない。デリダは続けて、「このロゴスにおいては、声との根源的、本質的な絆が断ち切られたことはなかった」（DG 21／上31）と述べ、ロゴスと声との結びつきを指摘する。ということは、アレーテイアとしての真理もまた、ロゴスならびに声と不可分だということになる。

この時期にデリダが表立ってハイデガーの真理に言及するのはこの箇所のみであるため、こうした結びつきがいかなるものかは明らかではない。しかし、当時のデリダがハイデガーの真理論と格闘していたことは、明示的な仕方でではないにせよ、実は『声と現象』の議論から読み取ることができるように思われる。デリダ自身が言うには『声と現象』は、(『エクリチュールと差異』とともに)『グラマトロジー』に対する「ひとつの長い註」(Po 13/11)としても位置づけられうる著作であるが、ロゴス・声・真理の結びつきについてのデリダの考えは、そのなかで展開されていると思われるのである。

そのことを示すために、ハイデガーの『言葉への途上』(一九五九年)を読解のための補助線として参照したい。『言葉への途上』は、その後のデリダがしばしば参照する重要なテクストであるが、この時期のデリダのテクストでは『グラマトロジー』でただ一度引用されているにすぎない(DG 34/上49, 60 (4))。とはいえこの引用はむしろ、デリダがハイデガーの当時はまだ新しいこの著作をすでに読んでいたことの証拠である。以下に見るように、ハイデガーのこの著作は当時のデリダにとっても密かに重要な参照物であったと思われる。

その読解を進めよう。デリダは先に引用した箇所に続いて、ロゴスと声との本質的な結びつきを示すためにアリストテレスの『命題論』の一節を引用する(DG 21/上31)。「声に出して話される言葉は、魂において受動的に起こっているものの符号であり、書かれている言葉は、声に出して話される言葉の符号である」[15]。声と魂との本

(15) アリストテレス「命題論」早瀬篤訳、『アリストテレス全集1』二〇一三年、岩波書店、一一二頁。ちなみにジョルジョ・アガンベンは、このデリダのアリストテレス読解に批判的に言及している。『哲学とは何か』上村忠男訳、みすず書房、二〇一七年、三四―三五頁、『言葉と死――否定性の場所にかんするゼミナール』上村忠男訳、筑摩書房、二〇〇九年、一〇一頁を参照。

質的関係、話された言葉に対する書かれた言葉の二次的性質を述べるこの一文は、デリダにとって（プラトンの『パイドロス』とならび）ロゴス中心主義・音声中心主義を表す代表的なテクストである。

ところで、実はデリダに先立って、ハイデガーも『言葉への途上』で同じ箇所を引用している。ハイデガーはアリストテレスの先の文を、「文字は音声を示す、音声は心中における情動を示す」（GA 12, 233/301）と解し、言語が有するZeigen（示す）のはたらきに注目する。ハイデガーによれば、Zeigenとは「現れさせる（Erscheinenlassen）」という意味であり、「現れさせる」ことはまさしく「「隠蔽を取り除くこと（Entbergung）」（アレーテイア）の支配をその本質としている」（GA 12, 233/301）。つまり、言語が有するZeigenのはたらきは、ものごとを隠蔽から引き抜いて現れさせるというアレーテイアとしての真理を意味する。ここに言語・現象・真理の結びつきがある。だがハイデガーによれば、ヘレニズム以降、Zeigenは人間相互の約束事にもとづく道具としてのZeichen（記号）に取って代わられた。「〔Zeigenによって〕示すものから、〔Zeichenによって〕標示するものへと記号は変化したが、この変化は、真理の本質が変転したことにもとづいている」（GA 12, 234/302）。真理の本質の変転とはアレーテイアからホモイオーシスへの変転である。つまりハイデガーは、Zeichen（ホモイオーシスとしての真理に対応する）によって隠されてしまったZeigen（アレーテイアとしての真理に対応する）に立ち戻って言語を思考するというモティーフをもつのである。

こうしたハイデガーの主張にみられるのは、声と真理の結びつき、とりわけ声におけるZeigenと現象との結びつきである。いうまでもなく、そうした考えの背景には「存在の声に聴従する思考」（GA 9, 311/293. cf. DG 33/上48に引用）という（デリダからみれば）ハイデガー固有の音声中心的な存在の思考がある。さらに、存在の声とは、実際に発声される音声であるよりも「隠された源泉から出て来る音なき声の保証」（GA 9, 311/294. cf. DG 36/上

52に引用）である。ハイデガーは『言葉への途上』においても、言語にとって本質的なのは「言葉が話すのを聞く」ことであり、実際には発声されない「沈黙」「静寂の、声とならない響き」でさえも「すでにひとつの応答」（GA 12, 251/325）であり、沈黙の声においても示すはたらきは維持されるという。つまり、アレーテイアとしての真理は内なる声に宿るということになる。

しかし声における真理の出現という考えは、デリダにとって疑わしいものであるに違いない。再びデリダに目を転じれば、デリダはハイデガーのこの声の考えを「自分が話すのを聞く」経験として受け取る。この経験は「「存在」の経験」であり、「真理の観念そのものの条件」であるが、しかしその経験は「罠にかけられている」という（DG 34/上49）。そして、このことが詳しく考察されるのが『声と現象』第六章「沈黙を守る声」――「沈黙を守る」という表現は『言葉への途上』にもみられ、ここにもハイデガーとの関係が窺える――だとみなすことができるように思われる。これが次の課題となる。

『声と現象』における Zeigen

このように、デリダの『声と現象』がハイデガーの『言葉への途上』の声と真理をめぐる議論を暗黙の参照物としている、というのがここでの仮説的視点である。[16] もちろん『声と現象』は明示的にはフッサール論である以

(16)『声と現象』の内容が『言葉への途上』と結びつくことについて、別の角度からもひとつの傍証を挙げておきたい。デリダ

上、こうした仮説は意外なものかもしれない。しかし、前節で見た自己触発の議論がハイデガーとの関係を背景にしていたのと同様に、デリダの「声」をめぐる議論もハイデガーとの関係に深く規定されている。デリダ自身、註で次のように述べている。

たぶんすでに明らかなことだと思われるが、いくつかの決定的な点で、ハイデガー的なモティーフに依拠しながら、とくにわれわれは、ロゴスとフォネーの関係について、またいくつかの術語単位の（存在という語やその他の「根本語」の）いわゆる還元不可能性について、ハイデガーの思想がときには現前性の形而上学と同じ諸問題を招いているのではないか、と問いかけてみたいと思っているのである。（VP 83/192（37））

この註が明らかにするように、デリダは「ハイデガー的モティーフに依拠しながら」「ロゴスとフォネーの関係」についての問いに言及しており[17]（なお「根本語」も『言葉への途上』からの引用であろう（cf. DG 34/上49））、『声と現象』第六章の背景にハイデガーがいることを打ち明けている[18]。では、フッサールをめぐるデリダの議論に、ハイデガーの問題系がどのように結びつくのだろうか。それを明らかにするには、ZeichenとZeigenという概念に着目する必要がある。

『声と現象』では、フッサールが『論理学研究』第二巻第一研究で提示する「表現」と「指標」という二つのZeichen（記号）の本質的区別の可能性が問題となる。『声と現象』の第一章でデリダはその区別に取り組むにあたり、フッサールがそもそも「記号」とは何かを問うていないことを指摘する。それとともに、二つのZeichenのなかに、表現のはたらきをなすHinzeigen、および指標を意味するAnzeigenという二つのZeigenを見て取りつつ、は一九六六年一〇月二〇—二一日にペンシルベニア州立大学にて開催された北米現象学会において講演する予定で原稿を準備したが、学会に出席できなかった（デリダは同年一〇月一八—二一日にジョンズ・ホプキンズ大学にて開催された高名なコロック「批評の言語と人間の諸科学」にて二一日に発表しているので、日程が重なったのが原因と思われる）。その後、デリダが発表のために準備していた約一三〇ページの原稿は「ジャック・デリダのフッサール解釈」と題され、アメリカの現象学者ジョゼフ・スミスのコメント付きで翌年の*Philosophy Today*誌に掲載された。そこに収録されたデリダのテクストは、「現象学と形而上学の閉域」および『声と現象』の序論（の一部）と第一章にほぼ相当するものである。スミスのテクスト紹介とコメントは、デリダのフッサール研究を高く評価するものであるが、そのコメントにおいて、スミスは『声と現象』の第二章以降の内容を紹介しつつ、デリダのフッサール論におけるZeigenに注目し、「そしてここで、もちろん、ハイデガーに頼るのは誘惑である」と述べている。「『存在と時間』におけるハイデガーの現象学の定義は、現象学は事象が自らを示すかぎりでの事象の研究であるという点で、このZeigenの「概念」を用いている。Zeigenは現象学的な示すことなのである」。さらに、次のように続ける。「後に『言葉への途上』でハイデガーは、いかにSageがZeigeであるかを示し、こうして現象学の中心に言語を導入する——明らかに初めてではないが、特別な研究のなかで。言語は存在を現象学的に示すことである」（F. Joseph Smith, "Jacques Derrida's Husserl Interpretation", in: *Philosophy Today*, 11-2, 1967, p. 123.）。このようにスミスは、『声と現象』のZeigenへの注目からハイデガーの『言葉への途上』を連想している。こうした当時の現象学者のひとつの視点の存在は、本書の仮説を裏づける有力な傍証となる。

　そしてこのような仮説を立てるならば、Zeigen以外にも『言葉への途上』と『声と現象』のあいだにいくつかの関連性が浮かび上がってくる。『言葉への途上』でハイデガーは「言葉を語ることは同時に聴くことでもあります。（…）語るということは、言の活動として、もともと聴くことなのです。（…）我々は言葉が語るのを聴くのです」（GA 12, 243/314）と述べており、さらに「孤独な（einsam）」のsamはギリシア語のhama（同時に）に関連するとしている。こうした箇所（言葉が語るのを聴く、孤独、同時性）も、『声と現象』で「孤独な心的生」における「自分が話すのを聞く」の「同時性」に焦点を合わせるデリダにとって、きわめて重要な示唆になったに違いない。

そもそも「Zeigen 一般の意味」(VP 24/52) が問われていないことも指摘する。そして、このZeigenが「指標と表現のあいだのあらゆる「もつれ合い」の根と必然性が告知される場」(VP 24f./52) であることを予告している。

その後第六章でデリダは、書名にもある二つの要素、〈声〉と〈現象〉が結びつくのは、Zeigen のはたらきにおいてであることを論じていく。まずZeigenとは、「指と目による運動」(VP 87/173)、つまり対象を指で指示しつつ、その指のはたらきそのものは一時的に目にみえなくなることによって、対象を目の前に現象させる、そのような運動である。「Zeigenは、つまり指標的な指示作用としての〈対象との関係〉は、目の前にあるものを、あるいはその可視性において直観に対してつねに立ち現れることができなければならないものを指で指し示しつつ、仮に〔一時的に〕みえなくなっているだけなのである」(VP 80/161)。こうして、現象学の原理である直観への対象の直接的現前は、Zeigen のはたらきによるものであると解される。

では、こうしたZeigenと現象との結びつきに、声はどのように関与するのだろうか。その媒介となるのは「イデア性」である。声——正確には、世界のなかで発声される音響ではなく、内的に聴かれる音素——はイデア的であり、Zeigenに対して現前することが無限に反復可能な対象である。「自分が話すのを聞く」という「声の現象」もしくは「現象学的な声」は、世界へと外出することなく、生の内面性における絶対的な近さのうちで対象への指示を反復する。こうして「現象は、声にとって対象であり続けている」(VP 87/173) のであり、「現象性をZeigenの可能性に結びつけるシステムは、声のなかで、かつてないほどうまく機能する」(VP 87/173)。

以上のフッサールのZeigenをめぐる議論に、ハイデガーが『言葉への途上』で呈示したZeigenのはたらきを重ね合わせることができるだろう。すなわち、ハイデガーにとっては、アレーテイアとしての真理の支配のもとで、声のうちではたらくZeigenによって存在が現象するのだった。したがって、〈声〉と〈現象〉の結びつきは、アレーテイアとしての真理を表していると言える。こうした声の卓越性について、デリダはそれを「見せかけ」と述べ、次のように述べる。「しかしこの「見せかけ」は、意識とその歴史の本質そのものであって、それは、真理についての哲学的観念が属している、つまり真理と見せかけとの対立（…）が属している一時代を規定しているのである」（VP 86/171）。本書の仮説が妥当ならば、哲学的な真理の観念にはアレーテイアとしての真理も含まれるだろう。このように、デリダによる声の卓越性の脱構築は、アレーテイアとしての真理に対する脱構築的アプローチでもある。

デリダが暴くところによれば、「自分が話すのを聞く」という一種の自己触発は、自己への現前性のうちにおいて還元不可能に開かれている「根源的な自己への非－現前性」を導入するのであり、「自分が話すのを聞くことの純然たる内面性」は「内部における」（VP 96f./188f.）。こうした声の特権を脱構築する議論によって、内なる声におけるアレーテイアとしての真理には亀裂が入れられるだろう。このように『言葉への途上』を媒介とすることで、デリダによる「自分が話すのを聞く」経験の脱構築は、ハイデガーを経由して真理の脱構築を射程に含み込むのである。

（17）デリダは一九六八年の論考「人間の目的＝終わり」の註でも、ハイデガーに見られる「話される言語を高く評価する動向」について、「私は他の機会にこの動向をそれだけ切り離して研究するつもりである」（M 159/上305（20））と述べている。その研究は発表されることはなかったが、この時期のデリダがハイデガーの音声中心主義に関心を向けていたことが分かる。

（18）『声と現象』がハイデガーへの射程をもつことについては、次も参照。ジャック・タミニヨー「ハイデガーの〈基礎的存在論〉における「声」と「現象」」慎改康之訳、『デリダと肯定の思考』カトリーヌ・マラブー編、高橋哲哉・増田一夫・高桑和巳監訳、未來社、二〇〇一年、四五二―四七五頁。

真理と痕跡

前節で捉えたアレーテイアとしての真理は、現前、ロゴス、声といった形而上学の特徴と結びついた真理である。ところで、デリダが「アレーテイア、すなわち覆いを取り除くこと（dévoilement）もしくは現前性（ハイデガー的な取り戻し）」（Po 79f./157（23））と表現するように、ハイデガーのアレーテイアには現前性という意味とともに、覆いを取り除くことという意味がある。この意味における真理もデリダが拘り続けることになるものである。

ハイデガーの真理論における隠蔽と、それを取り除くことによる露呈は、「痕跡（Spur, trace）」の問題と深くかかわるように思われる。というのも、デリダの痕跡は「他なるものが自己自身をそのものとして告知するとき、それは自身の隠蔽のなかに現れる」（DG 69/上98）と述べられるように、ハイデガーの真理との近似性があるからである。ここに、デリダとハイデガーがきわめて接近しつつもある一点において決定的に分かれる地点があるように思われる。ハイデガーの『アナクシマンドロスの言葉』（一九四六年）と、終盤にこのテクストへの論究を含むデリダの「差延」（一九六八年）というテクストを手がかりに、このことを考えたい。[19]

ハイデガーは『アナクシマンドロスの言葉』において、ヨーロッパ思想の最古の言葉とされるアナクシマンドロスの手によるギリシア語の断片について、哲学史上の従来の解釈を退けて、この断片は存在するものの存在について語っている、という新たな解釈を提示する。その解釈を支えるのは、次のような存在の「真理」である。「存在は、存在するもののなかへと隠蔽を取り除くことにおいて、かえって自己を退隠させる」（GA 5, 337/375）。ハイデガーによれば、「存在は、レーテー〔隠蔽〕の底にあるアレーテイア〔隠蔽の取り除き〕として、存在の根本的なあり方を覆いをとって現すというよりは、むしろまず隠している」（GA 5, 336/374）。ここでアレーテイアとは

「存在するものの非隠蔽性をもたらすことにおいて、あらかじめ存在そのものの隠蔽性をつくり出すこと」(GA 5, 337/375) である。こうした見方にもとづいて、ハイデガーの解釈は、アナクシマンドロスのテクストのなかに現れているものを通じて隠れている存在そのものを語ろうとする。

問題は、こうした解釈が可能となる前提、すなわち、存在そのものが隠れているとすれば、それはいかにしてか、ということである。存在が自らを隠すという事態はハイデガーによって「存在のエポケー」(GA 5, 337/376) と呼ばれる。このエポケーは「存在そのものが忘れられていることの経験」(GA 5, 338/376) を通じて思考される。ハイデガーは、形而上学の出来とは存在のエポケーが存在の忘却とともに始まることだ、という「存在の歴史」を語りながら、形而上学において隠蔽され忘却された存在は、形而上学のなかにその「痕跡 (Spur)」を残している、と述べる。すなわち、形而上学のテクストには存在論的差異の初期の痕跡があるとされる。「現前がひとつの現前するもののように現れて、その由来を最高の現前者のうちに見出すということによって、むしろこの〔存在と存在するものとの〕区別の初期の痕跡でさえも消え去ってしまう。(…) しかし、存在と存在するものとの区別が忘れられたものとして経験されることになるのは、区別が現前するものの現前とともにすでに覆いをとられてあらわになり、そうしてある痕跡が刻印され、そして痕跡が、そこに存在が到来するところの言語のうちに保持されるときだけである」(GA 5, 365/410. 傍点による強調は引用者)。このように存在論的差異は、その痕跡が「消え去

(19)『アナクシマンドロスの言葉』はデリダの後期の著作『マルクスの亡霊たち』においても解釈され、そこから正義のモティーフが導出される。これについては次を参照。ビョルン・ソルスティインソン「差延から正義へ——デリダとハイデガーの「アナクシマンドロスの言葉」」拙訳、『現象学年報』第二七号、日本現象学会編、二〇一一年、四九—六一頁。

ってしまう」とともに「言語のうちに保持される」という二段階の仕方で形而上学のテクストに刻印される。そうした痕跡を手がかりとしてハイデガーの古代ギリシアのテクスト解釈は遂行される。

以上のハイデガーの議論に対し、デリダはこうした痕跡化のプロセスを次のように解する。すなわち、このプロセスが示すのは、形而上学は自らが忘却したものを痕跡として留めておくことによって成立した、ということである。形而上学にとって忘却され排除されるべき異質なものが、形而上学の成立のために必要だったということである。したがって形而上学とは、自らの他者を痕跡として自らのうちに含むものである。だとすれば、痕跡の由来としての忘却されているもの――ハイデガーはそれを「存在」と呼ぶ――を形而上学の言語で言い表すことはできない。言語化はそれを形而上学のなかで意味づけるにすぎないからである。

ここに次のような両者の違いが生じる。まずハイデガーにとって「存在の真理」は、忘却され消失した「存在」そのものの隠蔽性が、痕跡を通じて思考へと現れることにある。しかしデリダにとって痕跡とは「存在の真理を超過するものの痕跡」(MP 23/上67) であって、それは「存在の歴史の彼方へと、われわれの言語において名づけられうるすべてのものの彼方へとわれわれを送り返すのではないか」(MP 26/上72) と語られる。こうしたデリダの視点からすれば、ハイデガーのように、隠され、忘却され、痕跡を通じて思考されるものが「存在」であるとするのは、あくまでも存在に固執する「ハイデガー的希望」(MP 29/上74) あるいは「ノスタルジー」(MP 29/上75) だということになる。他方デリダにとって、痕跡によって隠された仕方で現前化するのは存在ではなく〈他なるもの〉である。すなわち、痕跡は存在に由来するという保証をもたず、痕跡は――痕跡の痕跡として――他の痕跡を指示するという意味でけっして現前しない〈他なるもの〉を指示する。隠れているものを「存在」と呼ぶか、言語化しえない〈他なるもの〉とみなすか[20]、ハイデガーとデリダにはこの点において決定的な相違があるのである。

真理の歴史

ここまで見てきたのは、一九六〇年代のデリダの真理をめぐる議論であった。一九七〇年代以降、デリダはハイデガー論に限定されないさまざまなテクストで、真理の問題を展開していく。ここではその動向を手短に整理してたどっておきたい（ここからは一九七〇年代以降のテクストも論究の対象とする）。

まず、ここまで見たような現前性および非隠蔽性と結びついたアレーテイアとしての真理の概念は、ホモイオーシスとともに真理の歴史をなすものとして捉えられる。ミメーシスを論じる「二重の会」での次の文章は、デリダの真理についての見解を表すものである。

「〈真理〉」はつねに二つのことを意味してきたし、真理の本質の歴史、真理の真理は、この二つの解釈、この二つの過程の隔たりと分節にほかならない。ハイデガーの分析を簡略化しつつ、かといってハイデガーがそこに認めると思われる継起の序列を必ずしもそこに持ち込まずに、次のことを考慮に入れることができよう。すなわち、一方で、真理の過程は、忘却のなかに隠れたままにとどまるものの非隠蔽性（アレーテイア）

（20）デリダは「差延」という語でそれを表すが、それはあくまで「ひとつの形而上学的な名称にとどまる」（MP 28/上73）。

である（…）。他方で（…）、真理は、表－象とある事物（覆いを取られた現前者）との間の合致（ホモイオーシスまたはアデクアティオ）、類似または同等の関係であり、それは場合によっては判断の言表のなかにある。（Dis 237/305-306）

こうしてホモイオーシスに対するアレーテイアの根源性はデリダにおいては失効し、両者は同列に扱われる。この二つの真理の規定が形而上学における真理の歴史を形づくってきたというのがデリダの見方である。デリダの狙いは、こうした真理の過程に従属するミメーシスではなく、逆に真理の過程をはみだしそれを包括するミメーシスの運動を析出することにある。

また、アレーテイアとしての真理に対するデリダの批判的な態度は、ラカンへの批判につながる。デリダは「ポジシオン」の註において、ラカンが無批判的にハイデガーの概念装置を、とりわけアレーテイアの概念を用いていること、アレーテイアとしての真理が「充実したパロール」と結びつけられていることなどを指摘した（Po 113f./163f.）。これらの指摘は「真理の配達人」（一九七五年）という有名なラカン論に結実する。

他方、前節でみた隠蔽／露呈という意味でのアレーテイアをめぐる議論もその後のデリダによって継続される。隠蔽／露呈はフランス語でvoilement/dévoilement（覆いをかけること／覆いをとること）と表記されるが、そこでのvoileすなわちヴェールのはたらきに注目が向かう。ヴェールは女性を覆う衣服、眼を覆う涙、帆[21]など、さまざまな形象としてデリダのエクリチュールに現れる。「私はヴェールについて、テーマ論的に、尽きることなく、ヴェールをじかに織ってきたのだ[22]」とデリダは振り返り、「ハイデガーの言う意味での、啓示としての真理、ヴェールとしての、ヴェールの取り外しとしての真理には、もううんざりしてしまった」（VB 19/68）と告白するにいたる。このような仕方でハイデガーのアレーテイアの問題はデリダのなかに引き継がれていったのである。

以上、デリダの真理論の展開を二つの動向にまとめた。しかし、デリダの真理に対する態度は、これにとどまるのだろうか。繰り返していえば、デリダの議論は、形而上学における真理概念の脱構築的な再検討の結果、真理そのものを否定することではない。形而上学的な概念としての真理は批判されるとしても、真理という名そのものは放棄せず、その名に新たな書き込みを行なうことが脱構築の身ぶりである。したがって、真理の形而上学的概念とは異なる真理、真理の別の概念へと向かうことこそ、デリダが行なおうとすることではないだろうか。

以下では、こうした見通しのもと、真理との肯定的なかかわりをデリダのなかに見据えたい。

出来事と真理

デリダは一九七二年の対論「ポジシオン」に付した註において、自らの思想が真理の否定ではないことを強調して、「真理は必要だ（*il faut* la vérité）」（Po 80/157）というアフォリズムを掲げている。その六年後の対談（『他者の言語』）ではこの言葉について、それは「真理は欠けている」とともに「それでもやはり真理を断念してはならな

（21）voileは男性名詞としてヴェールを、女性名詞として帆を意味する。
（22）Hélène Cixoux et Jacques Derrida, *Voiles*, Galilée, 1998, p. 41 (11).（『ヴェール』郷原佳以訳、みすず書房、二〇一四年、六五頁（一一））

い」(TG 301)という意味だと説明している。[23] 多くの哲学者と同じように、デリダにとっても真理とは思考が求め続けるもの、言いかえれば思考を動機づけるものであると言えよう。[24]

ではデリダにとって真理とはいかなるものか。晩年のインタビュー「傷つける真理」において、デリダは「私は真理に似た何かを大切にしています。この何かとは、私にとって、到来するものの経験のなかで与えられるものなのでしょう」(VB 19/68)と述べている。デリダが拘る真理とは、「伝達不可能な」真理、「啓示というよりもむしろ、変化や革命」(VB 20/69)としての真理である。

私が思うに、真理の伝統的な概念を超えて、私の関心を惹きつけている真理は、つねに革命的＝回転的(révolutionnaire)な真理、お望みならば詩的なタイプの、あるいは出来事(événement)のタイプの真理なのであって、公理のタイプに属する真理、自己の前にありありと見て取れるような、伝達することができるような真理ではありません。それは後になって初めて考察を試みることが可能となるような、変化なのです。(VB 20/69)

révolution(革命＝回転)という語はデリダにとって、回転の循環運動を意味すると同時に、その運動を中断する革命としての出来事の到来をも意味するという二重性をもつ。[25] したがってデリダが関心を寄せる真理を明らかにするために、出来事の思考を手がかりにするのは有効だろう。événement(出来事)はEreignisの意味のひとつを表す語である以上、これもまさしくハイデガーをめぐる問題である。

デリダが真理と出来事との関連を予告するのは、ニーチェの真理を論じた『衝角』(一九七二年の発表にもとづく一九七八年の著作）においてである。そのニーチェ論はハイデガーのニーチェ読解を踏まえたものであるが、ニーチェをひととおり論じた後、デリダは視線をハイデガーに向け変え、「ハイデガーの読解は、その道程のほとんど全体において、（存在の）真理の問題の解釈学的空間のなかに維持されている」（Ep 94/294）と指摘する。解釈学的とは、解釈において最終的に解読しうる意味が想定されているという意味である。[26] しかしデリダによれば、ハイデガーにおいて、「ある裂開が、この読解を解体することなしに、この読解を開き、もはやそこに囲い込まれるままになっていない別の読解へと通じさせる」（Ep 95/295）。裂開を開くものとはEreignisの次元であり、そのさい参照されるのがハイデガーの『時間と存在』（一九六八年）である。[27] デリダはそのテクストにおけ

（23）faut は falloir（〜が必要である）と faillir（〜が欠落する）の三人称現在の活用形である。

（24）真理に対するデリダの態度は、真理の「要求」（TG 301）、「欲望」（TG 301）、あるいは「真理欲動」（VB 20/69）と表現される。

（25）エコノミーの循環運動とそれを中断する贈与の出来事を論じる『時間を与える』において、この語に特別な注意が払われている（DT 17）。

（26）アレーテイアの概念が、解釈学的循環の思想にもとづく循環的概念であるという指摘として、次を参照。Andrea Hurst, *Derrida Vis-à-vis Lacan. Interweaving Deconstruction and Psychoanalysis*, Forfdham University Press, 2008, pp. 33-35.

（27）『時間と存在』は一九六八年の論集 *L'endurance de la pensée. Pour saluer Jean Beaufret*, Plon, 1968 にドイツ語と仏訳が掲載された。デリダはこの論集に論文「ウーシアとグランメー」を掲載する。その後この論文が『哲学の余白』に収録されるにあたり、冒頭に『時間と存在』の引用を掲げていることからみても、デリダがこのテクストに強い注目をしていたことがわかる。デリダと『時間と存在』をめぐる考察として次を参照。藤本一勇「デリダにおける時間のアポリア」『デリダを読む』、情況出版、二〇〇〇年。

る“es gibt Sein”（存在がある＝それが存在を与える）という表現に注目し、贈与の問題を予告している。es gibtにおける贈与は「存在のなかで、存在の意味や真理の地平のなかでは、あるいはそれから出発してはもはや思考されるがままにならない」（Ep 100/299）ものであり、存在の問いはこうして「深淵的な贈与の謎めいたはたらき」（Ep 100/299）のなかに含み込まれる。だとすれば、たとえハイデガーがEreignisやes gibtを「アレーテイアの名のもとに隠れた原古のもの」（GA 14, 29）だと示唆しているとしても、デリダにとって贈与の問題は、存在の真理をはみ出る次元、存在の真理の彼方に位置するものだろう。

その後、贈与の問題は『時間を与える』（一九七七―七八年の講義にもとづく一九九一年の著作）で集中的に論じられる。贈与はデリダが出来事と呼ぶものの代表的な事例である（他に告白、赦し、発明、歓待、などが出来事の事例に挙げられる（cf. DEP 91-101/19-28））。デリダが説くのは、贈与の出来事が可能であるためには、贈与は不可能なものでなければならない、という逆説である。「贈与は出来事であるべきです。それは他者からやって来る、あるいは他者へとやって来る驚きのように到来すべきです。それは交換のエコノミー的循環をはみ出すべきです。贈与が可能であるためには、贈与の出来事が可能であるためには、ある意味で贈与は不可能なものとして自らを告げる必要があります」（DEP 92/20f.）。こうした逆説的な表現は、贈与を交換から徹底的に区別し、贈与を交換のエコノミーから引き離すことから帰結するものである。たとえば、贈与が受贈者の返礼や感謝によって贈与者に戻ってくるなら、それは交換のエコノミーに巻き込まれて贈与ではなくなる。さらには、現実的な物品や言葉による返礼だけでなく、贈与を贈与として認知するだけで、象徴的な交換のエコノミーが発動してしまう。つまるところ、贈与者や受贈者にとって贈与が贈与として現象するだけで、贈与は失効してしまうのである。こうして結局は、いかなる贈与も不可能なものにならざるをえない。しかし、この不可能なものが意味するのは否定ではなく、贈与がまったく起こりえないということではない。むしろデリダにとって、この不可能なものこそが贈与の可能性の条件をなす。

デリダは贈与の条件としての不可能なものを、忘却という概念を用いて説明する。贈与の出来事があるためには贈与が贈与として現象してはならないが、それとして現象しないということは、その出来事が起こると同時に忘却され失われることを意味する。その忘却は想起の可能性を残すような心理学的な忘却や抑圧ではない。想起不可能な「絶対的忘却」が「贈与の出来事の条件、贈与が生じるための条件」（DT 30）である。ただしこの忘却は無ではなく、事後的に贈与の出来事を指し示すような痕跡にほかならない。「贈与の思考としてのこのラディカルな忘却の思考は、灰としての痕跡のある種の経験と一致せねばならない」（DT 30）。こうして贈与と痕跡は結びつけられ、「どの贈与もそのものとしては現れず、他なるものへと差し向ける、という意味で贈与はどれも痕跡なのです」（TG 112）とデリダは語る。

こうした贈与論のなかで、ハイデガーが参照される箇所に注目しよう。デリダは贈与の問題をハイデガーの思考と慎重に重ね合わせている。まず、先に述べた贈与の「忘却」は、「ハイデガーが、心理学的ないし精神分析的カテゴリーとしてではなく、存在および存在の真理の条件としてその名を挙げる」（DT 32）ような忘却とかかわる。したがって贈与の忘却は「存在の忘却と無関係ではありえない」（DT 38）とデリダは捉え、忘却という点において贈与と存在とを近づけようとする。しかしデリダは存在の出来事を贈与の出来事と単純に同一視するわけではない。デリダは次に、ハイデガーの『時間と存在』では、存在の出来事としてのEreignisが、“es gibt”（それが与える）と言い表されるという点で贈与と結びついていることに着目する。Ereignisはeigen = propre（固有なもの）を含み、appropriation（固有化、所有、占有）のはたらきを意味する。デリダは「固有なものに接近したいという欲望が、ハイデガーによってすでに「与えること」の次元に秩序づけられている」(DT 36)ことを指摘する。しかし、固有化・所有のはたらきは贈与とは反対の動向であり、贈与を妨げるものである。そこでデリダは、ハイデガーが述べるようにEreignis(固有化)の出来事がEnteignen(dépropriation、脱固有化)を伴うという事態のなかに、固有化されるがままにならない〈他なるもの〉の到来という出来事を見定めようとしているように思われる。「存在の真理」を越えてデリダをこのような読解へと衝き動かすものを、「出来事としての真理」と呼ぶことができるのではないだろうか。言いかえれば、ハイデガーのテクストを手がかりに贈与・出来事の思考へと進むデリダの読解は、出来事としての真理への欲望に駆りたてられたものではないだろうか。

おわりに

以上、本節は真理が主題とはなっていないデリダのいくつかのテクストを、真理の問題という視点から読解してきた。念のために注意を促しておけば、本稿が注目した「アレーテイア」という語を、デリダが積極的に用いているわけではない。デリダがこの語を用いる場合は、ハイデガーの概念としてか、伝統的なギリシア的な概念としてかのどちらかである。本節はハイデガーのテクストを参照して、デリダが積極的に口にしない「アレーテイア」に焦点を合わせ、デリダの議論と関係づけることを行なってきた。

意外なことに、デリダは一九九三年に「アレーテイア」と題するテクストを書く。それは日本語訳が初出のものなので、篠山紀信の写真集『闇の光(Light of the dark)』に寄せた短いテクストである(28)。そのなかでデリダは、光と闇というその言葉に触発されてか、写真に写ったモデルの日本人女優をアレーテイアと名づけるのである。「とうとう私は彼女を名づける、真理を意味するこのギリシア語が、突然、私の耳には日本語の名であるかのように響く」(PNPV 267/200)。デリダによる突然の「名づけの出来事」を記したこのテクストに迫るには、デリダの写真論、芸術論、技術論などを踏まえた別のアプローチが必要となるだろう。本節が試みたのは、アレーテイアという語がデリダにおいて、ハイデガーの概念、あるいはギリシア的概念であることから離れ、ひとりの女性の名として新たな意味を与えられるということの背後に、アレーテイアをめぐるデリダの思考の目立たないながらも根本的な歩みがあったことを描き出すことであったとも言える。

(28)「アレーテイア」は一九九三年に小林康夫訳による日本語版が『新潮』四月号に掲載された後、フランス語版が一九九六年に書籍掲載、現在はデリダの視覚芸術論集 *Penser à ne pas voir. Écrits sur les arts du visible 1979-2004* に収録されている。

第五章　脱構築の展開と歴史の思考

本書の出発点は、〈歴史の思考〉というモティーフを手がかりにして一九六〇年代のデリダの思考形成の過程を描き出すことにあった。ここまで行なってきた六〇年代のデリダをめぐる考察をより広い視野からまとめ直すために、第五章では、このモティーフをあらためてデリダ思想全体のモティーフとして提示することを目指す。むろん、その後のデリダの晩年にいたるまでの膨大なテクスト群すべてを考察することはできないので、ここではそのことを示唆するための次の二つの考察を試みることにしたい。

第一節では、まず、一九六〇年代のデリダを動機づけた歴史のモティーフが、差延の思考に引き継がれていることを示す。次いでこのモティーフは一九九〇年代のデリダにおいては「出来事」の思想として、さらには「正義の理念」と結びついて、再浮上していることを確認する。以上によって、〈歴史の思考〉が一貫してデリダのモティーフであることを示唆したい。

第二節では、初期から後期にいたるデリダの思考の変遷を「終わり」をめぐる目的論と終末論の対比という構図で捉え直す。デリダにおける目的論、終末論の意味、そして目的論に対する終末論の関係を確認したうえで、両者の関係を差延の二重性に結びつけることによって、デリダの思考をより明確に形象化したい。

本章は本論の締めくくりにあたる。最後に補論として、歴史と言語の問題にかかわってデリダにおける「翻訳」の問題を考察する。

一　もうひとつ別の歴史性――出来事と正義

歴史の思考と差延の思考

ここまでの読解から分かるように、初期のデリダにおいて歴史のモティーフは、その論述の決定的な箇所に登場するものであった。とはいえ、最初から表立った主題として注目されてきたわけではない。一九六五年前後を境として、脱構築の思考や現前の形而上学批判が前面に浮上してからは、歴史のモティーフはさらに後景に隠れ続けることになる。しかし、「歴史」という語が積極的に用いられないとしても、デリダのなかでは〈歴史の思考〉が存続していたと思われる。このモティーフは、デリダの思想を代表するもののひとつとして広く知られる「差延」の思考によって受け継がれているように思われるのである。

差延（différance）という語は一九六五年以降デリダのテクストに登場し、一九六八年にデリダが「差延」というタイトルで講演を行なったことによって、デリダのキータームとして位置づけられるようになった。この語の生成過程については詳細な分析を必要とするが[1]、重要なのは次のことであろう。デリダが講演「差延」で述べるように、différanceは動詞différerの現在分詞形différantを名詞化したものである。動詞différerには二つの意味があり、他動詞では「遅延させる」、自動詞では「……とは異なる（différer de ...）」という意味になる。つまり前者は「遅延（retard）」を、後者は「抗争（différand）」を意味する。したがって「差延」は、第一章の第一節で見たように『幾何学の起源・序説』の終盤に登場する「遅延」と、「力と意味作用」の終盤に登場する「抗争」を、一語で表現するものである。ということは、「差延」という表記はテクスト上では一九六五年に登場するとはいえ、差延の思考それ自体は、『序説』と「力と意味作用」において実質的に開始されていたということになる。

ここで思い起こしておきたいのは、「遅延」と「抗争」は、いずれも歴史を思考するために用いられた語であったことである。ここから、差延の思考は〈歴史の思考〉と別のものではないと言うことができるように思われる。遅延、抗争という差異がなければ、すなわち差延がなければ、デリダにとって歴史はないであろう。

実際、デリダにとって差延がすぐれて「歴史」を表す語であることは、一九六八年の講演「差延」でソシュ

（1）この過程を考察するためには、きわめて詳細なテクスト分析が要請される。というのも、雑誌掲載論文が一九六七年に著作へとまとめられるにあたって différence から différance への書き換えがしばしば施されており、差延が何年のどのテクストに初めて出現したのかさえ不明確だからである。ここでは煩雑な説明を控えて、基本的なことがらのみを押さえておこう。まず、différance という語が初めて登場する公刊テクストは、一九六五年の「吹き込まれ掠め取られる言葉」の雑誌版であり、そこで二箇所登場するのが最初である。次いで、六六年の論考「グラマトロジーについて（II）」でも用いられる。また、同年の「フロイトとエクリチュールの舞台」「残酷演劇と再現前化の閉域」にも認められる。そして六七年の『エクリチュールと差異』などの諸著作では、収録論文の多くの箇所に、差延の語が登場するにいたるのである。

さらに、管見によれば、一九六五年にコロック集に掲載された「「発生と構造」と現象学」の元原稿（一九五九年のコロックの発表原稿ではない）にもすでに différance という表記がある（JDP 58-7）。ただし掲載時には（誤植とみなされたのか）différence に直され、『エクリチュールと差異』掲載時に再び a の表記に戻っている。また、この表記は一九六四年の講義原稿にも登場しているという報告もある。Cf. Edward Baring, “Ne me raconte plus d'histoires: Derrida and the problem of the history of philosophy”, pp. 175-193. しかし、こうした e から a への変更を逐一検討することは控え、表記の変更の問題の背後にある差延の思考の生成の問題へと迫ることにしたい。

ールに即して次のように述べていることから判然とする。すなわち、差延とは、「その運動に従って言語体系《ラング》が、あるいは一切のコード、一切の送り返しシステム一般が諸差異の織物として「歴史的に」構成される、そうした運動のことである」(M 12/上49)。つまり、われわれの言語を「歴史的に」構成する運動が差延と呼ばれる。さらにこれについてデリダは講演後の討議でも次のように発言している。

差延とは、諸差異を「産出する」運動であり、構成された諸差異の、構成された言語《ランガージュ》の、すっかり出来上がった言語体系《ラング》の「歴史」――まだこう言えるとすれば――なのです。それゆえ、天空から降ってきたのではないけれども弁別システムを組織する諸差異の「歴史」――この語について私が行なう留保を考慮しつつ――があるのです。ともかく、天空から降ってきたようにみえるものの歴史を語る (faire l'histoire) 必要があるのです。(LD 140)

このように、「差延」は端的に言語のシステムの「歴史」を意味する。これはつまり、言語システムが無歴史的なものではなく、ただ諸差異の根拠なき戯れの運動によって構成されてきたものであり、その運動が言語の「歴史」をなすということである(本書序論ではこれを〈アイノスとしての歴史性〉と呼んだ)。

先の引用でデリダが歴史という語を鉤括弧(原文ではギュメ)に入れて留保とともに用いるのは、歴史という語は言語システムの内部では現前性と結びつき、システムそれ自体の歴史性を表すことができないからである。そのことについてレヴィ＝ストロース論で彼はこう語っている。「歴史はつねに歴史の捉え直し(2)(résumption)の運動として、二つの現前性のあいだでの偏流として思考されてきた」(ED 425/588)。すなわち、「現前性の哲学」

（ED 425/587）——それは「目的論的で終末論的な形而上学」（ED 425/587）でもある——において歴史は、起源からテロスへの運動として考えられてきた（エピステーメーとしての歴史）。そのため、歴史という語には差異を抑圧し、一線上の運動へと還元するはたらきがつきまとう。そのような歴史は形而上学的な一概念でしかない。そうした概念を意味する恐れがあるため、デリダは「歴史」という語を用いるとき慎重にならざるをえないのである。

それでもデリダが次のように述べるとき、歴史と差延とのつながりは明らかである。「もしも「歴史」という語が差異の究極的抑圧というモティーフをはらんでいるのでなかったら、こう言うこともできるかもしれない。ただ諸差異だけがそもそもの初めから徹頭徹尾「歴史的」でありうるのだ、と」（MP 12/上48）。これと関連して、一九六七年の「暴力と形而上学」での加筆箇所では、歴史は「起源的なものにせよ最終的なものにせよ何らかの現前のうちではもはやそれ自身ではありえないのだから、その名を変えざるをえないのではないだろうか」（ED 222/297）と書き加えられている。「歴史」にとって代わるべき別名にふさわしいのは、やはり「差延」であろう。このように考えるならば、差延の思考とは〈歴史の思考〉の別名にほかならないと言うことができよう（差延の

（2）résumption という語は稀にしか使われないフランス語であり、présumption というデリダの新語と対になって、『幾何学の起源・序説』で用いられている（OG 169/249）。同書の英訳の註に記されたデリダの説明によれば、présumption は présomption（推定、推測）と区別して、anticipation（先取り）の意味に近づけるための新造語であり、résumption の対義語となる。Cf. Jacques Derrida, *Edmund Husserl's Origin of Geometry: An Introduction*, translated by John P. Leavy, jr, University of Nebraska Press, 1978, p. 152（185）.

（3）後年のインタビューでも「私にとって、形而上学的な歴史の概念の解体は、「歴史は存在しない」ということを意味しなかったのです」（PA 37/64）と述べられる。

思考については、次節であらためて検討する)。

しかし他方で、デリダは歴史という語を放棄したわけではない。一九七一年の「ポジシオン」においてデリダは自らの歴史とのかかわりを述べており、その発言にもとづけば歴史に対する脱構築の関係を次の二重性として示すことができる。第一に、脱構築は形而上学的な概念としての歴史に対する批判である。デリダが述べるように、「私がそれに抗して脱構築的批判を組織立てようと試みてきた当のもの」とは、「超越論的シニフィエもしくはテロスとしての意味の権威」であって、「究極的には意味の歴史として規定された歴史」、「歴史をロゴス中心主義的、形而上学的、観念論的に(…)表象するような形での歴史、まさにそういう歴史の権威」である(P 67/73)。

しかし第二に、デリダによればこの批判はある特定の歴史概念の批判であって、歴史そのものの否定ではない[3]。デリダが特定の「歴史」概念を批判するのは、歴史を否定するためではなく、当の概念による把捉とは「別の(autre)」歴史の概念へと向かうためだからである。

私は歴史という「形而上学的な」概念に対していろんな留保を表明しながらも、「歴史」という語の射程を書きこみ直して、「歴史」についての別の概念ないしは別の概念的連鎖を生み出すべく、きわめてしばしば「歴史」という語を使っています(…)。「歴史」についての別の概念ないしは別の概念的連鎖というのは、反復と痕跡についてのある新しいロジックを含むような歴史でもあります。なぜなら、このことなしには、どこに歴史が存在するのか、よくわからないことになりますから。(Po 78/85)

すなわち脱構築とは、「歴史」という語がもつ形而上学的な含意に警戒心をもち続け、形而上学的な「歴史」概念を解体する一方で、「歴史」という語を引き継いで、歴史を別の仕方で思考することにある。ただし先にも述べたように、歴史の語を用いるとしても、その語はたちまち形而上学的な概念としての意味作用をもってしまう。そのことを回避するためには次のような「戦略」が必要である。すなわち、「伝統的な歴史概念を転覆させること」によって形而上学的でない歴史へと思考を向けると同時に、それによって浮上する別の歴史概念が伝統的概念に再び戻ってしまわないように両者の「隔たりを標記すること」（Po 81/87）という二重の挙措が要請される。このような戦略によって、形而上学的歴史概念と別の歴史概念との区別をつねに行なうことが、〈歴史の思考〉の課題となるだろう。

歴史のモティーフはその後も継続されるが、表立って論じられることはなかった。しかし一九九〇年代に入り、再び前景にもたらされることになる。そのことを次に見ていこう。

歴史と出来事

デリダにとって「歴史」の問題があらためて浮上するのは、一九九〇年前後のソ連崩壊や冷戦体制の終焉という大きな激動の直後である。とりわけ一九九四年に出版された『マルクスの亡霊たち』には、当時喧伝されていた「歴史の終わり」をめぐる議論が展開されている。そこでデリダは、歴史における民主主義の理念の実現と勝利を説いたフランシス・フクヤマの『歴史の終わり』を、理念と歴史上の事実とを同一視した新福音主義だと批判するとともに、フクヤマが参照したアレクサンドル・コジェーヴのなかに「歴史性をめぐるある別の思考」を見出している。この思考は「われわれを歴史の形而上学的概念の彼方に、そして（…）歴史の終わりの形而上学的概念の彼方に呼び寄せる」（SM 120/160f.）ものだという。そうした論述のなかで、本文内のカッコのなかに入れられた文章において、デリダは次のように述べている。

ある脱構築的な歩み（…）は、当初から、（…）歴史の存在‐神学的概念——だけでなくその始原‐目的論的概念——を問い直すことに存していた。それは何も、それらに対して歴史の終わりや没歴史性を対立させるためではなく、逆にこの存在‐神学‐始原‐目的論（onto-théo-archéo-téléologie）が歴史性に閂《かんぬき》をかけ、歴史性を無力化し、そして最終的にはそれを無化してしまうことを示すためであった。そのとき問題となっていたのは、もうひとつ別の歴史性を思考することである——（…）歴史性を断念しないことを可能にし、むしろ逆に約束としてのメシア的かつ解放的な約束の肯定的思考へアクセスを開くことを可能にするような、歴史性としての出来事性の別の開口を思考することであった。（SM 125f./168f.）

歴史の形而上学的（存在‐神‐始原‐目的論的）な概念を批判し、それとは異なる別の歴史性を思考するというこの文言は、先に見た『ポジシオン』での発言と通底しており、脱構築が一貫して同じモティーフをもっていることをはっきりと示している。

ここでとりわけ注目したいのは、前期とほぼ同じ歴史のモティーフを語る後期のデリダの語り口に、しかし、前期とは異なる要素がみられることである。デリダが思考する「もうひとつ別の歴史性」は、前期では痕跡や反復といった語彙で語られていたのに対し、後期では「歴史性としての出来事性の別の開口」と呼ばれている。この「出来事性（événementialité）」すなわち「出来事（événement）」の思考が、後期のデリダを特徴づけるテーマであるように思われる。(4) 実際、この時期のデリダのテクストの多くで論じられる発明、歓待、贈与、赦しといったトピックは、すべて「出来事」として考察されている。さらに出来事の議論は、ここで挙げた諸々の概念にかかわるだけでなく、「際限なく伝染する」ものであって、「最後にはすべての概念が、そして疑いなく概念の概念がこれに伝染します」（PM 306/下 204）。つまりデリダにとって、究極的にはあらゆる概念がこの「出来事」として考え直されるべきだというのであり、非常に広大な射程で「出来事」の思考を打ち出していることがわかる。

したがって、後期のデリダにおける歴史のモティーフに取り組むためには、出来事の思考とはどのようなものかを押さえておかねばならない。そのためにはきわめて広い範囲の考察が要請されるが、ここでは「出来事を語ること」をめぐる発言が収められたデリダの一九九七年のモントリオールでの発言録「出来事を語ることのある種の不可能な可能性」を主な参考にしつつ、デリダにおける出来事の思考の特徴を、次の三つの対立点にわたって整理しておきたい。

（4）ただし前期から「出来事」という語は用いられていた。とくに一例として、一九七二年のリュセット・フィナスとの対話における、「出来事は脱構築する（ものである）、とすら言わねばならないだろう」（AOP 306）という発言を参照されたい。

（1）知／非‐知

第一の点として挙げたいのは、「知」と「非‐知」の区別である。出来事の特徴のひとつは、それが知に属することがらではなく、知をはみ出ることがらだとデリダは指摘する。デリダは出来事の考察例のひとつとして「告白（aveu）」というものを挙げている（DEP 91f./19f.）。キリスト教的伝統において考えられる告白・告解とは、自分の犯した罪を神の前で告げることである。この告白が出来事であるとすれば、それは真実を述べることにではなく、何かを述べることによって、私と他者との関係が変化することにある。言い換えれば、告白という出来事は事実確認的な次元ではなく、行為遂行的な次元に属する。デリダが強調するように、前者が真理や認識の次元であるのに対し、後者は前者とは異質な次元をもっている。それが出来事の特徴としての非‐知の次元である。

デリダによれば、「出来事を語ること」――これもひとつの出来事である――とは、「情報、知、認知の次元」からはみ出るものであり、「欠陥ではなく、たんなる蒙昧主義、無知、非科学でもないような非‐知」に属するような、「知とは異質なもの」である（DEP 92/20）。以上が「出来事」のひとつの特徴である。

（2）可能なもの／不可能なもの

デリダによれば「出来事は、それが出来事であるためには、可能なものの実現であってはならず、たんに行動に移すこと、遂行、実行、権能の目的論的な実現であってはならず、「可能性の条件」に依拠したデュナミス的なプロセスであってはならない」（PM 309/210）のであって、出来事とはつまり「不可能なもの」である――これが出来事の特徴づけの二点目である。「出来事は、もしそのようなものがあるとすれば、不可能（impossible）を行なうことにあるのです」（DEP 94/22）。

「im-possible（不－可能なもの、可能－ならざること）」とハイフンを入れて表記されることもあるこの「不可能なもの」は、可能なもののたんなる否定ではない。「可能なもの」が含意するのは、何らかの潜在的なものの実現、すでに先取りされている複数の選択肢からひとつを選ぶこと、能力がすでに備わっていることの実行、計算可能なものや予測したものの現実化といったことである。それに対し、デリダの言う「不可能なもの」は、以上のものとはまったく異質なものと特徴づけられる。それは、いわば可能なものの他者であるが、出来事が出来事として生じるためには必要不可欠なものであって、出来事の本質的な構成要素である。どれほど計算や予測にもとづいて何かを実行したとしても、それが他なるものの到来する出来事だと言いうるためには、そこに計算や予測とは絶対的に断絶したものが含まれなければならない。「この不可能性の経験が、出来事の出来事性を条件づけている」（DEP 96/24）のである。

ここでも一例を挙げたい。前章でも触れたように、デリダは贈与（don）の問題――さらには、一種の贈与としての赦し（pardon）の問題――に取り組んでいるが、不可能なものの事例としてよく挙げられるのがこの「贈与」である（DEP 92/20）。出来事としての贈与は、私が与えることのできないものを与えること、という矛盾した言明によって表される（赦しに関しては、赦しとは赦しえないことを赦すことである、という言明になる）。これが意味するのは、可能な贈与は出来事としての贈与ではなく、不可能な贈与が、贈与が出来事であるための条件をなすということである。

（3）地平／垂直性

以上のように出来事は、理論的に認知できず、可能性として捉えるべきでないとすれば、そのような出来事をわれわれは「待ち受ける」ことができるだろうか。性質上、いかなる予測や予期も裏切って到来する出来事は、現象学的に言えば予期や未来予持のできないものであり、未来の時間的な地平からはみ出るものである。デリダの解釈によれば、フッサールにおける地平とは「未来の「つねに－すでに－そこに」」（OG 123/182）であって、未知のものを既知のものの一種として受け入れるものである。それに対しデリダは、出来事が地平概念によっては捉えられないことを強調する。「地平的にであれば、私は出来事がやって来るのを見て、予測して、予想します。そして出来事は語られえますが、けっして予言されえないものです」（DEP 97/25）。

デリダが地平概念に対置するのは、出来事の「垂直性」である。地平の水平性に対して、「出来事としての、絶対的な驚きとしての出来事は、私に上から落下してくるのでなければなりません」（DEP 97/25）。つまり出来事は、まったくの予期や先取りなしに突然到来するものであって、それを待ち受けることはできない。出来事は、つねに地平を超越した高み――この高みや超越性は何らの形而上学的ないし宗教的な含意ももたない――から到来するのである。

たとえばデリダはこの時期、歓待の問題に精力的に取り組んでいる。デリダは「純粋な歓待」と「条件つきの歓待」との区別に関連して、「招待の歓待」と「訪問の歓待」との区別を強調している（cf. DEP 96/24）。「招待の歓待」には、主人が客を待ち受けるという契機があり、到来するものが待ち受ける地平のなかで到来する。それに対し「訪問の歓待」では、予期の地平を超えて、まったくの不意打ちで訪問者が到来する。出来事としての歓待は後者の歓待であり、出来事の到来の垂直性が強調されているのである。

以上、出来事の特徴を、デリダの発言を拾い上げながら三点にわたって確認した。まとめれば、出来事とは、理論的に認識可能なもの、潜在的・可能的なもの、地平的な予期といったものから絶対的に断絶したあり方で到来するものである。デリダは、そのような到来するもののことを、端的に「未来（avenir）」と呼んでいる。ただしこの未来は、現前的なものや、目的論的理念やカント的意味での理念によって現在との連続性を保証された未来（futur）ではない。それはけっして現前することのない、現在とは非連続でありながら、「来たるべき（à-venir）」ものとしての未来である。「出来事の到来とは、けっしてひとが妨げることのできない、また妨げてはならないもの、つまり未来そのものの別名なのです」（DA 66/9-316）。これが、デリダが脱構築思想の練り上げを通じて繰り返し肯定する「未来への開け」（FS 30/43）である。

以上のような出来事の性格を、歴史のモティーフと結びつけてみよう。出来事の思考は、目的論的なものとの異質性、あるいは目的論との徹底的な断絶によって特徴づけられる。「もしも歴史を目的論的なプロセスと理解するならば、出来事は歴史とはまったくかかわりのないものです」（PM 309/210）。約三〇年ぶりにフッサールの歴史論を再論した『ならず者たち』でも出来事の思考と目的論との異質性が明確に打ち出されている。「テロスがあるところでは、つまり目的論が歴史性を方向づけ、秩序づけ、可能にしているように思われるところでは、その目的論は、そのこと自体で当の歴史性を無効にし、到来するものや到来する者の予測不可能で計算不可能な出現を中性化し、その単独的で例外的な他者性を中性化してしまう。けれども到来するものや到来する者なしには、もはや何も生じないのである」（V 180/243f.）。したがって、目的論的な歴史概念とは断絶したところで、出来事と歴史とのかかわりを考えなければならない。

では、目的論的歴史と区別される出来事としての歴史をどのように思考すべきだろうか。デリダは「出来事はこの種の〔目的論的な〕歴史を何らかの方法で中断しなければならないのです」（PM 309/210）と述べている。この「中断」は、他なるものの到来によって「歴史の通常の流れ」（DEP 103/31）を「切り裂く」（DEP 102/30）ものである。しかしここで述べられる出来事による歴史の「中断」も、やはり歴史の否定ではない。「出来事」は、まさにそのような中断や切り裂きによって「歴史をなすこと」（FS 30/43）である。歴史とは、目的論的な展開ではなく、それぞれが特異性をもった出来事の繰り返し——他なるものの反復（itération）という意味で——によってつくられる歴史のことであり、まさしく「あるプロセスの、絶対的に先例なきものでありながらも反覆可能性の法則に従っている一契機に書き込まれたもの」（SM 91/125）にほかならない。

後期のデリダが「もうひとつ別の歴史性」として思考する出来事としての歴史は、おおよそ以上のように特徴づけることができる。デリダの後期の思想にとっても歴史のモティーフがはたらいていることは、これで理解できるだろう。とはいえ、考察すべきことがもうひとつある。いわゆる後期のデリダが脱構築を「正義」として語るようになったことはよく知られている。このデリダの正義の思想にとって歴史のモティーフはいかなる役割を果たすのだろうか。このことを明らかにするために、次に正義の理念が打ち出された『法の力』を検討しておきたい。

出来事と正義――『法の力』における歴史の思考

「脱構築は正義である」(FL 35/34)――この定式によって、『法の力』は後期のデリダが法的、政治的、倫理的な転回を遂げたような印象を強くもたらした。とはいえ、デリダ自身がそのような転回はないと明言する以上(cf. V 64/85)、『法の力』第一部に初期と同様の歴史のモティーフを見出そうとすることも許されるだろう。その検討にあたって、出来事と正義の関係について次の二点の確認から始めたい。

第一に、正義(justice)と法権利(droit)の厳格な区別である。すなわち、正義は脱構築可能なあらゆる法権利の彼方に位置する脱構築不可能なものであるという定義がなされ、そこから「脱構築は正義である」という定式も導出される。ここでは、法権利が「計算の作用する場」(FL 38/39)であるのに対し、正義は「計算することの不可能なもの」(FL 38/39)である――さらには「計算不可能なものについて計算するよう要求する」(FL 38/39)ものでもある――という点で区別されていることに注意したい。つまり、法権利は知の次元であるのに対し、正義は非‐知の次元に関係する。この区別は、デリダが出来事を説明するさいに用いた区別と重なり合うものであり、正義が出来事と同じ次元で捉えられている。

第二に、「決断(décision)」という出来事である。そこで例に挙げられるのは、法廷において裁判官が判決を下すという決断である。そのときなされるのは、判決の根拠となるべき法律を自らによって新たに解釈する決断でもあるだろう。デリダによれば、こういった決断もまたひとつの出来事と捉えられるべきであり、まさに決断が出来事として起こること、「決断という出来事そのもの」にこそ「決断の正義」は存する(FL 54/62)。端的に言えば、正義にかなった決断とは、出来事としての決断なのである。

以上二点からわかるように、デリダの正義概念は、決断という出来事との関係において理解しなければならない。『法の力』第一部の後半部で、デリダは決断をアポリアとして提示する議論を展開している。このアポリアは三つにわたって提示されているが、それは同じひとつのことがらをめぐるものである。この三つのアポリアを、先に見た出来事の三つの特徴と対応させながらたどることにしたい。

第一のアポリアは、「規則のエポケー」(FL 50/54) と呼ばれる。すなわち、規則に従い、規則によって保証されるような決断は、出来事としての決断ではないということである。デリダによれば、「ある規則を適用すること、あるプログラムを展開すること、ある計算を行なうこと」(FL 50/55) には「決断はなかった」ことになるしと、(FL 50/55)、裁判官による解釈が規則によって保証されているならば、裁判官は「計算する機械」(FL 51/57) にすぎないことになる。他方で裁判官が「いかなる法権利にも、いかなる規則にも準拠しない場合」(FL 51/57) にも、決断はなされない。「正義にかなうものであるためには、たとえば裁判官の決断は、ある法権利の規則または一般的な掟に従わなければならないだけでなく、再設定的な解釈行為によってそれを引き受け、是認し、その価値を確認せねばならない」(FL 50/55)。すなわち、決断は規則に従うと同時に、規則とは根本的に断絶したものでなければならない (cf. FL 51/56)。したがって、決断は、規則とのこのような二重の関係にある。そこには規則に関する知と、規則なしに解釈を再創設するという非 - 知の二重性がある。決断はできるかぎりの知にもとづいて実行されるわけであるが、しかしながらそのようになされる決断が出来事であるためには、知の次元をはみ出る非 - 知が含まれなければならない、ということである。

第二のアポリアは「決断不可能なもののとり憑き」(FL 52/58) である。第一のアポリアからも導き出せるように、決断は決断不可能なものを構造的に含んでいる。「決断不可能なものは、少なくとも幽霊のように、しかしながら本質的な幽霊のように、あらゆる決断のうちに、すなわちあらゆる決断という出来事のうちに、捕らわれ、住まわれつづける」(FL 54/61)。この決断不可能なものは、先に言及した不可能なものに相当する。つまり、決断が出来事であるための条件として、決断不可能なものがなければならないということである。この決断および決断不可能性は、主体的な決断および主体が決断できない無能力性として理解されるものではない(cf.FL 55/60)。というのも、決断がそのように理解される場合、決断するさいにも主体はその確固たる同一性を保ったままであり、決断は主体にとって偶然的なものにすぎなくなるからである。したがって、出来事としての決断とは、主体にとっては受動的・無意識的な次元を含むものであって、決断とは主体ではないものによってなされるもの、いわば「他者の決断」(DEP 102/31)である。

最後に第三のアポリアは「知の地平を遮断する切迫性」(FL 57/66)である。地平は「待ち望む」ものであるのに対し、「正義は(…)待ってはくれない」(FL 57/66)。デリダによれば、決断は有限なものであるがゆえに、「正義にかなう決断は、即座に、その場で、できるだけすばやくなすことをつねに要求される」(FL 57/66)という「正義の構造的な性急さ」(FL 61/70)がある。先に言及したように、出来事は地平を越えて到来するので、それを待つことはできないが、それと同時に、決断の出来事は到来しなければならないということを意味する。

以上の三つのアポリアをまとめれば、正義とは、規則に従いつつ規則を中断するような決断、決断不可能なものを含む決断、そうした決断が出来事として生じることへの切迫した命令をもたらすものである。こうした「正義の理念」は目的論的な理念と対比して理解できるだろう。一方の目的論的な理念は、現在の地平的な延長として考えられた現前的な未来の無限のなかにテロスを想定し、そのテロスへの到達が現在の義務として課され、そのため現在は、可能的・潜在的にその課題の実現を担ったものと捉えられる。したがって、目的論的な理念にもとづいて考えられる歴史は、デリダが「現前の歴史は閉じている」(VP 115/229) と述べるように、出来事としての未来に対して閉じたものである。

それに対して、決断の出来事とはまさに、「歴史の通常の流れ」を中断し、それによって歴史をなす出来事である。デリダは、正義を未来、出来事ならびに歴史と関係づけて次のように述べている。

正義のための未来が何かしら存在するし、また何かしらの正義が存在するのは、ある程度の出来事が可能であるかぎりでのみのことだ。ある程度の出来事とはつまり、計算を超出し、さまざまな規則やプログラムや予測等々をことごとく超出するような、出来事と言うにふさわしい出来事である。正義とは、絶対的な他性の経験である以上、現前させることのできないものだが、しかしそれは、出来事のチャンスであり、また歴史なるものの条件である。(FL 61/71f.)

このように「正義」とは、出来事のチャンスでありかつ歴史の条件であるものと言い表される。さらに、ここでの「歴史」について、デリダは次のように補足している。

もちろん、問われているのが社会的歴史、イデオロギー的歴史、政治的歴史、法的歴史であれ何であれ、歴史という言葉によって自分が話しているものが何かを知っていると思っている人々にとっては、おそらくは見分けることのできないひとつの歴史である。(FL 61/72)

このような見分けがたい歴史こそ、「もうひとつ別の歴史」のことであろう。

以上の読解から、「脱構築は正義である」という定式は「脱構築とはもうひとつ別の歴史性の思考である」という定式と同義であると考えたい。言い換えれば、正義の理念は、通常の歴史の流れのなかに、もうひとつ別の歴史性が出来事として生じることを呼びかけるものである。(5)

以上の考察によって、後期のデリダが〈歴史の思考〉というモティーフをもち続けていることが示されたと思われる。これは、このモティーフがデリダの思想全体にとって枢要なものであることを十分に示唆するであろう。とはいえ、ここには依然としてひとつの困難、アポリアがある。それは、デリダがこのような「もうひとつ別の歴史性」や「正義の理念」を語ろうとするとき、それが目的論的な歴史やカント的意味での理念に似通ってしまう、という問題である。この点について二点、短く検討を加えておきたい。

第一に、出来事としての歴史と目的論的な歴史との関係が断絶によって特徴づけられるとすれば、デリダの次のような発言をどう受け取ればよいだろうか。たとえばデリダは、「私は歴史性を信じている、法の無限の完成可能性を信じている」(6)と述べたり、また自らが「進歩主義者」(DE 100/122)だと述べたりしている。一見すると、

(5) ただし『法の力』より後の時期になると、デリダは「正義」について「理念」とは言わなくなる。それは、「理念」という語が現前的な未来との関係を想起させるからであろう。

(6) Jacques Derrida, "Fidelité à plus d'un," in: *Idiomes, nationalités, déconstructions: rencontre avec Jacques Derrida. Cahiers interignes*, n° 13, 1998, p. 258.

これはより良い方向へと進むことを肯定する目的論的な考えだとも思われる。

しかしデリダの考えは単純に目的論的なものではない。デリダにおいて未来は必ずしも「より良い」ものとはかぎらないからである。未来はより悪いものかもしれないし、何が到来するかは文字通り計り知れない――計算不可能、予測不可能である。改善のチャンスとともに、改悪の脅威もある。したがってデリダは、たとえば人権や歓待や民主主義の概念には、完成可能性と同時に倒錯可能性もあると考えるのである。しかしそれは、これらの概念に歴史性があるということでもある。いかなるものが到来するとしても、未来への関係を閉じることはできないこと、また閉じるべきではないことを、正義という語でデリダは主張するのである。正義は善の到来ではない。正義が命令するのは、善悪を超えて、到来するものへのラディカルな肯定なのである。

第二に、しかしそれでもなお、「正義の理念」とカント的意味での理念との区別についてのアポリアは残る。たとえば『ならず者たち』で述べられる「来たるべき民主主義」の議論――このモティーフも正義と同様、出来事の思考と結びついている（cf. V 127/174）――を参照すれば、この表現は「カント的意味における統整的理念」（V 122/167）として受け取られる恐れがつねにあるとデリダは懸念している。デリダは統整的理念を「究極の予備手段」（V 122/167）としては認めつつ、統整的理念に対して三種類の「逡巡」を述べている（第一に統整的理念と不可能なものとは相入れないこと、第二に規則に従う決断は責任ある決断とは異なること、第三に統整的理念を導入するには「カント的建築術とカント的批判の全体に、まったき厳密さで同意しなくてはならないことになるだろう」（V 124/170）ということである）。しかしこのような留保をしたとしても、両者が混同されてしまう可能性はつねに残り続けるのではないだろうか。

なぜ両者は似通ってしまうのか――この問いを念頭に置きつつ、次節では二つの「終わり」の関係を通じてデリダの思考のあり方にさらに迫りたい。

二　目的論における終末論の裂け目

デリダはしばしば「終わり（fin）」とかかわっている。「哲学は昨日、ヘーゲルまたはマルクス以来、ニーチェまたはハイデガー以来、死んだということ」（ED 117/153）という言葉で始まる一九六四年のレヴィナス論「暴力と形而上学」は、哲学の終わりと思考の未来をレヴィナスの思想に探った。「人間の目的＝終わり」という一九六八年の論考で問うたのは、ヘーゲル、フッサール、ハイデガーの思想に書き込まれた人間の「終わり」である。一九八〇年の『哲学における最近の黙示録的語調について』ではカントにおける「終わり」の言説を取り上げ、一九九〇年代の『マルクスの亡霊たち』で論じたのはフランシス・フクヤマの『歴史の終わり』などにおけるマルクス主義の「終わり」の言説である。デリダはその著書で、「「歴史の終わり」、「マルクス主義の終わり」、「哲学の終わり」、「人間の終わり」等々といった終末論的テーマは、一九五〇年代において、すなわち四〇年前に、われわれにとって日々の糧であった」（SM 37/46）と回想していて、これは「暴力と形而上学」の冒頭の一節と呼応する。デリダは、つねに亡霊的に回帰してくる終末論的言説に敏感に対応し、脱構築的な仕方で介入してきたのである。

本節は、デリダの脱構築が「終わり」といかに取り組んだのかを明らかにしたい。そのさいに注目したいのは、デリダが「人間の目的＝終わり」で示唆するように、西洋思想の伝統において「終わり」という語には二重の意味があるということである。一つはテロス（telos）＝目的という意味であり、もう一つはエスカトン（eschaton）＝終末という意味である。二つとも「終わり」を表すギリシア語であるが、その意味合いには違いがある。アリストテレス以来、テロスとは究極的に到達すべき目的のことを指し、可能態から現実態へといたる運動を描き出す目的論（téléologie）を形成する。それに対し、エスカトンは哲学的、神学的、宗教的な背景をもち、歴史における極限的な最後の想定と、その最後の時間における救済への希望を見出す終末論（eschatologie）を形成する。どちらも歴史や時間に「終わり」を想定する点では変わりはないものの、歴史を目的の実現への過程とみなすか、終末への進行とみなすかによって、その意義は異なるだろう。

本節では、この二つの「終わり」をめぐる思考がデリダの脱構築思想にとって根本的な重要性をもつこと、したがってそれは「差延」の思考と不可分なものであることを示していきたい。デリダは、テロスとエスカトン、目的論と終末論という語を一貫して用い続けたが、デリダ思想の展開において、この二つの語の関係は徐々に明確になっていき、彼の思想にとって不可欠な構図をつくり出しているように思われる。以下、その道筋を明らかにしていきたい。

目的論について

デリダにとってテロスとは、エイドスやウーシアなどと並んで、古代ギリシア以来、西洋哲学の根幹をなすものとして受け継がれてきた概念であり、「現前の形而上学」の特徴をなす概念のひとつである。体系を支配するものとしての「超越論的シニフィエあるいはテロスとしての意味の権威」(Po 67/73) こそ脱構築の対象となるべきものであって、テロスが権威をもって中心的位置を占める目的論の構造はデリダによってさまざまな仕方で問い直される。ここでは、『散種』に収められたヘーゲルを論じる「書物外」などのテクストを参照して、デリダの目的論への視座を簡潔に押さえておきたい。

『散種』の巻頭に置かれ「序論」の役割を果たすかにみえる「書物外」(一九七二年)というテクストにおいて考察されているのは、哲学的言説における「序文」や「前文」についてである。「序文」とは書物の冒頭に置かれるものであるが、ふつう序文が書かれるのは本文をすべて書き終わった後である。したがって序文を眼前にする読者にとっては、すでに書かれたもの(過去)が、これから読まれるもの(未来)として現在のもとに提示されることになる。「〈言わんとすること〉を事後的に編成し直す前文にとって、本文はひとつの書かれ済みのもの——ひとつの過去——であり、この書かれ済みのものを、現在という偽りの外見のなかで、全能の隠れた作者が自分の生産物を完全に統御しつつ、読者にその未来として提示する〔現前=現在させる〕というわけだ」(Dis 13/8)。デリダはこうした過去-現在-未来のねじれた関係を生み出すもの、「先走りと事後性」(Dis 29/28) によって〈言わんとすること=意味(vouloir-dire)〉がテクストを支配・統制するはたらきを「目的論(的)」と呼ぶ(Dis 29, 30/28, 29)。デリダのテクスト理解によれば、テクストが産出するのは統一的な意味ではなく、そのつどコンテクストによって規定される「散種された」意味である。それに対し、〈言わんとすること〉とは、作者が本論全体を通じて意味するところのもの、それを読むことによって読者に理解されると期待される何ものかである。こうした統一的な〈言わんとすること〉はテロスの役割を果たし、目的論がテクストの散種的なはたらきを支配することになる。こうして、序文は〈言わんとすること〉に奉仕するものとなるのである。序文が序文としての通常の役割を果たしうるのは、こうした目的論的な機能にもとづく。

デリダの述べるように、そうした目的論の支配のなかでは、未来はもはや〈現在としての未来〉でしかない。

> 序文（préface）の序（pré）は未来を〈現在＝現前〉たらしめ、再現＝表象するのであり、未来を近づけ、未来を吸い込むのであり、未来に先行しつつも未来を先に置くのだ。未来は明白な現在性＝現前性の形式に還元されるわけである。（Dis 13/9）

したがって、時間の観点から見れば、デリダが目的論に見るひとつの特徴は、未来を現在へと還元するということにある。

さて、「書物外」において、こうした目的論による未来を先取りして現在へと取り込むはたらきは、「円環＝循環（circle）」のイメージで捉えられていることに注目したい。形而上学の再自己固有化運動それ自体が「円環＝循環」の運動であるので（cf. MP xv/上17）、目的論の運動は形而上学の運動にほかならないわけであるが、円環の形象が有益なのは、線が一周して出発点に回帰することで、自己同一的な円が完成するというだけでなく、それが無際限に回転しつづける終わりなき運動であるという点にある。なぜなら、目的論が自らを維持するためには、逆説的にも、テロスに到達してはならず、テロスへの到達が無限に先送りされなければならないからである。このことについて、デリダはオースティンの言語行為論をめぐる議論のなかで次のように述べている。「充実性は意図＝志向（intention）のテロスですが、そのテロスの構造とは、意図＝志向がこのテロスを達成してしまえばそれらは共に消失し、互いに麻痺し、動けなくなり、死んでしまうというものなのです」（LI 233/277f.）。したがってテロスがテロスとして存続するためには、テロスへの非到達性という一見すると目的論を妨げるような契機が、目的論の構造に含まれている必要がある。したがって、目的論を極限まで徹底化すれば、それは「「終わり」なき目的論」（AWD 54）でなければならない――これがデリダの言う「目的論の構造内にある内的矛盾」（AWD 54）である。目的論はその内部にいわば「他者」を含み込んでいるのである。「実際にはこのような終わりがないということは、意図＝志向の目的論的本質の外在的な残滓なのではなく、最も内密で最も還元不可能なその他者として、他者そのものとして、その本質に、その本質において帰属しているのです」（LI 234/278）。

　こうしてデリダにとって目的論とは、未来を現在へと回収する運動であるとともに、自らのうちにテロスへの到達を妨げる他者を含む構造をもっている。この両義的なあり方を端的に示すのが、デリダがフッサール論でその意義を問うた「カント的意味での理念」だろう。この理念は、テロスへの到達を無限に遅らせる無限性への開けを蔵しているという点では評価されうる。だがやはり目的論一般は、未来を現在において先取りしようとする点において批判されるべきものなのである。[7]

（7）「カント的意味での理念」に対するデリダの両義的な評価としては、次の発言を参照。「このように、この理念は、「今」の観点から差延の延期を思考できないという意味で「あまりに未来的」であるとともに、明日がどのようなものであるべきかを

終末論について

次に、デリダのエスカトンおよび終末論についての視座を明らかにしたい。とはいえ、目的論の場合とは異なり、終末論の場合は事情がやや込み入っている。というのも、たしかにデリダは多くのテクストで「終末論」の語を頻繁に用いているのだが、注意すべきことに、この語はいつも同じ役割や意義で用いられているわけではなく、その用法には揺らぎがみられるからである。多くの場合、デリダは歴史や時間のなかに何らかの「終末」や「最後のもの」を想定する言説や思想を一般に「終末論」と呼んでいる。たとえばあるテクストでは次のような説明をしている。「終末論的なものとは、エスカトン、終末、あるいはむしろ末端のもの、極限、終極、最後のものであり、ひとつの歴史、ひとつの系譜、あるいはまったく端的に言えばひとつの数えられる系列を、最後のときに（in extremis）閉ざしに来るもののことです」（Ton 23/31f.）。この意味における終末論は、とりわけ初期のテクストでは、「目的論」とほとんど同じような意味で用いられることも多い。それゆえ、たとえば『デリダ――政治的なものの時代へ』の編者たちは、目的論も終末論も、目的や終末を先取りするという点では同じ思考様式だとして両者を一括りに理解している。「おおまかに言えば、目的論的・終末論的思考様式は、歴史をなんらかのテロスの成就として、すなわち、なんらかの理念《アイディア》＝理想の形で前もって理性的に先取りされうるテロスの成就として理解する」[8]。

しかし、以下で明らかにしたいのは、デリダが終末論という語をむしろ積極的な意味で用いる場合があり、デリダの思想の変遷につれてその用法がはっきりとしてくる、ということである。バリバールの指摘によれば、デリダは「形而上学に――存在神論に、それゆえまた目的論にも――還元不可能な終末論的言説がある」[9]ということとを認めることになる。このことを検討するために、デリダとレヴィナスの関係に立ち戻る必要がある。

レヴィナスの『全体性と無限』の「序文」には、「全体性の存在論」に対する「メシア的平和についての終末論」という表現が登場する。メシア的終末論とは、端的に言えば全体性の外部に位置する〈他者〉との関係のことである。レヴィナスの述べるところによれば、「終末論は全体性のうちに目的論的な体系を導入するものではないし、歴史が向かう方向を教えようとするものでもない。終末論が存在との関係をとりむすぶのは、全体性の彼方、あるいは歴史の彼方においてであり、過去と現在との彼方で存在との関係をむすぶのではない。（…）終末論とは、全体性に対してつねに外部的な一箇の余剰との関係である」（TI 7/上17）。

デリダは「暴力と形而上学」でこの終末論を重視し、次のように解釈している。レヴィナスのメシア的終末論は、いかなる宗教や教義でもなく、「経験そのものへの依拠」（ED 123/162）において聴取されるべきものである。「経験それ自体が（…）終末論的なのである」（ED 142/187）。ここでいう「経験」とは、「絶対的－他者との

すでに知っているという意味で十分に「未来的」ではないのです。」Jacques Derrida, "Nietzsche and the Machine," in: *Negotiations*, Stanford University Press, 2002, p. 242.

（8）Pheng Cheah and Suzanne Guerlac, "Introduction: Derrida and the Time of the Political", in: *Derrida and the time of the political*, ed. by Pheng Cheah and Suzanne Guerlac, Duke University Press 2009, p. 15.（フェン・チャー、スザンヌ・ゲルラク「イントロダクション」、同編『デリダ――政治的なものの時間へ』藤本一勇・澤里岳史編訳、岩波書店、二〇一二年、二五頁）

（9）Etienne Balibar, "Eschatology versus Teleology: The Suspended Dialogue between Derrida and Althusser", in: *Derrida and the time of the political*, p. 67.（エティエンヌ・バリバール「終末論対目的論――デリダとアルチュセールの中断した対話」、『デリダ――政治的なものの時間へ』、七三頁）

出会い」（ED 140/185）、「出会いというものそれ自体、ただひとつの出口、ただひとつの自己の外への冒険、予見不可能なまでに−他なるものへ向けての冒険」（ED 141/187）であり、そうした他なるものは経験のなかで「全面的な現前としてではなく痕跡として現前」（ED 142/187）するにすぎない。だが、こうした経験そのものとしての終末論は「文字どおりには一度も口に出されてはいない」（ED 124/163）。なぜならそうした経験は「伝統的概念性においてはもはや記述されず、どんな哲学素にも抵抗する」（ED 124/163）ものだからである。したがって、終末論は哲学的言説によって語ることのできないもの、哲学的言説における「開けそのもの、開けの開け」（ED 124/163）を通じて聴取されうるものである。こうした解釈にもとづいて、デリダはレヴィナスのなかに、ギリシア的な伝統的諸概念によっては語りえない〈他者〉との出会い（経験）を見定める。

ここからデリダに、哲学的言説によって語られる終末論を脱構築し、哲学的言説には還元できない終末論――哲学的言説の彼方の、他者との関係としての終末論――の可能性を探る、という方向性が生じたと見るべきだろう。リチャード・カーニーとの一九八四年の対話で、デリダは次のように述べている。

> 私が、古典哲学の絶対的な諸公式における終末や目的の観念を問題視しているというのは本当です。しかし、そのことは、私があらゆる形式のメシア的・預言的終末論を退けるということを意味してはいません。私は、すべての真正の問いはある型の終末論によって喚起されると考えています。もっとも、この終末論を哲学用語で限定することはできませんが。（DO 119/209）

哲学用語では限定しえない終末論――デリダはこの方向へと思想を展開していくことになる。それは目的論との

対比において遂行されるだろう。(10)

(10) 同じくカーニーとの対話において、レヴィナスもまた終末論について語っていることにも目を留めておきたい。「ここで再び私〔レヴィナス〕は、終末論という語について留保しておいたことをはっきりと示さなければなりません。終末（eschaton）という語が含意するのは、人間と〈絶対的に他なるもの〉との間にある歴史的な差異的関係には終極性、終わり（fin）がありうるということであり、超越的なものの他性を保護する隔たりを自同性の全体性へと還元することが起こりうるということです。ですから、もし終末（eschaton）が現実のものになれば、われわれは神を一つのテロス（telos）として占有したり私有化したりして、他者との無限な関係をひとつの有限な融合状態へと貶めることもできる、ということになるかもしれません。それこそ、ヘーゲル弁証法の行き着くところ、すなわち、存在論的なものと倫理的なものとの断絶の根本的否認という事態です。終末論の危険性は、人間－神関係をひとつの状態、出来事の不変不動の一状態とみなすように仕向けることです」*Dialogues with Contemporary Continental Thinkers*, ed. Richard Kearney, Manchester University Press, 1984, p. 66.（リチャード・カーニー編『現象学のデフォルマシオン』毬藻充・松葉祥一・庭田茂吉訳、現代企画室、一九八八年、一二〇頁）。このように、『全体性と無限』で終末論を掲げたレヴィナスは、デリダとは対照的に、今度は終末論と目的論とを結びつけて、終末論への警戒を強く表明している。つまり、ここでは両者の終末論をめぐる態度が、デリダのレヴィナス批判を介して奇妙な交差（キアスム）を示すのである。なお、終末論をめぐるデリダ－レヴィナスの諸関係についての有益な研究として、次を参照。Robert Bernasconi, "Different Styles of Eschatology: Derrida's Take on Levinas' Political Messianism", in: *Research in Phenomenology*, 28 (1), 1998, pp. 3-19.

目的論と終末論

ここからは、デリダの後期思想における終末論の意義へと迫りたい。重視すべきなのは、終末論が目的論との関係において、目的論と対比されてその意義を与えられているということである。目的論と終末論とを区別することは、後に見るようにデリダ思想にとって不可欠な要素となる。

デリダが目的論と終末論をおそらく初めて明確に対比的な仕方で述べるのは、一九八〇年に書かれた第二のレヴィナス論「この作品の、この瞬間に、我ここに」においてである。このテクストで主に参照されるのはレヴィナスの「他者の痕跡」という論考であり、直接の言及はないもののデリダは明らかにレヴィナスの「自己に対する希望のない終末論」(11)という一節を念頭に置いている。それが意味するのは、自己へと回帰することなく他なるものへと向かい続ける「作品＝業(Œuvre)」の運動である。

デリダが目的論と終末論とを対比するポイントは、フランス語の「前未来(futur antérieur)」という時制にある。先に見た「書物外」というテクストで、デリダはすでに「前未来」という時制に言及している。そこにおいて前未来とは、未来に起こることがらを、さらにそれよりも先行する未来の視点から、すでに起こったこととして叙述する時制とみなされ、未来を現在に収める序文の時間性を表すものとされている。「論述の円環によって内化され再同化された統一の目的論的プログラムは、序文の隔たりに錯覚の場所と備蓄の時間しか残さないだろう。あたかも――まさしくこの場合――序文が先行的未来〔前未来〕のたっぷりとした現前性のなかに(…)穏やかに身を落ち着けることができるかのように」(Dis 73/85)。このように目的論においては、「前未来」という時制は現前性の様態をもつものとして捉えられる。「前未来はヘーゲル的目的論の時制でありうるだろう」(Psy 190/259)

とデリダは述べる。

しかし、前未来にはもうひとつの時間性がある。すなわちこの時制は、一度も現前したことはないけれども、すでに生じてしまったであろうことを表すこともできるのである。[12] この意味での前未来は、「一切の過去（すなわち過ぎ去った現在）に先行する過去の基底なき基底」、「けっして現前的〔現在〕であったためしのないあの痕跡への過ぎ去り」（Psy 190/259）を指示する。デリダはこうした痕跡への指示を「哲学的目的論の彼方の終末論」（Psy 190/259）と呼んでいる。この終末論は「ヘーゲル的目的論のエコノミーおよび言語の支配的解釈にもっとも還元不可能にとどまるもの」（Psy 190/259）である。[13]

つまり、ここで争点となっている前未来という時制は、目的論的に理解すれば現前性を表すが、さらに徹底的に考えれば、そうした現前性に回収されない絶対的な過去を表すこともできるのである。[14] 両立しえない両者のあ

（11）Emmanuel Lévinas, *En découvrant l'existence avec Husserl et Heidegger*, p. 268.（『実存の発見』二七八頁）デリダは「暴力と形而上学」ですでに「自己に対する希望のない終末論」を引用している（ED 141/186）。

（12）フランス語の前未来は、未来の時点で完了したことを表すとともに、過去に起こったことについての推測という用法もある。デリダは後者の用法を強調するわけである。

（13）「目的論なき終末論」という表現は、第三のレヴィナス論『アデュー』においても登場する。Jacques Derrida, *Adieu à Emmanuel Lévinas*, Galilée, 1997, p. 204.（『アデュー』藤本一勇訳、岩波書店、二〇〇四年、一七七頁）

（14）なお、「書物外」と同じく『散種』に所収の「散種」（一九七二年）では、前未来が「あらゆる終末論を排除している」（Dis 375/497）と述べられている。この時点では「終末論」は、まだ目的論の彼方として位置づけられていなかったように思われる。

いだで生じるのは、前未来をめぐる目的論と終末論との争奪戦と言えるだろう。デリダは前未来を目的論――現前の形而上学と言い換えてもよい――から引き剝がし、目的論の彼方へと思考を向けようとする。それが終末論という名前で呼ばれるわけである。

こうした両者の対比的な関係づけは、一九九〇年代にはいっそう明確に打ち出されることになる。とりわけ、一九九三―九五年にイタリアの哲学者マウリティオ・フェラーリスの質問に答えたテクスト『秘密への嗜好』において、デリダは「正義――あるいは、目下のところ正義であるものを越えて、正義が約束している正義――はつねに終末論的次元をもっています」と述べ、続けて次のように語っている。少し長く引用しておきたい。

この終末論の価値を、私はメシアニズムのある種の価値と結びつけ、この二つの次元を、これらに付随するのがつねである宗教的および哲学的内容と表明から解き放そうとしています。終末論にとって、哲学的なのは極限、エスカトンの思考であり、宗教的なのは「聖書の」宗教におけるメシアニズムです。なぜ正義は終末論的、メシア的なのでしょうか――そして、なぜこのことはたとえ信者でない人にとっても、ユダヤ‐キリスト‐イスラム的啓示によって規定される信仰に従って生活してはいない人にとってもア・プリオリにそうなのでしょうか。その理由は、おそらく、先ほどお話しした未来（l'avenir）の訴えは――それは、いかなる種類の存在論的規定性も越えて、存在し現前するものすべて、存在と存在者の領域全体、歴史の領域全体を越えてその外に溢れ出ます――、存在と歴史の彼方へと進む約束や訴えに専心しているからです。これは存在や歴史のいかなる規定可能な終焉をも越えた極限であり、この終末論は――極限を越えた極限、最後を越えた最後として――必然的に、未来の無規定性へと向いた唯一の絶対的な開けなのです。

おそらく、未来の価値を、伝統的に未来に付随してきた「地平」の価値から解き放つことが必要です。そのギリシア語が暗示するように、地平とはひとつの限界のことであり、私はそこから未来を前もって理解するのです。未来を待ち、未来を前もって規定することで、私は未来を無効にしてしまいます。目的論は、根本的には、未来の否定であり、いまだ来たるべきものという形をとらなければならないことになるものを、事前に知る方法なのです。(GS 26)

こうして目的論と終末論は「未来」をめぐって明快に対比されるにいたる。「未来」とは——先に言及された「一切の過去に先行する過去」と同様——現在に収まらない〈他なるもの〉そのもののことであり、正義、出来事、メシアニズムなきメシア的なもの等、この時期のデリダが頼りにする一連の諸概念に不可欠な契機である(前節で確認したように、デリダにおいて、「正義」とは未来との関係にほかならず、「出来事」とはこうした未来からの予見不可能なものの到来である。そして「メシアニズムなきメシア的なもの」はこうした他者としての未来への開けのことである)。目的論が「未来の否定」であるのに対し、終末論は「未来への開け」であるというこの対比は、デリダの後期思想においてきわめて重要な役割を担っていると言えるだろう。

だが、こうした区別ははたして自明なことだろうか。そもそも、あるテクストについて、それが目的論的な——未来を否定するような——言説であるのか、終末論的な——未来へと開かれた——言説であるのかを、明確に区別することができるだろうか。それが哲学的な言説であるならば、いかなる言説においても未来を現在へと取り込むはたらきがなされているのではないだろうか。脱構築は、こうした哲学における目的論的な言説のなかから、未来への開けとしての終末論的な次元を見分けなければならない。『マルクスの亡霊たち』では次のように述べられているが、ここには重大な問題がある。

われわれはここで終末論と目的論とを区別しなければならない。たとえこうした差異に賭けられたものが絶えず消え去ってゆき、きわめて脆弱かつ軽微な薄弱さへとおちいる危険を背負いがちだとしても――そして、ある意味ではつねにかつ必然的にそうした危険に対する保証が欠如しているとしても。(SM 68/92)

つまり、両者の明快な区別はけっして保証されたものではなく、区別を「しなければならない」ものであって、いわば義務として脱構築に課せられるものなのである。脱構築とはこれに応答する責任ある実践である。では、目的論から終末論を引き離すとはどういうことなのか。それを考えるため、同じ時期のデリダの複数のテクストから発言を再構成してみよう。とりわけ、デリダがあるテクストで「目的論における終末論の裂け目(déchirure de l'eschatologie dans la téléologie)」(DA 66/9-318)という表現をしていることを手がかりとしたい。目的論は「歴史的時間の予見可能な連鎖」(DA 66/9-318)であるが、終末論はそれに「絶対的な裂け目」(DA 66/9-318)を刻み込むものとされるのである。別のテクストによれば、「裂け目」とは「決断」の出来事のことでもある。「決断(décision)は切り裂く(déchirer)はずです――これが決断という語が意味することです――したがって、それは可能なものの骨組みを中断させるはずです」(DEP 102/30)。こうした出来事は目的論的なプロセスとは異質なものであり、前節でも見たように、「もしも歴史を目的論的なプロセスと理解するならば、出来事は歴史とはまったくかかわりのないものです。出来事はこの種の歴史を何らかの方法で中断しなければならないのです」(PM 309/下210)。したがって、出来事が「歴史そのものを中断し、切り裂くこと」(FS 30/43)であるかぎりにおいて、終末論とはこうした出来事を表すのである。

このように、後期のデリダにおいて目的論と終末論との関係は、単純な対比や対立のうちに置かれるのではなく、後者が前者に「裂け目」を入れる関係として考えられている。目的論的なものと終末論的なものは、いわばこの裂け目によって結びついている、と言い換えてもよい。後期のデリダが「正義」や「メシア的なもの」といった言葉で主張したものは、けっして超越的なもの・神的なものへの請願ではなく、目的論的な時間にかすかな「裂け目」を開くものでしかない。だがこの「裂け目」に目をつぶってしまうと、「未来」との関係を閉ざしてしまうことになる。以上から、目的論と終末論を区別することは、まさにこの「裂け目」を思考することにほかならない、と言うことができるだろう。

しかし、「目的論における終末論の裂け目」を思考するとはどういうことか。それを解明するためには、デリダが初期から継続してきた「差延」の思考と結びつける必要がある。これを本論の最後の課題としたい。

差延の二つの運動

デリダは一九六八年の「差延」というテクストで、「差延の最大の暗がりの地点」「差延の謎そのもの」として、「エコノミー的迂回としての差延」と「〈まったき‐他なるもの〉への関係としての差延」の二重性を語っている。(15)

(15) この文章が、フロイトの語彙とともに、バタイユの語彙によって語られていることに注意しておきたい。この直後に、デリ

一方には同じもののエレメントのうちで、計算（意識的なものであれ無意識的なものであれ）によって差延された現前性の取り戻し、快感の取り戻しをつねに目指すエコノミー的迂回としての差延がある。他方には、不可能な現前性への関係としての差延、保留なき支出としての差延、すなわち取り返しのつかない現前性喪失、不可逆的なエネルギー損耗としての差延、そればかりか死の欲動としての差延、一見したところ一切のエコノミーを妨げる〈まったき－他なるもの〉への関係としての差延がある。この両者をいかにして同時に思考すべきか。エコノミー的なものと非－エコノミー的なもの、同じものと〈まったき－他なるもの〉等々を一緒に思考することができないのは自明である。これこそは自明性そのものである。（MP 20/上61-62）

ここでは差延の二つの運動が提示されている。引用文ではフロイトの用語が多く用いられているが、次のように一般化して整理しよう。ひとつめは、現前の取り戻しを目指すエコノミーとしての差延、二つめは、そのようなエコノミーを妨げる〈まったき－他なるもの〉への関係としての差延、である。前者は同じものの反復を行なう循環的なエコノミーであるのに対し、後者はエコノミーを断絶させる他なるものの侵入である。デリダによれば、この二つの運動は同時に（en même temps）思考することができない。なぜならこれは、あるひとつの運動が、同じものを反復すると同時に、その反復を妨げる他者を招き入れる、という論理的には矛盾した運動だからである。デリダの差延は、こうした思考不可能なアポリアを抱えているが、思考不可能なものを思考することが差延の思考の要諦をなす。

目的論と終末論は、こうした差延の二つの意味に厳密に対応するように思われる。差延の第一の意味、現前への到達を目指す迂回は、テロスへの到達を遅らせることによって目的論を成立させる循環運動であろう。「遅れ」

としての差延は、目的論的な構造の内部ではたらくことによって、目的論を成立させる。言い換えれば、第一の意味での差延とは、目的論の内部に含み込まれた、目的論を遅延させる目的論の他者の運動のことである。それに対し、差延の第二の意味、他なるものとの関係としての差延は、第一の意味での差延がもたらすエコノミーの循環的な運動を妨げるもの、第一の意味での差延に「裂け目」を刻み込み、中断する〈まったき‐他なるもの〉である。その点において、差延の第二の運動は終末論的なものに相当する。(16)

こうした差延の二重性はその後も繰り返し語られる。第四章で引用したように、一九八〇年代に贈与について語るときにも、差延は「或る円環をたどって同じものへと帰着する同じもの」であるとともに「円環それ自体の

ダはバタイユとの関係を明示している。「私は他のところでバタイユを或る仕方で読解した際に、次のことを指示しようと試みた。すなわち一方には保留なき支出、死、非‐意味への曝しなどにいかなる分け前も与えない「限定的エコノミー」があり、他方には非‐保留を考慮＝計算し、こう言ってよければ非‐保留を保留するような一般的エコノミーがある。この両者を言うなれば関係づけること、(…)これがどのようなものでありうるかについて指示しようと試みた」(MP 20/上62)。

(16) 差延と終末論との関係については、デリダ自身が語っている。デリダは「私は終末論者の最後の者である」と書いたことがあるが(Jacques Derrida, « Circonfession », in: Geoffrey Bennington et Jacques Derrida, *Jacques Derrida*, Éditions du Seuil, 1991, p. 74)、このことについての質問に答えて、差延とエスカトンとの関係を次のように説明している。「これが差延の逆説です。一方で差延は、絶えず延期されるひとつの起源への、未来あるいは過去への、エスカトンへの欲望、運動、傾向によって動かされています。エスカトンは極限を意味します(「終末論的なもの」はまさに最後の性質をもつものを意味します)。しかし同時に、差延はある意味で起源を[その上にバツをつけて]抹消する(barrer)ものです。そのとき、極限は、終わりでも起源でもありません」(Elisabeth Weber, *Questioning Judaism: Interviews*, Stanford University Press, 2004, pp. 54-55)。

うちへ再自己固有化されるにまかされないものとしての他なるものの徹底化」(TG 113) でもあるとされた。さらに一九九〇年代には、第二の意味の差延すなわち〈まったき‐他なるもの〉との関係が「自己固有化できない、不意の、それゆえ切迫した、先取り不可能な仕方で到来するもの、到着するもの」(DA 64/8-34) との関係へと徹底化され、「差延の思考は切迫性の思考でもある」(DA 64/8-34) と述べられることになる。しかし、そこには第一の意味での差延すなわち「出来事の凶暴さを(…) 再自己固有化し、迂回させ、緩和する運動」という「反対の運動」(DA 64/8-34) が必然的に伴うことをデリダはすぐさま付け加える。言い換えれば、裂け目が刻まれた瞬間に、裂け目を塞ごうとする運動も生じるのであり、後者が第一の意味の差延の運動である。まさにこうした差延の二重の運動こそ、「目的論における終末論の裂け目」が表すものにほかならない。

おわりに——差延のエリプシス

本論の締めくくりとして、以上のように描いてきた差延の思考について、ひとつの形象を与えてみたい。これまで見てきたように、差延の第一の運動は円環のイメージで捉えられ、第二の運動は円環を破り中断するものとして描かれた。これらは動的なものであって、円環が破られて回転運動に亀裂を入れられたとしても、その裂け目を覆い隠すように回転は終わりなく続く。こうした二重の運動の関係性は、どのようにイメージすればよいだろうか。デリダの文章を注意深く読めば、この関係性を表す形象は「楕円」ではないかと考えるよう誘われる。

たとえば晩年の『ならず者たち』で、デリダは民主主義に二重の差延の運動を見る。それは「同じもののエコノミーにおける猶予としての、そして迂回の周回、迂回された道、日延べとしての差延」（V 63/83）であるとともに、「他者への転送＝参照指示としての差延、すなわち他者の他者性の、異質的なもの、独異的なもの、非自同的なもの、差異的なものの、非対象の、他律の、否認しえない経験（…）としての差延」（V 63/83）である。この運動について、デリダは次のように述べている。「〈一より小〉と〈一より多〉のあいだで、民主主義は楕円〔省略〕と呼ばれるあの回転〔言い回し〕と、あるいは転喩と、本質的な類縁性を、おそらく、もっている」（V 19/17）。この一文が示唆するのは、差延は楕円的な運動だということである。楕円といっても、焦点が二つある幾何学的な楕円というより、不完全な円、歪んだ円のことであり、裂け目を入れられ回転がずれることによって出発点へと回帰することのない、しかしそれでも回転し続けるような運動である。形而上学は回転運動によってひとつの中心をもった真円を形づくろうとする。しかし円の中心は揺れ動き、分割され、二重化する。それとともに、円の内と外を境界づける曲線は形を崩し、そこに裂け目が入る。

　これについて、一九六八年一月二七日に「フランス哲学会」で行なわれた講演「差延」の講演後の討論において、デリダは興味深いことを語っている。

> 差延について起源の問いや本質の問いを提起すること、「それは何か」と尋ねることは、私が難儀して、苦労して、斜交いにそこから「外に出し」たいものを、閉域のなかで不躾に再び捕らえてしまうことです。そのうえ「外に出すこと」というのは、ここで私が満足していない隠喩です。両足を揃えて円環の外にジャンプするよりも、むしろ楕円的変形＝歪曲（déformation *elliptique*）を書き描くことが重要なのでしょう。おそらくこうした変形を通って、循環は自己自身に関わりながら自己を反復するのでしょう。（LD 103）

差延を思考するためには「われわれの概念性の体系的全体性」（LD 103）の閉域から外に出ることが要求される。しかしその思考は、形而上学によって閉域のなかへと再び連れ戻される。デリダはこの循環のなかで差延を思考するために、円環を「楕円的に歪曲する」ことが重要だと述べているのである。

このことは、『エクリチュールと差異』の最後に収録された論考「省略〔楕円〕」（一九六七年）へとわれわれを導く。楕円を意味するフランス語ellipseには「省略」の意味もあり、ギリシア語の語源エリプシスには欠如、省略、楕円といった意味がある。そこでは、形而上学の時代を「書物の時代」（ED 429/594）になぞらえ、次のように述べられる（次の引用文において、「書物」は「形而上学」と言い換えても理解可能である）。

> 円が回転し、巻物が巻かれ、書物が繰り返されるときから、書物の自己に対する同一性は知覚しがたい差異を迎え入れる。そして、その差異のおかげで、われわれは閉域の外へ、効果的に、厳密に、ということはつまりこっそりと出て行くことが可能となる。（ED 431/596）

> 反復されたため、同じ線はもはや完全に同じ線ではなくなり、輪はもはや完全に同じ中心をもってはいない。起源が遊動した。円が完全になるために何かが欠ける。しかし*Ἔλλειψις*のなかで、道をただ重ね、閉域を揺さぶり、線を砕くことによって、書物は書物として思考されたのである。（ED 431/597）

円が回転することによって、書物＝形而上学に何らかの省略的なもの、欠如が生じ、楕円の歪みが起こること、これは差延の二重の運動のこと、またその運動によって生じた「裂け目」のことにほかならない。差延の思考はこの「裂け目」の思考である。この意味で、次のように言えよう。差延の思考は——したがって〈歴史の思考〉は——楕円の思考である、と。

〈歴史の思考〉というモティーフを手がかりに行なってきた本書の考察も、これにてひとまず本論の終了となる。最後に述べたことを本書の序論で提案した言葉を用いて言い直せば、〈歴史の思考〉とは、〈エピステーメーとしての歴史〉のなかに刻み込まれた〈アイノスとしての歴史性〉の「裂け目」を思考することであって、その思考は「楕円」として形象化しうるものである。このことを確認しつつ、結語に代えることにしたい。

補論　生き延びとしての翻訳——来たるべき言語に向けて

「歴史なくして言語はなく、言語なくして歴史はない」(H 83)——これはハイデガーについてのデリダの言葉であるが、同じことはデリダ自身にも当てはまるだろう。「言語」を「エクリチュール」に置き換えれば、さらにデリダにふさわしい言葉になる。言語(エクリチュール)の伝承によって歴史は開かれ、ひとは言語を相続することで歴史へと参与する。

ところで、言語の相続について考えるとき、哲学が古代のギリシアで生まれて西洋の諸言語へと受け継がれてきたという経緯がある以上、ギリシア語からラテン語へ、さらにはフランス語やドイツ語へ、といった諸言語間の継承について考えなければならない。そこでは「翻訳」の問いが不可避的に浮上する。言語と歴史という主題にとって、翻訳の問題はその中心に位置するべき問題である。デリダにとっても翻訳は「脱構築の問いは一貫して翻訳の問いなるものでもある」[1](Psy 387)と述べているように、デリダにとっても翻

(1) 日本語訳は、「〈解体構築〉DÉCONSTRUCTIONとは何か」丸山圭三郎訳、『思想』七一八号、岩波書店、一九八四年、一九頁。

訳の問題はけっして二次的な問題ではなかった。この補論ではこうした関心から、デリダの翻訳をめぐる思考の展開を捉えてみたい。

フッサールの翻訳論

「翻訳」とは何か。原文の表現する意味を、損なうことなく元の言語から異なる言語へと運搬し、できるかぎり原文と同じ意味を再現する訳文をつくりだすことである――われわれが思い浮かべる「翻訳」のあり方とは、このようなものかもしれない。ところがデリダによれば、このような意味の運搬としての翻訳、原文を再現する翻訳という考え――「通常の意味での翻訳」(これはベンヤミンの表現である)――は、西洋の哲学の概念と切り離せない関係にあるという。まずこの議論の成り立ちを明らかにして、デリダの翻訳論の出発点を確認しておこう。デリダの最初の公刊書『幾何学の起源・序説』にはすでに哲学と翻訳の問題が考察されている。そのためにまず、フッサールの『幾何学の起源』のなかから翻訳についての考えを取り出しておきたい。

フッサールは「人類というものは、あらかじめ直接的および間接的な言語共同体として意識されている」(Hua VI 369/268)と述べている。言語共同体という言葉は通常、ドイツ語やフランス語といった特定の言語を話す人々の共同体を指すものである。フッサールの文脈で言えば、そのような共同体は「直接的」な言語共同体と呼ばれる。そのような直接的共同体とは別に、フッサールが強調して述べるのは、特定の言語の境界を越えて人類そのものの地平に属する「普遍的な言語」(Hua VI 369/268)の共同体のことである。それは、異なるさまざまな言語を用いる人間の総体をその構成員とする、「間接的」な共同体である。フッサールによれば、特定の言語内にとどまらず、他の言語を通じての広範な伝達が可能であるのは、われわれがこうした言語共同体のあり方をしているためである。理念的客観性はこうした言語共同体のなかで同時代的に、また歴史的に形成される。

さて、このような言語共同体の成立に、「翻訳」が必要不可欠な契機として介在していることは明らかである。たとえば幾何学の伝承を歴史的にふりかえるならば、古代に書かれたユークリッドの「原論」は、ギリシア語からアラビア語、ラテン語へ、そしてヨーロッパ諸語によって受け継がれて現在にいたる。幾何学が「「万人」にとって客観的に現存しているものの存在」(Hua VI 367/264)となるのは、このような仕方で、複数の異なる言語への翻訳という過程を経ることによるのである。こうして、フッサールのいう言語共同体が複数の言語を用いて同じことがらを表現することができる人類の共同体であるとすれば、その共同体が形成されるための前提として、諸言語間に翻訳を媒介とした伝達が成立していなければならない。

では、フッサールは翻訳についてどのように考えているのだろうか。彼は次のように述べている。「ピタゴラスの定理、さらには幾何学全体は、たとえそれがどれほど頻繁に言表されてきたにせよ、またたとえそれがおよそいかなる言語によって表現されようとも、一度かぎりしか存在しない。それは、ユークリッドの「原語」においてもあらゆる「翻訳」においてもまったく同一である」(Hua VI 368/265)。このように、たとえ他の言語に翻訳されたとしても、元の言語によるのと同じ理念的対象が表現されるとフッサールは考える。さらに、幾何学のような客観的諸科学に当てはまることとして、「これら諸科学〔客観的諸科学〕にとっては、著作の原語と外国語への翻訳との違いは、同一の接近可能性を廃棄するものではなく、それをたんに非本来的、間接的な接近可能性にするだけなのである」(Hua VI 368/264)。このように彼は、翻訳によっても原語が表現するものへと——非本来的・間接的にではあれ――接近することが可能だと考えるのである。以上の見解に従えば、フッサールは、元の言語が表現するものと同じものを、異なる言語によって表現することが原理上可能であると考えていることになる。

さらに、翻訳についての以上の見方は、ここで論じられている幾何学のような理念的客観性に妥当するだけではなく、さらに広い範囲へと一般化しうるものとされる。フッサールによれば、幾何学のような理念的客観性は「文化的世界のあらゆる部類の精神的所産（…）に特有なもの」であり、「学的諸形態や学問そのもの」、さらには「たとえば文学の諸形象」もこれに属する（Hua VI 367/264）。だとすれば、文学作品の翻訳についても、同様に考えられることになるだろう。

こうしてみると、フッサールの翻訳についての見方は、われわれの標準的な翻訳観を正確に言い表している。つまり、たしかにわれわれは、ある文学作品が多くの言語によって翻訳されているとしても、それぞれが別の作品ではなく、ひとつの同じ作品だとみなしているのである。たとえば彼は『経験と判断』で、「ゲーテの『ファウスト』は『ファウスト』を印刷した任意数の実在の本のなかにある」（EU 319f./253）と述べている。これは、理念的な存在としての当の文学作品が、実在する複数の本のなかで同一のものとして表現されていることを意味する。これに少し変更を加えて、『ファウスト』を別の言語で翻訳した作品もまた、用いられる言語は異なるとしても同じものを表現しており、同一の理念的対象を反復している、と言うことさえできるかもしれない。

翻訳可能性と一義性

次にデリダのフッサール読解に目を転じたい。デリダは『序説』において、フッサールの議論のなかに、先ほど指摘したような翻訳の契機を見出していく。

第一の契機は「翻訳可能性」である。デリダによれば、理念的な対象は、「まさにそのようなものとして存在しようとするかぎり、つねに言説のなかで表現可能であり、また直接的にせよそうでないにせよ、或る言語から他の言語へと翻訳可能でなければならない」(OG 57/90)。つまり、理念性の条件として「翻訳可能性」があるのであり、逆にその翻訳可能性は理念性によって保証されるとも言える。「同一の内容がさまざまな言語から思念されることができ、そして理念的同一性がその翻訳可能性を保証する」(OG 62/93)。したがって幾何学の理念性が「絶対的に客観的な、翻訳可能で伝統的な理念的同一性」(OG 65/95) であることは、「翻訳可能性が無限に開かれる」(OG 64/95) ということでもある。このようにデリダは、理念性と翻訳可能性とが同じことがらの両面であって、互いに条件づけあっていると理解している。

第二の契機は「一義性」である。先に見たように(第一章)、フッサールの『幾何学の起源』では、幾何学が「伝統＝伝承」であることが主張され、理念的な意味の歴史的な伝承の条件として言語の役割が提示された。デリダは言語とくにエクリチュールによって意味を伝承するとき、そこには言語の「多義性 (équivocité)」によって純粋な意味の伝達が毀損されるという危機があると見ている。その危機を前にして、とりうる二つの道があるとデリダはいう。ひとつは、多義的なものをそのままに反復し引き受けるという道 (J・ジョイス的な試み) である。もうひとつの道は、「一義性 (univocité)」を確保するために「経験的言語を、その一義的かつ翻訳可能な諸要素の顕在的透明性にいたるまで方法的に還元ないし貧困化（…）する」（OG 105/150）道である。しかしデリダによれば、そもそも言語には、「〈同じ〉語は、それを有意味な語にするつねに異なる志向的諸作用にしたがって、つねに〈別の〉語である」という「純粋な多義性」があるため（OG 107/152f.）、したがって語の純粋な一義性は成立しえない。それでもなお一義性を維持しようとすれば、一義性は目的論的なテロスと化す、とデリダは解釈する。こうしてデリダの目には、このような議論は言語の本来的な多義性を一義性へと還元してしまうものとみえたのである。

以上の翻訳可能性と一義性という二つの観念は、その後のデリダにとって西洋哲学そのもののテーゼとして受け取られることになる。デリダにとって西洋の形而上学が備えるひとつの根本的な特徴は、一義的なものを真理として保持し、「意味」としてそれを定立することにある。つまり哲学とは、真理である一義的な意味をテロスとして求める運動だということである。一九八一―八二年の講義に由来するテクストでデリダは、「哲学にとって諸言語、いわゆる自然的言語の多様性」が「躓きの石」と「資源」をなすと述べている（LDM 38）。「資源」であるというのは、「起源以来、ギリシア語に始まって、自然言語の書き込みと混同されないような哲学は存在しない」（LDM 38）からである。すなわち、哲学は古来より、哲学専用の特殊な言語ではなく、日常言語と変わらない言語を用いてなされてきたのであり、いかなる言語も哲学的言説のための資源となってきた。しかし他方、こうした諸言語の多様性は哲学にとって「躓きの石」でもある。というのは、「哲学の観念は、哲学的な企ての起源において、最終的に言語に無関心になるような、とにかく諸言語の多様性に無関心になるような、透明な翻訳可能性および絶対的一義性の観念と混ざり合っていた」（LDM 38）からである。つまり哲学は、真理としての意味を、特定の言語だけでなく他のあらゆる言語によっても同じものとして表現することが可能であること、他言語への翻訳を経たとしても同一的な意味を表現することが可能であることを要求する。

以上のことをデリダは次のようにまとめている。「哲学のテーゼとは翻訳可能性にほかなりません。つまり、通常の意味での翻訳可能性、ひとつの意味ないし真理値を、或る言語から別の言語へ——本質的な損害なしに——移し換えることとしての翻訳可能性ということです」(OA 159/206)。このように、西洋哲学の歴史を問い直すデリダの脱構築の思考には、翻訳の問題が必然的に含まれるのである。

変形としての翻訳

次に、一九六〇年代後半のテクストに沿って、デリダの翻訳についての思考をたどりたい。先述した、同じ語はつねに別の語であるという多義性の洞察は、「テクスト」という概念に受け継がれている。テクストとは、デリダによれば、「諸差異の戯れ」による「総合および差し向け」の「連鎖関係」からなる「織物」(Po 37/40) であり、そのなかでは「各「要素」は (…) 当該の連鎖ないし体系のなかの他の諸要素の、当の要素における痕跡から出発して構成される」(Po 38/41)。つまり、テクストの概念は、反復と差異のはたらきによって、同じ語が本質的に多義的であることを示すものであり、それゆえ、同一的で他から独立した意味の単一性という概念を排除するものである。

哲学のテクストもまた、このテクスト性を免れるものではない。つまり、哲学的と呼ばれるテクストのなかのある語に対し、最初から一義的な意味が確定されているわけではない。しかし、そのような本来は多義的で曖昧かつ流動的な語に一義的な意味を与え、自らの階層的な秩序内に位置づけること、これこそデリダによれば「現前の形而上学」である哲学というものの操作なのである。こうして、先に見た「一義性」の要求は、哲学による要求だとデリダは捉える。ここには、テクストの多義性と、哲学による意味の一義的な決定とのあいだの闘争がある。こうした決定に対抗する語を、デリダは「決定不可能なもの（indécidable）」と名づけている。それは、哲学による意味の決定の手前で「哲学とその他者との戦いの場」（Dis 172/220）となっているような境位を表す。「決定不可能なもの」の代表的な語としてパルマコン（pharmakon）、シュプレマン（supplément）、イメン（hymen）などが挙げられ、デリダはそれぞれについて脱構築的な議論を繰り広げているが、ここではパルマコンという語をめぐるデリダの議論（一九六八年の「プラトンのパルマケイアー」）を少し見ておくにとどめたい。

パルマコンという語は、プラトンの『パイドロス』に幾度となく登場するものである。しかし、この語はけっして同一の意味を有しているのではない。デリダによればこのギリシア語は、コンテクストに応じて薬、毒薬、治療薬、媚薬、また秘訣といった多義的な意味をもっている。しかしこの語を他の言語に翻訳することで、そのような揺らぎや決定不可能性が破壊され、この語に一義的な意味が付与されてしまう。たとえばデリダは『パイドロス』のフランス語訳のある箇所で、この語がremède（治療薬）と訳されていることについて、「このような翻訳の効果は、異なる場所における同じ語の異なる機能のあいだの諸関係、潜在的だが必然的に「引用的」な諸関係を中断することによって、われわれがプラトンのアナグラム的エクリチュールと後に呼ぶものを破壊してしまう」（Dis 121/152）と批判している。デリダによればこうした「翻訳の問題」は、ギリシア語から別の言語への移行にとどまらず、「非哲学素から哲学素への暴力的な伝承」に起因する「原理的な困難」であり、まさに「哲学への移行の問題」である（Dis 89/107）。

以上のように、デリダは哲学的な意味決定に対抗する「決定不可能なもの」を暴露していく。このように見れば、意味の同一性を前提とし、一義性を理想とする翻訳の概念を維持することはもはや不可能であることになろう。このような翻訳概念は哲学の操作と連帯した翻訳概念にほかならず、脱構築されなければならない。それでは、一義的な意味の運搬ではないような翻訳をどのように考えればよいのだろうか。デリダが提出するのは「変形（transformation）」という概念である。デリダは一九六八年のクリステヴァとの対話において、ソシュールのシニフィエとシニフィアンの区別の可能性について論じるなかで、翻訳について次のように述べている。

たとえば、この〔シニフィエとシニフィアンの〕区別がなければ、いかなる翻訳も可能ではあるまい。事実、超越論的シニフィエなるものが主題になったのは、絶対的に純粋で、透明かつ一義的な翻訳可能性という地平においてであった。翻訳が可能であるかぎりにおいて、というより翻訳が可能であると思われるかぎりにおいて、翻訳はシニフィエとシニフィアンとの区別を実際に行なっているのである。けれども、この区別がけっして純粋なものでないのであってみれば、翻訳もやはり純粋でないわけであり、したがって翻訳という概念は、変形という概念をもって置きかえられなければなるまい。すなわち、或る言語の他の言語による、また或るテクストの他のテクストによる規則立った変形、という概念である。（Po 31/32）

この「変形としての翻訳」概念は、先に見たデリダの「テクスト」概念と同じ内実をもつものと考えてよいだろう。テクストも「もうひとつの別のテクストの変形においてしか生み出されない」（Po 38/41）からである。翻訳とは、このようなテクストの「変形」のひとつのあり方として理解することができる。

デリダの翻訳論は、その後さらなる展開を迎える。そのきっかけを与えたのはベンヤミンの翻訳論である。

「生き延び」としての翻訳——ベンヤミンの翻訳論

デリダは、モーリス・ブランショを論じたある論考のなかで、翻訳に関して次のように述べている。

テクストが生きる（vit）のは、テクストが生き延びる（sur-vit）ときのみである。そしてテクストが生き延びるのは、テクストが翻訳可能であると同時に翻訳不可能であるときのみである（…）。テクストは、完全に翻訳可能ならば、テクストとして、エクリチュールとして、言語身体として消滅する。完全に翻訳不可能ならば、ひとつの言語であると思われるものの内でさえ、テクストはたちまち死ぬ。それゆえ勝利する翻訳というものは、テクストの生でも死でもなく、ただあるいはすでに、テクストの生き延び（survie）である。(2)
(Par 138f./215f.)

これはデリダ自身の翻訳観をはっきりと表した文章だと思われる。テクストの「生き延び（survie）」、これがデリダの新たな翻訳論の中心となる語である。「生き延び」という語は、完全な生でもなければ完全な死でもない次元——後期のデリダが「亡霊」と呼ぶ次元（cf. SM 17/16）——を開くものであるが、この語が直接に由来するのは、ヴァルター・ベンヤミンの有名な翻訳論「翻訳者の使命」（一九二三年）である。ベンヤミンはそのなかで、意味の伝達という通常の意味での翻訳概念を批判し、独自の翻訳論を展開している。ベンヤミンによれば、「翻訳において、原作の生はそのつねに新しく最終的な、最も包括的な発達段階に到達する」（AU 11/392f.）。この翻訳における原作の生という観念を、ベンヤミンは原作の「死後の生」と呼び、「原作はその死後の生において変化する」（AU 12/395）と考える。ベンヤミンは「死後の生」について次のように述べている。

> 生の顕われが生あるものにとって何も意味することなく、その生あるものときわめて密接に連関しているのとちょうど同じように、翻訳は原作に由来する。しかも、原作の生というより、その〈存《なが》える生（Überleben）〉に由来する。というのも、翻訳は原作よりも後からやってくるものであり、それが成立した時代にはけっして選り抜きの翻訳者を見出すことのない重要な作品においては、翻訳はその作品の〈死後の生（Fortleben）〉の段階を示すものだからである。（AU 10-11/391）

この箇所ではÜberlebenとFortlebenという意味の類似した二つの語が用いられている。モーリス・ド・ガンディヤックによるフランス語訳は、この二語をsurvie——本書ではこれを「生き延び」と訳す——という一語で訳している。[3] デリダもこの訳語を用いて、翻訳をテクストの「〈生き延び〉の構造」（Psy 218/303, TG 26）として理解す

（2）この論考（"Survivre"）は英語に翻訳されることを前提に書かれたものであり、英語版が先に公表された。Jacques Derrida, "Living On. Border Lines", in: *Deconstruction and Criticism*, Routledge & Kegan Paul, 1979, pp. 102-103.

（3）Walter Benjamin, "La tâche du traducteur," in: *Mythe et violence*. Essais traduits de l'allemand par Maurice Gandillac, Les lettres

るのである。後のデリダ自身の説明によれば、この語はFortlebenおよびÜberlebenの二義性、すなわち「延長された生、連続的な生、living on、しかしまた死後の生」(QT 71)という両義的な意味を引き受けるものであり(cf. AVE 26/25)、survieという語のsurに、たんなる生の延長でなく、死を含みこんだ上での生、死を乗り越える生、という意味をもたせている。

さて、デリダは一九七七年の全三回の講義「ベンヤミン」の一回分を「翻訳者の使命」読解に充て(JDP 13-10)、さらに「バベルの塔」という論考でその読解を全面的に繰り広げている。そのなかから、フッサールと対比してベンヤミンの独特の翻訳論を捉えるために、「純粋言語」についての考えを見ておきたい。ベンヤミンは、原作と翻訳との関係について、翻訳が原作に類似しているという見方を退け、次のように述べている。

> 二つの言語の親縁性は、歴史的親縁性を除くとすれば、いかなる点に求めることができるだろうか。(…)諸言語間のあらゆる歴史を超えた親縁性の実質は、それぞれ全体をなしている個々の言語において、そのつどひとつの、しかも同一のものが志向されているという点にある。それにもかかわらずこの同一のものとは、個別的な諸言語には達せられるものではなく、諸言語が互いに補完しあうもろもろの志向(Intention)の総体によってのみ到達しうるものであり、それがすなわち、〈純粋言語(die Reine Sprache)〉なのである。言い換えれば、諸言語のあらゆる個々の要素、つまり語、文、文脈が互いに排除するのに対して、諸言語はその志向そのものにおいて補完しあうのだ。(AU 13/396f.)

手短にパラフレーズしてみよう。諸々の言語は互いに排除し合う関係にあり、依存関係なくそれぞれに完全な言語として自存している。そうした異質な諸言語に親縁性を求めるとすれば、それは諸言語において同一のものが志向されているという点にある。この志向されるものが「純粋言語」と呼ばれる。純粋言語は、ひとつの言語によっては志向されることができないが、複数の言語によって「補完」される形で志向されるものである。

以上のように、ベンヤミンの考えの独創性は、「諸言語の最も内的な関係」(AU 12/394) を純粋言語の概念に求めることにある。「翻訳者の使命」の仏訳者モーリス・ド・ガンティヤックも指摘するように[4]、志向という語は現象学において用いられる言葉でもあるので、ここで言われていることは、一見、フッサールの翻訳観とあまり変わらないようにみえるかもしれない。つまり、それぞれの言語は「同じもの」を——同一的な意味、理念的な意味を——意味するということである。しかし、ポール・ド・マンの示唆するように[5]、ここでの志向性とは人間の主観的なはたらきというよりはむしろ、言語のもつ特性のことと理解しうる。だとすれば、ベンヤミンの議論は、人間の経験に定位して書かれたものではなく、諸言語がもつダイナミズムを呈示したものと受け取ることができる。つまり、ここで描かれているのは、翻訳という出来事によって生じる互いに異質な諸言語どうしの出会いの場面なのである。

ベンヤミンがフッサールと異なる点はどこか、挙げられる例に即して考えてみよう。ベンヤミンは、たとえ

nouvelles, 1971, p. 264. 日本語訳においても、この二語を「死後の生」という一語で訳すものもある。「翻訳者の課題」『暴力批判論』野村修編訳、岩波書店、一九九四年、七二頁以下。

(4) Ibid., p. 272.

(5) Paul de Man, *The Resistance to Theory*, University of Minnesota Press, 1986, p. 87.(『理論への抵抗』大河内昌・富山太佳夫訳、国文社、一七六頁)

ばBrot（パンを意味するドイツ語）とpain（パンを意味するフランス語）について、「志向されるもの」は同じだが「志向するその仕方」が異なると述べている（AU 14/397）。これは、Brotとpainとが同一の理念的な意味や対象を表現するということではない。ベンヤミンによれば、ドイツ語におけるBrotとフランス語におけるpainは、「志向する仕方」という点では「互いに交換不可能なものであり、それどころか最後には互いに排除しあおうとする」（AU 14/397）ものであって、その異質性はけっして取り除くことができず、Brotとpainとは入れ換え可能な等価物ではない。しかし、この二つの語は、志向されるものに関しては「それらが属する二つの言語においては互いに補完し合う」（AU 14/397）とされる。ここで「補完」とは、意味の全体性が回復されるということではない。そうではなく、純粋言語なるものが、互いに異質な諸言語どうしによって補完され、志向されるということである。純粋言語とは、具体的で個別的な言語でもなければ、人々に共通の普遍言語でもない。それは互いに排除しあう二つの言語が出会うときに生じると仮定されるものである。純粋言語は、最初は「諸言語のなかに隠れたまま」であるが、翻訳の過程を通じて諸言語が「その歴史のメシア的終末に達するまで生長する」とき、最終的にはその極点において到達されうるとされる（AU 14/398）。したがって純粋言語とは、けっして現実に存在する言語ではなく、言語としての実体はもたないけれども、諸言語の関係を保証するために導入された「虚構あるいは仮設」[6]と言ってよい。こうした想定上の言語の概念を導入することで、ベンヤミンは、翻訳者は「翻訳において純粋言語の種子を成熟させる」（AU 17/403）と主張するのである。

かくして、諸言語の異質性の視点から翻訳のあり方に迫ったベンヤミンの翻訳論は、言語どうしの出会いの場面において生まれ育まれる「純粋言語」という仮設的存在を通じて、翻訳がたんなる意味の間接的な伝達ではないことを明らかにしている。翻訳とは、原作の言語と翻訳作品の言語がどちらも巻き込まれるダイナミックな出来事なのである。

デリダは「純粋言語」について、それは「言語の言語－存在、そのものとしてのかぎりでの言語ないしは言葉」(Psy 232/325, TG 53)、つまり言語というものそのもののことだと解釈する。それは「諸言語が存在するようにさせ、そしてそれらが諸言語であるようにさせるといった、いかなる自己同一性も有しない一者」(Psy 232/325, TG 53)である。翻訳とは、「二つの言語のあいだの差異を息づき生きさせるままにさせ、そうすることによってその二つの言語のあいだに何かが起こるようにさせる」(TG 246)という言語そのもののはたらきをわれわれに示すものなのである。このように翻訳というものに何らかの出来事が生じることにデリダは着目している。次に見るように、デリダがその後翻訳について考えるとき、こうした点がさらに展開されることになる。

「来たるべきひとつの言語」

デリダは一九九六年に発表した『たった一つの、私のものではない言葉——他者の単一言語使用』の冒頭で、フランス語を用いる誰かが、「私はひとつしか言語をもっておらず、それは私のものではない」と述べる場面を思い描くように何度も促している。次の引用もそのひとつである。[7]

(6) *Ibid.*, p. 84.(同書一七二頁)

誰にせよ宣誓のもとで次のように宣言することができなければならない。すなわち、私はひとつしか言語をもっておらず、しかもそれは私のものではない。私の「固有の」言語は、私にとって同化不可能な言語である。私の言語、自らが話すのを私が聞いており、話すのが得意なたったひとつの言語、それは他者の言語なのである、と。(MA 47/46)

このようにデリダは、「私の言語」は「他者の言語」であるという逆説的な言い方で、言語そのものの他者性を表現している。なぜ「母語」とも言われ自分自身が親しんでいる言語が他者の言語でもあるのか。デリダは自伝的な語りによって、言語の所有や言語への帰属の問題を幼少期のアルジェリアの植民地的状況と関係づけて語っている。しかしそれは当時の政治状況や彼の個人的経験に還元できるものではない。それは「ある普遍的必然性をそなえた真実」(MA 49/48)が読み取られる「範例性」(MA 48/48)をもつ。言語の伝承と相続という視点から見るならば、誰にとっても、自分の言語は最初から自己固有のものではなく、相続したものとして、他者の言語であったとも言える。その意味で、これは言語の普遍的な構造とみなすことができるだろう。

こうした構造のなかで言語を用いるとき、ひとは特異な意味での翻訳とかかわっているとデリダは考える。

私が話している単一言語使用者、この彼は、自分から奪われたひとつの言語を話している。それは彼のものではないのだ、フランス語は。したがってすべての言語を奪われているがゆえに、そして彼にはもはや他の頼みの綱が(…)ないがゆえに、すなわち、この単一言語使用者はいわば失語症であるがゆえに(…)彼は絶対的な翻訳のなかに、準拠の極なき、起源の言語なき、出発の言語〔起点言語〕なき翻訳のなかに投げ出されているのである。彼にとって存在するのはただ、到来（arrivée）の諸言語〔到達言語〕だけ（…）なのだ。

（MA 117/116）

ここでデリダが「絶対的な翻訳」と呼ぶのは、既存の一言語から別の言語への翻訳ではない。すでに奪われていて存在しない「最初の言語」（MA 118/117）から、実際に話される言語への翻訳であり、いかなる言語による発話行為も、存在したことのない「最初の言語」の翻訳だということである。デリダによれば、言語活動はこの「最初の言語」への欲望によって動かされている。ただし、一度も存在したことのない「最初の言語」を再構成するには、それを「発明する必要がある」（MA 122/122）。以上のことから、私の言語は他者の言語であるという逆説は、次のように表現される。すなわち、「他者の言語」――他者から与えられた言語としてのフランス語――で言葉を話すことのなかに、「最初の言語」――それは存在したことがないのだから、また別の「他者の言語」である――を発明するチャンスがある。言い換えれば、「支配者ないし植民者の言語としての他者の言語」のうちに、「到来のあるいはむしろ未来の言語」としての「他者のひとつの言語」（MA 118/118）が、「まったき他なる言語」（MA 124/125）が到来するチャンスがある。後者の意味での「他者の言語」が発明される瞬間は、もはや支配や所有の意味ではない「私の」言語、「絶対的特有言語」が話されることになるだろう。与えられた既存の言語によってそのことを目指すかぎりで、それは「不可能」な瞬間である。けれども、その出来事のチャンスは言語

（7）デリダのこの著書については、訳者解説のほか、次も参照。藤本一勇『ヒューマニティーズ・外国語学』岩波書店、二〇〇九年。

のなかに潜んでいるのである。

このことは、デリダがタイトルに掲げた「他者の単一言語使用（monolinguisme de l'autre）」という言葉の意味を読み解くことで、より明らかとなる。この言葉は二つの事態を指し示している。ひとつは、「他者から、ここではひとつの主権から強制された単一言語使用」（MA 69/76）という意味をもち、植民地的状況において、言語を語る者に対して他者から単一言語使用を強制されることを想起させる。それは複数性としての言語を「ひとつの言語」へと固定しようとする形而上学的な力の強制に等しいであろう。だが、「他者の言語」の「の」は、所有や出自を意味するのではなく、「他者の到来そのもの」（MA 127/129）を意味しうる。デリダは、強制の意味での「他者の単一言語使用」のなかに、「さらに別の事態」（MA 70/77）を開き、別の意味での「他者の単一言語使用」へと反転させようとするのである。すなわち、強制された他なる言語の内部に、それとはまったく異なる他なる言語を呼び込み、発明することである。

こうしてわれわれは、自らに与えられた言語のなかで、「来たるべきひとつの言語の唯一性〔単一性〕」（MA 126/128）を求めている、とデリダは述べる(8)。このような言語への希求は、本書第一章で取り上げた「力と意味作用」においてデリダが掲げた「夢」と重なるのではないだろうか――「このような〔西洋哲学の伝統的な〕言語から解放されるべく試みなければならない。（…）このような言語にできるかぎり長く抵抗するのを夢見るのだ」（ED 46/56）。相続された言語のなかで、その言語への抵抗を夢見ること、この「夢」があらためて「来たるべきひとつの言語」として語られているように思われる。こうして、デリダにおいて翻訳とは、言語の相続による歴史のなかで、その外を夢見るチャンスを開くものであって、このこともまたひとつの〈歴史の思考〉である。

（8）来たるべき言語への約束については、次も参照。Marc Goldschmit, *Une langue à venir. Derrida. l'écriture hyperbolique*, Éditions Lignes & Manifestes, 2006, pp. 79-115.

あとがき

余談めいて恐縮だが、本書を執筆しているあいだ、私の脳裏の片隅にあり続けた二つのものをここに記しておきたい。

そのひとつは、SF小説の傑作として名高いテッド・チャン「あなたの人生の物語」（公手成幸訳、『あなたの人生の物語』ハヤカワ文庫、二〇〇三年）――およびそれを原作にした映画『メッセージ』（監督ドゥニ・ヴィルヌーヴ、アメリカ映画、二〇一六年、翌年日本公開）――である。地球上のさまざまな場所に、突然、宇宙船が飛来する。主人公の女性言語学者は国家から依頼され、宇宙船内にいる異生物の発する「言語」を解読し、コミュニケーションをはかることを試みる……というストーリーである。異生物の言語は、人類が有してきたいかなる言語ともまったく異なる未知の構造をもった言語であることが次第に判明する。その言語を習得しようとするうちに、言語学者のなかで、自らの思考プロセスや認識が、さらには時間の概念までもが大きく変容していく……。

この作品は、言語というものが思考にとっていかに大きな影響を与えるものかを読者に考えさせる。これは私にとって、どこかデリダの思想と関係するように思われた。このような異言語との遭遇は、フィクションであって、起こりそうもない。しかし、もしかしたら、起こるかもしれない。人類の言語とは異他的な何かが、もしかしたら到来するかもしれない（この映画の原題が、『ARRIVAL』＝到来者であることも示唆的である）。この「もしかしたら」を、デリダはつねに持ち続けていたのではないか。デリダは形而上学の脱構築を提唱した哲学者と言われるが、形而上学とは、つまるところ言語のシステムそのもののことである。われわれは、この言語に拘束されており、それによって過去、現在、未来という時制にも捕らわれている。デリダは、あくまで相続されてきた伝統的な言語のなかで、それとは異なる何かが到来する（いやむしろ、すでに到来した、あるいは到来し続けている）可能性を考えていたような気がしてならない。むろん、それは異生物や異言語のような具体的形象をもたないとしても、われわれの言語、歴史、知を超えた何ものかである。つまりデリダは、西洋の知や哲学の歴史全体を、そのような他なる可能性の視点から捉え直すことで、われわれがふだん疑うことのない条件としての言語を揺り動かそうとしたのではないだろうか。この作品に刺激されて、私はいつしかデリダにそのようなイメージを連想するようになった。

私の脳裏の片隅にあったもうひとつのものは、『思想』のデリダ特集号（第一〇八八号、岩波書店、二〇一四年）での座談会「一〇年後のジャック・デリダ」における國分功一郎氏の次の発言である。

> デリダというのは何と言っても「言語の人」だと思うんです。もっと正確に言うと、「言語」と「歴史」がデリダの思想の中心にあったと思います。（一七頁）
>
> 「言語」と「歴史」という人間が生きていく上での絶対的な条件が、今きちんと問われなくなっている。デリダがやったことの意義が分かりにくくなってきているのはそのせいではないかと思いますし、だからこそ僕は、デリダにおける言語の問題、したがって歴史の問題を改めて強調したいですね。（同頁）

デリダにおける言語と歴史の問題の重要性を訴えたこの言葉に、私は深く頷いた。國分氏の発言は、本書とは別個の問題意識と関心にもとづいていると思われるが――氏のこの問題をめぐる思索はその後、『中動態の世界――意志と責任の考古学』（二〇一七年、医学書院）で見事に描かれた――、本書で私なりに明らかにしようとしたのもやはり、まぎれもなく「歴史と言語の思想家」としてのデリダだったのである。

＊

本書は、筆者がこれまでに発表した以下の論文を改稿し、編集したものである（序論と第一章第一節は書き下ろし）。いずれも学術雑誌や学会誌、紀要に掲載されたものであり、それらを集めた本書はかなり専門的な研究書の類ということになる。初出時に掲載を認めていただいた、もしくは執筆の機会をいただいた関係者の方がたに御礼申し上げたい。

第一章　「デリダと歴史主義のアポリア――フーコー論からグラマトロジーへ」『フランス哲学・思想研究』第二三号、日仏哲学会、二〇一八年

第二章　「脱構築の継承と「言語の問題」――一九六三―六五年のジャック・デリダ」『終わりなきデリダ――ハイデガー、サルトル、レヴィナスとの対話』齋藤元紀、澤田直、渡名喜庸哲、西山雄二編、法政大学出版局、二〇一六年

「エコノミーと戦略――デリダの脱構築における「資源（リソース）」の問題」『人文科学研究所紀要』第一一四号、立命館大学人文科学研究所、二〇一八年

第三章　「デリダにおける「無限」のあり方」『アルケー』第一三号、関西哲学会編、二〇〇五年
「二つの痕跡の交差――デリダとレヴィナスのあいだで」『倫理学研究』第四二号、関西倫理学会編・晃洋書房、二〇一一年
第四章　「デリダの自己触発論の射程――ハイデガー、アンリとの対比をつうじて」『ミシェル・アンリ研究』第三号、日本ミシェル・アンリ哲学会編、二〇一三年
「自己伝承と自己触発――デリダの『ハイデガー』講義（1964―1965）について」『現代思想』二〇一五年二月臨時増刊号（第四三巻第二号）、青土社
「真理と痕跡――デリダとハイデガーの〈アレーテイア〉」『アルケー』第二四号、関西哲学会編、二〇一六年
第五章　「歴史・出来事・正義――後期デリダへの一視点」『立命館文学』第六二五号、立命館大学人文学会編、二〇一二年
「目的論における終末論の裂目」『思想』一〇八八号、岩波書店、二〇一四年
補　論　「デリダの翻訳論」『文明と哲学』第三号、日独文化研究所・燈影舎、二〇一〇年
「言語の複数性と共同性――フッサール、ベンヤミン、デリダの翻訳論をめぐって」『間文化性の哲学』谷徹編、文理閣、二〇一四年

個人的な経緯を記しておくと、本書は、二〇〇二年に博士論文（「理念の現前への問い――フッサール論を中心とした初期ジャック・デリダの思想形成の研究」、翌年学位を授与）を立命館大学に提出して以降の研究成果を収めている。

一九九〇年代前半の学部生のときに、当時あったいくつかの日本語訳を通じてデリダの著作と出会った世代として、私はその後も初期のデリダにこだわり続けることになった。魅惑的かつ難解なそのテクストを前にして、その思想の意味を自分なりに得心しなければ先に進めないという、それは避けて通れない課題となったのである。〈歴史の思考〉という本書の主題は、その取り組みのなかで次第に像を結んできたものである。

とはいえ、二〇一三年にデリダの『ハイデガー』講義が公刊されなければ、本書は成立すらしなかったかもしれない。その講義の内容は、一九六〇年代のデリダの思想形成を追いかけていた私にとって、探していたミッシング・リンクが見つかるに等しかった。その発見に勢いを得て書いた近年の論考と、新たな見地から大幅に改稿した以前の論考とによって、本書は構成されている。実はずいぶん前から拙い博士論文をもとに書籍刊行を考えてはいたが、私の力不足でなかなか前に進まなかった。仕切り直しを経て今回、当初の構想とは異なる形でようやく実を結ぶにいたった次第である。その間、各方面にご迷惑をおかけしたことをお詫びしたい。

このように、ささやかな出版にいたるまでの歩みはまことに遅々としたものであったとはいえ、私が今もなお研究を続けていられるのは、哲学の世界に引き込まれた私を導いてくれた先生がたのおかげである。立命館大学大学院で指導していただいた榊原哲也先生からは、哲学研究の基本姿勢とテクストを読むことの楽しさ厳しさを教わった。大学院修了後は谷徹先生から、「間文化現象学研究センター」の活動などを通じて視野を広げることの大切さを学んだ。松葉祥一先生には、読書会への参加を通じてフランス語を読む力を一から鍛え直してもらった。加國尚志先生にはさまざまな機会に重要な助言の言葉をいただいた。和田渡先生には学部生のときからずっと見守っていただいた。これ以上お名前を挙げるのは控えるが、授業や学会や研究会などで他の先生がたからも多くを学んできた。この場を借りて深く御礼を申し上げたい。

お世話になっている立命館大学文学部哲学・倫理学専攻の先生がた、大学院時代から続く研究会のみなさん、日本のデリダ研究の貴重な場である「脱構築研究会」のみなさんにも感謝申し上げたい。

本書の執筆にはフランス・パリでの一年間の学外研究期間を充てた。期間中パリで一度、ブルガリアのソフィアで二度、本書の内容の一部を発表する機会があり、国内外の研究者から反応をいただいたことは大きな励みとなった。シンポジウム等を企画し、コメントもいただいた西山雄二氏とダリン・テネフ氏に感謝したい。

出版の提案を快諾し、編集を引き受けてくださった法政大学出版局の高橋浩貴氏には、二〇一七年の共訳書（ジェイ『うつむく眼』）に続いて今回も刊行までの道のりを周到に導いていただいた。心より御礼申し上げたい。

本書は「立命館大学学術図書出版推進プログラム」による出版物であることを付記する。

家族ふたりの存在はいつも支えになっている。ありがとうを言いたい。

最後に、私を育ててくれた祖母の霊と、若くして世を去った父と母の記憶に本書を捧げることをお許しいただきたい。

二〇一八年一二月

亀井大輔

人名索引

ア行

アガンベン、ジョルジョ（Giorgio Agamben） 163
アリストテレス 105, 148, 149, 151, 163, 164, 206
アルトー、アントナン（Antonin Artaud） 4
アンリ、ミシェル（Michel Henry） 142, 154-156
オースティン、ジョン・L（John L. Austin） 209

カ行

カーニー、リチャード（Richard Kearney） 212, 213
ガシェ、ロドルフ（Rodolphe Gasché） 99, 146
ガンディヤック、モーリス・ド（Maurice de Gandillac） 237
カント、イマヌエル （Immanuel Kant） 32, 103, 105, 107-113, 116-118, 149, 152, 157, 197, 203-205, 209
クリステヴァ、ジュリア（Julia Kristeva） 235
クローデル、ポール（Paul Claudel） 24, 40
ケイツ、ジョシュア（Joshua Kates） 81
ゲーテ、ヨハン・ヴォルフガング・フォン（Johann Wolfgang von Goethe） 230
コジェーヴ、アレクサンドル（Alexandre Kojève） 192
小林康夫 181
コルネイユ、ピエール（Pierre Corneille） 24, 40

サ行

篠山紀信 180
ジョイス、ジェイムズ（James Joyce） 231
白川静 85, 87
ソクラテス 83
ソシュール、フェルディナン・ド（Ferdinand de Saussure） 132, 133, 187, 235

タ行

ディルタイ、ヴィルヘルム（Wilhelm Dilthey） 45, 46
デカルト、ルネ（René Descartes） 48-52, 54, 58, 60, 62, 106, 107
ド・マン、ポール（Paul de Man） 239

ナ行

ナンシー、ジャン＝リュック（Jean-Luc Nancy） 44
ニーチェ、フリードリヒ（Friedrich Nietzsche） 90, 176, 177, 205

ハ行

ハイデガー、マルティン（Martin Heidegger） 7, 14, 15, 17, 29, 46, 53, 56, 57, 65-74, 77, 78, 80-84, 89, 90, 113, 115, 131, 132, 138, 141, 142,

148-157, 159-181, 205, 227
バタイユ、ジョルジュ（Georges Bataille） 4, 65, 92-95, 97, 219, 221
バリバール、エティエンヌ（Étienne Balibar） 210, 211
ピタゴラス　229
ファノン、フランツ（Frantz Fanon）　49
フィナス、リュセット（Lucette Finas） 193
フィンク、オイゲン（Eugen Fink）　25
フーコー、ミシェル（Michel Foucault） 4, 7, 23, 48-55, 58-62, 76
フェラーリス、マウリティオ（Maurizio Ferraris）　216
フクヤマ、フランシス（Francis Fukuyama） 191, 192, 205
フッサール、エトムント（Edmund Husserl） 4, 5, 14, 17, 23-39, 43-47, 61, 94, 103-117, 129, 130, 134, 141-143, 146, 148-150, 165-168, 196, 197, 205, 209, 228-231, 238, 239
プラトン　7, 83, 125, 164, 234
ブランショ、モーリス（Maurice Blanchot） 236
プルースト、マルセル（Marcel Proust） 40
フロイト、ジークムント（Sigmund Freud） 62, 90, 219, 220
ヘーゲル、G・W・F（Georg Wilhelm Friedrich Hegel）　29, 46, 69, 82, 92, 93, 119, 146-149, 155, 156, 205, 207, 213-215
ヘグルンド、マーティン（Martin Hägglund） 138
ベンヤミン、ヴァルター（Walter Benjamin） 228, 236-240

マ行

マリヴォー、ピエール・ド（Pierre de Marivaux）　40
マルクス、カール（Karl Marx）　205
メルロ＝ポンティ、モーリス（Maurice Merleau-Ponty）　142

ヤ行・ラ行

ユークリッド　229
ルーセ、ジャン（Jean Roussert）　4, 24, 39, 40
ルソー、ジャン＝ジャック（Jean-Jacques Rousseau）　54, 57-59
レヴィ＝ストロース、クロード（Claude Lévi-Strauss）　4, 86, 90, 188
レヴィナス、エマニュエル（Emmanuel Lévinas）　4, 17, 29, 53, 65, 66, 74-84, 87-89, 103, 106, 121-132, 134-138, 205, 211-215

事項索引

ア行

アーカイヴ　35, 105
アイノス　9, 12, 13
悪霊の仮説　50
アプリオリ、ア・プリオリ　27, 32, 108, 133, 154, 216
　歴史的――　27, 28
アポリア　17, 23, 43, 44, 47, 54, 55, 60, 84, 89, 91, 200, 201, 203, 204, 220
アポロン　41
アレーテイア　141, 159, 160, 162, 164, 165, 168-170, 173-175, 177, 178, 180, 181
生き延び　227, 236, 237
遺稿　4, 24, 30, 113
意識　26, 35, 39, 111, 112, 169, 228
異他触発　117
一義性　32, 231, 232, 234, 235
イデア性、理念性　31, 111, 116-119, 168, 231
今　112, 121, 134, 142-144, 146-150, 152, 153, 156, 209
意味、意味＝方向　11, 12, 14-16, 26-29, 31-35, 37-39, 42, 45, 46, 50, 72, 76, 90, 91, 94-98, 110, 114, 116, 132, 162, 168, 177, 190, 207, 208, 221, 239, 240
　根源的、起源的――　26, 31, 32
意味作用　50, 94, 125, 191
意味論　9, 49
言わんとすること　12, 16, 207, 208
隠蔽　10, 12, 29, 39, 41, 56, 72-74, 113, 130, 145, 155, 164, 170-172, 174
隠喩　71-73, 76-80, 83, 89, 145, 223
ヴェール　174, 175
運動（性）　8, 26-29, 33, 53, 55, 57, 73, 85, 90, 112, 113, 118, 133, 134, 136, 137, 143-147, 150, 153, 157-159, 168, 174, 176, 177, 188, 189, 206, 208, 209, 214, 219-224, 232
エクリチュール　5, 10, 11, 13, 23, 30-33, 36-41, 53, 54, 56-58, 65, 85, 90, 94, 97-100, 127, 128, 132, 133, 162, 174, 227, 231, 234, 236
エコノミー　65, 84, 86-88, 91-93, 95, 96, 98-100, 128, 177, 178, 215, 219-221, 223
　一般的――　92, 95-100, 221
　限定的――　95, 96, 98-100, 221
エピステーメー　6-8, 10-13, 16
エポケー　56, 57, 94, 171, 200
エポック（時代）　23, 45-47, 49-51, 53-62, 169, 224, 237
円環、循環　38, 88, 90, 91, 111, 148, 158, 159, 176-178, 208, 214, 220-224
同じもの　114, 118-120, 144-146, 149, 156-158, 220-222, 230, 232, 239
終わり　55, 56, 120, 169, 185, 191, 192, 204-206, 209, 213, 221
音声中心主義　5, 8, 53, 85, 164, 169

カ行

懐疑主義　45
解釈　24, 25, 48-51, 106, 108, 112, 116-118, 123, 136, 148, 151, 152, 156, 170-173, 177, 196, 199, 200, 211, 212, 215, 232, 241
解体　65-71, 74, 77, 80, 82-84, 89-91, 93, 113, 132, 149, 151, 155, 177, 189, 191
概念　6, 8-10, 15, 16, 38-40, 42, 47, 54, 58, 62, 70, 74-79, 82, 84, 86, 89-91, 93, 98, 100, 103, 105, 109, 112, 113, 120-126, 128, 129,

131-135, 137, 141-145, 148-150, 152-156, 158, 160, 162, 166, 167, 173-177, 179-181, 189-193, 196, 197, 200, 204, 207, 212, 217, 224, 228, 233, 235, 237, 239, 240
外部　10, 13, 16, 52, 59, 73-75, 78, 81, 83, 86, 96, 98-100, 132, 133, 211
顔　79, 124, 125, 130
科学、学問、学　5, 7, 8, 10, 11, 14, 27, 28, 32, 45-47, 49, 65, 86, 90, 95, 96, 99, 155, 167, 194, 229, 230
書き手、著述家　11, 12, 36, 57, 58, 97
書くこと　10, 36-38, 97
革命　115, 176
過去　6, 26, 39, 81, 109, 112-114, 121, 125, 129, 131, 134, 143, 152, 154, 156, 157, 207, 211, 215, 217, 221
　絶対的——　125, 135
カテゴリー　75, 77, 82, 179
可能性　10, 11, 13, 26, 27, 29-31, 36, 38, 50, 51, 70, 72, 79, 80, 82, 97, 108, 111, 113, 116-118, 143, 149, 152-154, 157, 166, 168, 179, 194-196, 198, 203, 204, 212, 229, 231-235
可能なもの　13, 108, 110, 131, 136, 137, 178, 179, 194, 195, 197, 199-201, 204, 217, 218, 220, 234, 235, 240
神　15, 38, 78, 82, 106, 108, 120, 125, 127, 136-138, 192, 194, 213
還元　30, 32, 40, 50, 79, 94, 97, 105, 113-115, 134, 166, 169, 189, 208-210, 212, 213, 215, 232, 242
完成可能性　203, 204
歓待　178, 193, 196, 197, 204
幾何学　26-32, 35, 36, 40, 111, 223, 229-231
危機　27, 28, 31-33, 59, 231
起源、根源　8, 11, 12, 26, 35, 38, 39, 51, 55, 72-74, 78, 79, 82, 112, 114, 115, 129, 133, 134, 189, 223, 224, 232, 242
記号　56, 85, 123-125, 127, 132, 164, 166
規則　94, 200-202, 204, 235
客観性　27, 31, 46, 229, 230
狂気　48-50, 59
ギリシア　6, 7, 9, 12, 13, 66, 74, 77, 82, 88, 89, 111, 115, 160, 167, 170, 172, 180, 181, 206, 207, 212, 217, 224, 227, 229, 232, 234
グラマトロジー、文字学　10, 87, 103
経験　106, 112, 114, 128-130, 134, 144, 149, 160, 165, 169, 171, 176, 179, 195, 202, 211, 212, 223, 239, 242
形式　24, 39, 41, 42, 82, 91, 110, 114, 117, 118, 128, 131, 135, 146, 153, 208, 212
形而上学　4, 5, 8-10, 13, 15, 42, 43, 53, 54, 56-59, 68, 73, 75, 82, 90, 91, 93, 96, 98, 99, 103, 113, 115, 120, 125, 128, 133, 136, 145, 150, 152, 162, 170-175, 189-192, 196, 208, 210, 223, 224, 232, 244
　現前の——　5, 17, 53, 103-105, 112, 113, 115, 116, 119, 120, 129, 166, 186, 207, 216, 234
ゲシヒテ　11
決断　199-202, 204, 218
決定不可能なもの　234, 235
限界　15, 56, 78, 86, 106, 109, 148, 217
言語　9, 12, 13, 17, 18, 26-28, 30-33, 42, 43, 47, 54, 57, 58, 65-70, 72-74, 76-80, 84, 85, 88, 89, 91, 93, 94, 97, 127, 132, 143, 162, 164, 165, 167, 169, 171, 172, 175, 188, 209, 215, 227-236, 238-245
　——共同体　228, 229
　——の問い　17, 65-70, 74, 76, 77, 80, 84, 89
　——体系（ラング）　133, 188
現在　39, 78, 81, 109, 112-118, 121, 123, 128-131, 134, 135, 143, 145, 149, 150, 153, 154, 156, 157, 197, 201, 207-209, 211, 214, 215, 217
　生き生きとした——　103, 105, 112-114, 116-118, 129-131, 134, 135
現象学　4, 5, 24, 30, 34, 35, 42, 94, 104, 105, 110-112, 115, 116, 129, 167, 168, 196, 239
現象　31, 157, 164, 168, 178, 179
言説　7, 13, 45, 47, 50, 58, 65, 69, 71, 72, 78, 84, 86, 88-91, 93-98, 130, 159, 205, 207, 210, 212, 217, 231, 232

哲学的——　50, 84, 88, 207, 212, 232
論証的——　93, 94, 96, 97
現前（性）　5, 7, 8, 17, 31, 53, 90, 103-105, 107, 109-121, 128-138, 142, 150, 154, 156, 166, 168-174, 186-189, 197, 201-203, 207, 208, 212, 214-216, 220, 234
現存在　67, 113, 152, 155
考古学　11
構成　11, 29-31, 39, 52, 116, 117, 129, 130, 133-135, 142, 143, 147, 158, 188, 195, 233
抗争　13, 23, 24, 41, 42, 186, 187
構造　27, 29, 35, 39, 41, 46, 49-52, 54, 55, 58-60, 65, 66, 76, 78, 85, 90, 105, 132, 137, 144, 151, 152, 154, 200, 201, 207, 209, 221, 237, 242
構造主義　23, 24, 36, 39-42, 46
声　85, 144, 161-166, 168-170
コギト　50, 51, 58, 59
告白　178, 194
古典主義時代　49, 50, 51, 54, 55, 60, 62
孤独　75, 142, 143, 167
痕跡　5, 17, 74, 79, 90, 91, 103, 121-129, 131-138, 141, 143, 159, 170-172, 179, 190, 192, 212, 214, 215, 233

サ行

差異　13, 16, 23, 35-37, 41, 52, 59, 62, 70, 76, 83, 85, 97, 118, 120, 144-146, 149, 150, 159, 187-189, 213, 218, 223, 224, 233, 241
存在論的——　57, 73, 80, 82, 171
起源的——　75, 82, 83
再活性化　27, 59
再自己固有化　158, 208, 222
差延　5, 56, 57, 83, 116, 118-120, 135, 143-145, 147, 150, 156-159, 170, 171, 173, 185-189, 206, 209, 219-225
作品　39, 87, 214, 230, 237, 240
裂け目　35, 52, 57, 205, 218, 219, 221-225
産出　40, 57, 58, 144, 188, 207
死　113, 119, 120, 152, 159, 205, 209, 220, 221, 236-239
時間　75, 108, 110, 113, 128-130, 134, 142-146, 148-150, 152-159, 196, 206, 208, 210, 214, 218, 219
根源的——　149, 152-157, 159
時間化　144, 145, 150-152, 157, 159
時間性　31, 47, 113, 114, 134, 142, 144, 152, 156, 157, 214, 215, 219
資源（リソース）　86, 89, 91-93, 232
自己　8, 17, 33, 36, 37, 62, 70, 89, 112, 134, 141-148, 150-158, 166, 169, 170, 176, 208, 212, 214, 215, 222-224, 241, 242, 250
思考　5, 10, 13-18, 23-25, 29, 34-38, 41-44, 46, 50-52, 55, 57, 59-62, 65-67, 69, 71-76, 78, 80-83, 86, 89, 95, 96, 103, 119-121, 129, 131-133, 136-138, 143, 145, 147, 156, 160, 164, 171, 172, 176, 178-181, 185-193, 197, 198, 203-206, 209, 210, 216, 219, 220, 222, 224, 225, 228, 233
志向、意図　11, 13, 32, 46, 49, 50, 52, 61, 66, 88, 110, 111, 124, 129, 132, 209, 232, 238-240
至高性　93, 94, 97
自己触発　17, 141-148, 150-157, 166, 169
事実性　29, 34
システム、体系　7, 9, 10, 16, 46, 58, 77, 85, 91, 97, 98, 130, 132, 136, 168, 188, 207, 211, 224, 233
時代（エポック）　3, 7, 23, 45-47, 49-51, 53-60, 62, 169, 224, 229, 237
シニフィアン　12, 132, 162, 235
シニフィエ　57, 132, 133, 235
超越論的——　190, 207, 235
自分が話すのを聞く　144, 165, 167-169
終末論　18, 75, 76, 80, 81, 83, 185, 189, 205, 206, 210-222
主観性　26, 31, 79, 155
主体　12, 97, 201
受動性　26, 31
瞬間　50, 51, 58, 70, 86, 95, 142, 144, 145, 222, 243

純粋言語　238-241
条件　10, 11, 13, 27-33, 35, 65, 71, 72, 111, 114, 115, 117, 154, 156, 165, 179, 194-196, 201, 202, 231
消失　31, 32, 41, 134, 136, 172, 209
省略　223, 224
序文　24, 50, 60, 151, 207, 208, 211, 214
書物　51, 56, 62, 116, 155, 207, 224
神性　33, 38, 39
真理　7, 8, 17, 29-32, 45-47, 71, 72, 107, 136, 137, 141, 159-165, 168-170, 172-181, 194, 232, 233
推移、移行、通路（passage）　25, 26, 33, 34, 38, 49, 52, 105, 134, 160, 234
垂直性　196, 197
正義　88, 171, 185, 186, 198-204, 216, 217, 219
精神分析　3, 179
西洋　5, 7-10, 42, 65, 67, 70, 74, 77, 82, 85, 89, 90, 96, 99, 121, 122, 128, 160, 206, 207, 227, 228, 232, 233, 244
世界　27, 50, 51, 58, 106, 108, 110, 124, 125, 168, 230
　――観　45-47, 50, 54, 61
　――像　46, 47
絶対者　33, 112, 113, 147
絶対知　120
切迫性　201, 222
前成説　40
全体性　39, 50, 52, 54, 74-78, 81, 82, 88, 106, 108-110, 113, 123-125, 136, 211, 213, 224, 240
前未来　214-216
戦略　65, 83, 84, 86, 91-93, 96-100, 191
創設　24, 26, 31, 111, 200
創造　26, 38, 70
相続　28, 43, 152, 227, 242, 244, 248
相対主義　45, 55
贈与　79, 93, 124, 141, 159, 177-180, 193, 195, 221
存在　14, 26, 27, 31, 34, 35, 45, 56, 67, 69-74, 78, 80-82, 89, 113-115, 117, 119, 124, 131, 132, 152, 154, 155, 162, 164-166, 168, 170-172, 177-180, 192, 211, 216, 229, 230, 240, 241, 244
　――の意味　14, 114, 132, 178
　――の彼方　124
　――の思考　69, 72, 82, 131, 164
　――の問い　68-71, 73, 178
　――の歴史　29, 67, 80, 81, 171, 172
存在者　46, 56, 69-74, 82, 89, 90, 144, 154, 156, 157, 216
存在論　29, 34, 57, 66, 67, 69-71, 73, 74, 77, 80, 82, 83, 89, 113, 121, 132, 149, 151, 152, 154, 169, 171, 211, 213, 216

タ行

他、他者、他なるもの　26, 42, 65, 74, 75, 77-79, 81-83, 90, 106, 124, 125, 127-130, 134, 136, 144-146, 147, 157-159, 170, 172, 178-180, 194, 195, 197, 198, 201, 209, 211-214, 217, 219-234, 242-244
体験　108-110, 113, 116, 130, 135
　――流　108-110
対象　10, 11, 13, 26, 27, 31, 89, 91, 95, 96, 111, 114, 118, 168, 207, 229-231, 240
楕円　222-225
多義性　32, 38, 231-234
脱隠喩化　73, 80, 83
脱構築　3-6, 17, 23, 53, 54, 57-62, 65-68, 74, 82-84, 86-89, 91-93, 96-100, 103, 118-122, 131, 132, 135, 158-161, 169, 175, 186, 190-193, 197-199, 203, 205-207, 212, 217, 218, 227, 233-235
知　7, 8, 10, 11, 13, 28, 46, 54, 120, 194, 199-201
遅延　13, 23, 24, 28, 35, 36, 41, 186, 187, 221
力　24, 39, 42, 58, 67, 117, 244
地平　26, 27, 73, 78, 82, 108, 154, 155, 178, 196, 197, 201, 217, 228, 235
註解　24, 25, 28, 29, 33, 34, 43
超越　75, 76, 124, 155, 156, 196
超越論的構想力　152, 156, 157

超過　50-52, 76, 172
直観　108-112, 128, 168
出来事　6, 11, 29, 55, 99, 175-181, 185, 186, 191-204, 213, 217-219, 222, 239-241, 243, 250
テクスト　3, 5, 6, 13, 17, 18, 23, 24, 26, 30, 34, 57-59, 65, 67, 86, 87, 90, 92, 98, 99, 116, 122, 123, 126, 137, 143, 149, 153, 159, 161, 163, 164, 167, 170-173, 177, 180, 181, 185-187, 193, 207, 208, 210, 214, 216-219, 233-237
哲学　3, 5, 7-11, 15, 16, 29, 31, 38, 42, 45-47, 50-53, 56, 65, 70, 71, 74, 75, 78, 81, 82, 84, 88, 89, 93, 98-100, 104, 105, 111, 113, 115, 121, 122, 131, 142, 148, 150, 151, 154, 160, 169, 170, 176, 188, 205-207, 212, 215-217, 227, 228, 232-235, 244, 248-252
デュオニュソス　41
テロス　8, 32, 33, 35, 37, 38, 45, 105, 106
転位　99
伝統、伝承　8, 9, 11, 12, 15, 26-33, 36, 38, 42, 43, 47, 65, 67, 69, 70, 77, 83, 84, 86, 88, 89, 114, 115, 149, 152-154, 160, 176, 180, 191, 194, 206, 212, 217, 227, 229, 231, 242, 244
転覆　99, 191
問い　3, 9, 14-16, 25-29, 34, 35, 46-51, 57, 59, 62, 65-67, 76, 77, 81-84, 89, 93, 105, 137, 138, 166, 212, 223, 227
同一性　62, 82, 116, 142-147, 149, 156, 158, 201, 224, 231, 235, 241
倒錯可能性　204
同時性　39, 142, 149, 157, 167
統整的理念　204
東洋　85
ドクサ　7

ナ行

謎　12, 13, 219
乗り越え　68, 71, 73, 238

ハ行

媒介、媒体　31, 33, 109, 168, 169, 229
派生　41, 90, 99, 133, 137, 152, 160
発語　75, 78, 79
話し手、発語者　12
パルマコン　234
パロール　53, 90, 99, 100, 127, 128, 132, 162, 174
反駁　69
反復　59, 81, 116-118, 121, 168, 190, 192, 198, 220, 223, 224, 230, 231, 233
非－今　144, 149
非隠蔽性　160, 171, 173
光　40, 42, 43, 58, 180
ヒストーリエ　10
ヒストリア、イストリア　6-9
非－知　93, 194, 199, 200
必然性　68, 71, 73, 77, 84, 86, 89, 129, 130, 168, 242
開け　41, 46, 96, 128, 197, 209, 212, 216, 217
不意打ち　70, 77, 196
フォネー　166
不可能性　13, 39, 45, 68, 112, 157, 166, 195, 201, 234
不可能なもの　13, 108, 110, 131, 178, 179, 194, 195, 199-201, 204, 217, 220, 234, 235, 240
普遍性　47
プラトニズム　81
古い名　100
プロセス　11, 26, 28, 31, 36, 144, 172, 194, 197, 198, 218, 247
文化　27, 45, 47, 85, 93, 230
文学　3, 24, 36, 93, 98, 230
文芸批評　23, 24, 36, 39, 40
閉域　10, 46, 55, 56, 84, 96, 98, 99, 115, 120, 167, 187, 223, 224
平和　88, 211
ヘーゲル主義　119
変形　109, 223, 233, 235
弁証法　93, 134, 146, 213

忘却　31, 32, 42, 51, 59, 72, 113, 171-173, 179
法権利　199, 200
暴力　51, 79, 80, 87, 88, 99, 130, 234
放浪　12
ホモイオーシス　160, 164, 173, 174
翻訳　4, 18, 24, 25, 227-244

マ行

ミメーシス　173, 174
未来　32, 109, 112, 113, 128, 129, 154, 156, 157, 159, 196, 197, 201-205, 207-209, 211, 214-217, 219, 221, 243
民主主義　191, 204, 222, 223
民族学　86
民族中心主義　85, 86
無限（性）　32, 38, 45-47, 52, 76, 82, 104-111, 113, 116-120, 137, 168, 201, 203, 209, 213, 231
無際限（性）　35, 37, 56, 88, 104-110, 112, 113, 116-119, 208
明証　26, 27, 111, 113, 114
メシア的なもの　217, 219
目的論　18, 28, 32-34, 38-41, 47, 110, 111, 118, 119, 185, 189, 192, 194, 197, 198, 201, 203-222, 232
モティーフ　5, 6, 17, 18, 23, 44, 52, 62, 83, 88, 103, 115, 118, 164, 166, 171, 185, 186, 189, 191-193, 197-199, 203, 204
物語を語ること　70, 71

ヤ行

有限（性）　38, 45, 46, 50, 52, 76, 86, 106, 116, 119, 120, 158, 201, 213
揺さぶり　42, 66, 113, 132, 149, 224
夢　42, 43, 50, 244
赦し　178, 193, 195
ヨーロッパ　4, 28, 54, 84-86, 170, 229
読むこと　36, 91, 97, 98, 132, 208

ラ行

理性　33, 45, 48, 94, 95, 145, 147, 151, 152, 162, 210
理念　26, 27, 31-33, 38, 45-47, 104, 108-112, 114, 117, 119, 185, 191, 197, 198, 201, 203, 204, 209, 210, 229-231, 239, 240
　カント的意味での――　32, 103, 105, 107-113, 116, 118, 197, 203, 204, 209
　統整的――　204
歴史　5, 6, 8-10, 13, 18, 34, 69, 120, 186-191, 202
　――そのもの　13, 16, 29, 190, 218
　――の彼方　71, 75, 76, 79-81, 172, 211, 216
　――の思考　3, 5, 6, 13-17, 23-25, 35, 36, 40, 41, 44, 51, 52, 59, 60, 62, 65, 67, 71, 156, 185-187, 189, 191, 199, 203, 225, 244
歴史学　8, 11, 28
歴史主義　14, 23, 28, 43-48, 50-55, 58-61, 71
歴史性　9-16, 23, 27-41, 46, 51, 52, 59, 70, 74, 75, 80, 107, 111-115, 186, 188, 192, 193, 197, 198, 203, 204
　超越論的――　14, 28-31, 33, 35, 38
歴史的（な）問い　15, 16
歴史哲学　11, 15, 31, 47
レトリック　72, 78
ロゴス　28-30, 33, 66, 69, 70, 74, 77, 81, 88, 89, 161-163, 166, 170
ロゴス中心主義　5, 8, 53, 54, 58, 85, 99, 161, 164, 190
論証的言説　93, 94, 96, 97,

A-Z

Enteignen　180
Ereignis　176-180
Zeichen　164, 166
Zeigen　164-168

亀井大輔（かめい・だいすけ）
1973年生。立命館大学大学院文学研究科博士後期課程修了。現在、立命館大学文学部准教授。専門は哲学。共著書に『メルロ＝ポンティ読本』（法政大学出版局、2018年）、『終わりなきデリダ』（法政大学出版局、2016年）、『間文化性の哲学』（文理閣、2014年）ほか。共訳書にM. ジェイ『うつむく眼』（法政大学出版局、2017年）、J. デリダ『獣と主権者（Ⅰ・Ⅱ）』（白水社、2014年、2016年）、E. バリバール『ヨーロッパ市民とは誰か』（平凡社、2007年）、J. デリダ『デリダ、脱構築を語る』（岩波書店、2005年）ほか。

デリダ　歴史の思考

2019年1月25日　初版第1刷発行
著　者　亀井大輔
発行所　一般財団法人　法政大学出版局
〒102-0071　東京都千代田区富士見2-17-1
電話03（5214）5540　振替00160-6-95814
組版：HUP　印刷：三和印刷　製本：積信堂

Printed in Japan
ISBN 978-4-588-15101-9

本書の関連書

他者の言語——デリダの日本講演　デリダ／高橋允昭編訳　四七〇〇円

絵画における真理（上）　デリダ／高橋允昭・阿部宏慈訳　三四〇〇円

絵画における真理（下）　デリダ／阿部宏慈訳　四〇〇〇円

法の力　デリダ／堅田研一訳　二八〇〇円

ユリシーズ　グラモフォン——ジョイスに寄せるふたこと　デリダ／合田正人・中　真生訳　二二〇〇円

有限責任会社　デリダ／高橋哲哉・増田一夫・宮﨑裕助訳　三七〇〇円

デリダとの対話——脱構築入門　デリダ／カプート編／高橋　透・黒田晴之・衣笠正晃・胡屋武志訳　四二〇〇円

哲学の余白（上）　デリダ／高橋允昭・藤本一勇訳　三八〇〇円

哲学の余白（下）　デリダ／藤本一勇訳　三八〇〇円

シニェポンジュ　デリダ／梶田 裕訳　三〇〇〇円

アーカイヴの病——フロイトの印象　デリダ／福本 修訳　二三〇〇円

散種　デリダ／藤本一勇・立花 史・郷原佳以訳　五八〇〇円

エクリチュールと差異〔新訳〕　デリダ／合田正人・谷口博史訳　五六〇〇円

翻訳そして／あるいはパフォーマティヴ——脱構築をめぐる対話　デリダ／豊崎光一著・訳／守中高明監修　二〇〇〇円

ラディカル無神論——デリダと生の時間　ヘグルンド／吉松 覚・島田貴史・松田智裕訳　五五〇〇円

終わりなきデリダ——ハイデガー、サルトル、レヴィナスとの対話　齋藤元紀・澤田 直・渡名喜庸哲・西山雄二編　三五〇〇円

＊表示価格は税別です。